康志峰会长：

　　《翻译研究与教学》在您和理事会的领导下不断发展，该刊编辑部和秘书处的全体同仁共同努力，复旦大学出版社慧眼识珠，保证期刊每年连续、高质量出版，得到了广大读者、作者的喜爱。该刊现已成为中国学术界探索翻译理论和教学实践活动的重要平台，恰逢"奋斗百年路，启航新征程"的辉煌时节，特致以亲切祝贺！

　　祝《翻译研究与教学》遵循"把握当代，面向未来"的思路，在翻译学与认知科学、脑科学、心理学、人工智能等学科交叉研究领域，不断留下中国风格、中国气魄的足迹。

　　愿《翻译研究与教学》再接再厉，各美其美、美人之美，为"人类命运共同体"的光明前景做出切实的贡献！

　　顺致崇高敬意！

李亚舒

2021 年 10 月 8 日

康志峰会长：

　　《翻译研究与教学》在您和编辑部全体同志努力下，已成为我国翻译界进行理论研究和教学实践的重要平台。愿贵刊继续努力，发扬百家争鸣、推陈出新、融合与创新并重的精神，为推进"一带一路"倡议和建立"人类命运共同体"做出更大贡献。

2020 年 5 月 8 日

目　　录

翻译技术

翻译策略

Contents

On Translation

Translation Technology

Translation Strategies

多模态国际传播与口译人才培养

康志峰[1]

（复旦大学 外国语言文学学院,上海 200433）

摘 要：随着信息技术和数字经济的快速发展,全球化进程不断推进,国际交流已经成为世界各国和地区相互合作的必要途径。口译作为国际传播的重要工具,旨在促进不同语言和文化之间的交流与合作。多模态国际传播口译人才培养已成为国际传播的重要课题。本文以马克思主义唯物辩证法、习近平总书记关于国际传播工作的重要指示以及口译传播学与传播口译学理论为指导,较为深入地研究了多模态国际传播与口译人才培养的问题,给出了多模态国际传播口译人才培养的五项对策和 PTR 培养模式。本文不仅具有口译传播学和传播口译学研究之理论意义,而且具有多模态国际传播与口译人才培养之现实意义。

关键词：多模态国际传播；口译传播学；传播口译学；口译人才培养

Title：Multimodal International Communication and Cultivation of Interpreters

Abstract：With the rapid development of information technology and the digital economy, the process of globalization is constantly advancing, and international exchange has become a necessary way for countries and regions around the world to cooperate with each other. Interpreting, as an important tool for international communication, aims to promote communication and cooperation between different languages and cultures. The cultivation of interpreters for multimodal international communication has become an important topic of international communication. Guided by Marxist Materialist Dialectics, General Secretary Xi Jinping's guidance on international communication, and the theories of Communication Interpreting Studies and Interpreting Communication Studies, this article delves into the issues of cultivating interpreters for multimodal international communication, and then 5 solutions to them and the PTR mode of cultivation are provided. This study has not only theoretical significance in Communication Interpreting Studies and Interpreting Communication Studies, but also practical significance in multimodal international communication and cultivation of interpreters.

Key words：multimodal international communication；Interpreting Communication Studies；Communication Interpreting Studies；cultivation of interpreters

1. 引言

随着全球化的发展和国际交流的增多,多语种、多媒体、多文化的国际传播之重要性日趋凸显。多模态国际传播已成为现代社会发展的一种重要形式。在国际传播过程中,口译作为一种重要的语言交流方式,在实现信息互通、文化交流和国际合作方

---

1 **作者简介**：康志峰,博士,复旦大学外国语言文学学院教授、博士生导师、博士后合作导师；研究方向：口译理论与实践、体认口译学、传播口译学、知识口译学等。

基金项目：本文系 2021 年度国家社科基金项目"基于现代技术的中国高校学生口译认知灵动性及译效研究"（项目编号：21BYY007）、上海市哲学社会科学基金项目"认知口译学视阈下的学生译员认知灵动与译效研究"（项目编号：2020BYY011）的阶段性成果。

面发挥着不可替代的作用。随着信息技术的发展和多媒体技术的应用，多模态国际传播已成为国际交流中不可或缺的部分。然而，当前的口译人才培养模式在多模态国际传播方面存在诸多不足。鉴于此，如何培养具有多语种、多媒体、多文化背景的国际传播口译人才成为一个亟待解决的问题。

2. 演进与现状

2.1 国际传播

传播即 communication（s），是指"message that is sent to someone"或"the systems and processes that are used to communicate or broadcast information"（Sinclair，2000：322）。国际传播（international communication）顾名思义，是指信息在国际社会中，即国与国之间以及国际组织之间的传播；广而言之，乃是在国际社会中的民族与民族、国与国以及国际团体之间的政治、经济、文化等的信息交流。随着全球化的加速和跨文化交流的日益频繁，国际传播，尤其是多模态国际传播，成为国际社会交流与沟通不可或缺的桥梁。

2.2 多模态国际传播

多模态国际传播是指在国际交流中，使用多种语言和媒体进行信息传递和文化交流的过程。它包括口头交流、文字交流、图像交流、音频交流和视频交流等多模态传播形式。其特点在于具有多样性、复杂性和动态性。多样性指多模态国际传播涉及多语和多媒体的使用，具有多样性和多元性。鉴于此，多模态国际传播参与者需要具备多语和多媒体的能力。复杂性指多模态国际传播的内容涉及政治、经济、文化、科技等诸多领域，涉及各种社会群体、不同国家和地区的文化背景、价值观和习惯等。动态性指随着信息技术和多媒体技术的不断发展，尤其是 ChatGPT 的出现，多模态国际传播的形式和内容也不断变化发展。因此，多模态国际传播参与者需要具备快速学习和适应新技术的能力。

2.3 口译与传播

口译乃译员将源语（source language，or SL）的话语内容用目的语（target language，or TL）转述出来，这种口头转述的过程称为口译（康志峰，2020：2）。传播乃广泛散布（吕叔湘，2002：193）的一种行为活动。这一行为活动早在远古时代就在部落与部落之间进行。如今，这一行为活动已扩大到国与国之间、国际组织之间、跨国企业之间、各国政府机构之间

等。口译与传播源远流长（康志峰，2022b：2）。口译是传播的重要方式，传播依赖口译实现在不同民族、地域以及国家之间政治、经济以及文化等的交流。口译在国际传播中发挥着重大作用。

2.4 研究现状与问题

随着国际化进程之演进，国际传播之需求愈来愈强烈。口译在国际传播中的作用亦日趋凸显。然而，国际传播，尤其是多模态国际传播与人才培养之现状却不尽如人意。

2.4.1 现状

在 CNKI 数据库中，以关键词"国际传播"为主题的文献有 3 405 条（截至 2023 年 4 月 22 日），其中涉及传播研究的文献有 371 条，传播策略 361 条，国家形象 343 条，"一带一路"324 条，对外传播 314 条，国际传播能力 299 条，国际传播能力建设 297 条，汉语国际传播 274 条，文化传播 245 条，国际传播力 230 条，中国故事 224 条，跨文化传播 212 条，"一带一路"背景 376 条，汉语国际教育 173 条，主流媒体 158 条，国际话语权 151 条，习近平 143 条，传播路径 142 条，等等。按照相关度排序，汤景泰（2023）的《价值基点、协同机制与精准译介：论中国政治话语的国际传播效能提升》为首位，相关度最高。而以关键词"多模态国际传播"为主题的文献有 0 条（截至 2023 年 4 月 22 日），由此可见"多模态国际传播"这一概念之研究尚为处女地。以关键词"口译人才培养"为主题的文献有 155 条（截至 2023 年 4 月 22 日），其中涉及口译人才的文献有 82 条，口译课程 71 条，MTI 44 条，等等。虽然对"口译人才培养"的研究有所涉猎，但为"多模态国际传播"之"口译人才培养"研究尚阙如。为此，本文不仅具有研究之必要性，而且具有研究之可行性。

2.4.2 问题

由上述研究现状观之，有关"国际传播"的研究课题较多，而"多模态国际传播"研究尚阙如。"口译人才培养"研究论文虽有 155 篇之多，但与多模态国际传播结合的研究鲜有学者问津，而且在多模态国际传播的新形势下，口译人才队伍的培养依然陈旧老套、抱残守缺，跟不上现代多模态国际传播发展之步伐。鉴于此，本文对多模态国际传播与口译人才培养之研究具有一定的创新意义和现实意义。

3. 研究理据

3.1 马克思主义唯物辩证法

马克思主义唯物辩证法的基本观点是辩证统一（马克思、恩格斯，1960：VIII），此乃马克思主义哲学

范畴,是二元结构或对立统一为基础的相互联结(康志峰,2022:3)。马克思主义唯物辩证法指出,任何事物之间既相互联系,又对立统一。口译与传播缘之联结,口译乃基,传播乃径,二者有机统一。即以口译为双语转换和多语转换之基础,通过传播之路径,达国际传播信息之旨(康志峰,2018:84)。

3.2 习近平总书记关于国际传播工作的重要指示

习近平总书记关于国际传播工作的重要指示主要有以下三方面:一是理论传播与实践传播相结合;二是媒体传播与学术传播相结合;三是话语实践与交流实践相结合。习近平外交思想的国际传播是一种借助媒体话语和学术话语开展的话语实践(康志峰,2022:3)。这一关于国际传播的重要指示强调了将传播中的理论与实践、媒体与学术,实践中的话语与交流三者相结合。据此,在研究中立足于话语交流实践,以口译实践为基础,传播交流为手段,信息接受为目的。

3.3 口译传播学与传播口译学

口译传播学是研究口译行为和传播行为联结融合机制,通过口译行为途径进行信息传播并最终达到接受传播信息的一门科学(康志峰,2022b:1)。传播口译学是研究传播行为和口译行为联结融合机制,通过信息传播和信息接受度反馈来提升口译效应的一门科学(ibid.)。口译传播学和传播口译学均为本研究提出的新概念,两者互异互依,均为口译学与传播学跨学科研究基础上产生的科学分支。

综上,马克思主义唯物辩证法、习近平总书记关于国际传播工作的重要指示以及口译传播学与传播口译学理论均为指导多模态国际传播与口译人才培养研究之理论基石。以上述理论为指导,以口译实践为基础,理论与实践相结合地进行口译人才培养,以口译交际与传播为路径进行多模态国际传播,以信息接受为目的实现有效的国际传播。

4. 口译人才培养

口译并不只是将一种语言信息转换为另一语言信息,还需将文字、图像、视频等多种形式的信息进行转换和传递。因此,优秀的口译人才需要具备多种核心素养,包括语言能力、多媒体技能和跨文化交际能力等。在多模态国际传播中,口译人才扮演着至关重要的角色。毋庸置疑,多模态国际传播需

要大量的口译人才,由此对高水准、多技能的口译人才的培养乃是当前高校之要务。高水平的口译人才能够帮助国际组织、跨国企业、政府机构等各种组织和机构在跨文化交流中进行信息的准确传递和交流,推动文化交流和合作,实现文明互鉴。培养优秀的多模态国际传播口译人才具有重要的现实意义和战略意义。

4.1 多模态国际传播对口译人才培养之需求

在多模态国际传播中,口译作为一种重要的语言交流方式,扮演着不同语言和文化之间桥梁之角色。同时,随着多模态国际传播的发展,对口译人才的要求也日益提高。因此,多模态国际传播对口译人才的培养提出了新的要求,口译人才需具备多模态技能,即通过多种感官和语言方式进行信息交流和处理的能力,包括口头语言、文字语言、肢体语言、视觉符号等,以更好地理解、传达和应对不同的语言和文化环境。具体而言,口译人才需要具备多语能力、多媒体技能、跨文化背景、信息处理能力以及技术更新能力等多项技能要求,才能满足多元化的国际传播需求。

4.1.1 多语能力

参与多模态国际传播的口译人才需要具备流利、准确、地道的语言表达能力,能够熟练使用多种语言进行口译。在多模态国际传播中,有时需要同时口译多种语言,因此,口译人才还需要具备多语语言能力。进而,随着全球化的推进,我国需要与更多的国家交流,因此培养一大批具备多语能力的口译人才是实现国与国之间、国际组织之间、国际团体之间等国际交流之前提。

4.1.2 多媒体技能

在现代多模态国际传播中,人们往往使用多种媒体进行信息传递和文化交流。因此,参与多模态国际传播的口译人才需要具备多媒体技能,能够熟练使用各种传媒设备和软件,如音频和视频处理软件、录音和录像设备等。他们只有掌握多媒体技能,在现代多模态国际传播中发挥积极的作用,才能有助于多模态国际传播之发展。

4.1.3 跨文化背景

在多模态国际传播中,不同文化之间的交流和理解,尤其是具有较大文化差异的国家之间的相互交流和理解至关重要。因此,口译人才需要具备多元文化的背景知识,了解不同国家和地区的跨文化特点、价值观和习俗等。高水平的跨文化口译员是新时代国际文化传播之所需,亦是新时期中华文化

"走出去"之必需。

4.1.4 信息处理能力

要完成一项口译的作业任务,大脑需要经历三个复杂阶段:认知、计算和输出(康志峰,2012:42)。进而言之,各类译员(职业译员和学生译员)需经历包含对源语听音准备、听觉注意、听辨信息、信息输入、信息解码等复杂的听觉认知(auditory perception)阶段,包括认知理解、工作记忆(working memory)、信息转换、目的语编码等认知计算阶段,含有编码排序和言语表达等信息输出阶段。因此,信息处理能力同样是人才培养的重要内容。

4.1.5 技术更新能力

多模态国际传播的形式和内容在不断变化和发展,尤其是 ChatGPT 新技术的出现促进了 AI 科学的发展。因此,参与多模态国际传播的口译人才需要具备快速学习和适应新技术的能力,能够不断更新知识和技能。

4.2 现有的口译人才培养模式及其不足

目前,口译人才的培养主要有三种模式:学院派、业内培训派和自学派。学院派是指通过大学或翻译学院等正规教育机构进行口译人才的培养,这种模式注重理论知识的传授和学科知识的体系化。业内培训派则是指通过口译公司、翻译机构等企业进行的口译人才培训,这种模式注重实践操作和技能培养,强调行业适应性和应用能力。自学派则是指自行学习和实践口译技能,这种模式强调自我驱动和学习能力。

然而,这些口译人才培养模式都存在一些不足。首先,学院派的口译人才培养模式注重理论知识的传授,实际操作和技能训练不足。许多口译人才缺乏必要的实际操作经验和技能,难以胜任实际工作中的要求。其次,业内培训派的口译人才培养模式注重实践操作和技能培养,但缺乏系统的学科知识和综合能力的培养,很难满足跨学科和多元化国际传播的需要。最后,自学派的口译人才培养模式注重自我驱动和学能,但缺乏专业指导和实际操作的机会,容易走入误区和盲区。以上问题表明,现有的口译人才培养模式存在一定的局限性和不足,需要探讨更加全面、多元化的口译人才培养方法和策略,以满足多模态国际传播的需要。

4.3 多模态国际传播口译人才培养之对策

基于以上分析,多模态国际传播口译人才培养需要采取多元化的培养模式,注重综合能力的培养。具体而言,可以采用以下策略。

(1)注重学科知识和技能的融合。学科知识和实践技能是口译人才培养的两个重要方面,要注重两者的融合。口译人才需要具备专业的学科知识和实践技能,才能更好地理解和传达信息。因此,实现两者的有机融合,培养具备多元化能力和专业素养的口译人才,乃马克思主义唯物辩证法、习近平总书记关于国际传播工作的重要指示以及口译传播学与传播口译学理论与实践二元结合之体现。

(2)注重多模态技能的培养。多模态技能是现代口译人才必备的能力之一,需要注重其培养。在口译人才的培养过程中,需要注重肢体语言、视觉符号、非语言要素等多模态技能的培养,以使其更好地适应不同的语言和文化环境。

(3)注重实践操作和跨学科合作。实践操作和跨学科合作是口译人才培养的重要策略。口译人才需要具备实际操作和技能,方能更好地适应实际工作中的要求。同时,口译人才需要具备跨学科合作和综合能力,方能更好地应对多元化的国际传播需求。

(4)注重自我驱动和学能之培养。自我驱动和学能是现代口译人才必备的能力之一,同样需要注重培养其多语信息接受、加工处理、转换和输出之能力。

(5)注重自我学习和适应新技术之能力。随着科技的不断进步和 AI 技术的发展,高科技软件更新迭代。ChatGPT 等的出现既是机遇又是挑战,催促我们加快学习的脚步。

以上是多模态国际传播口译人才培养的主要策略,通过这些策略的实施,可以更好地满足多元化的国际传播需求,培养具备多模态技能和综合能力的高水平口译人才。

4.4 多模态国际传播口译人才培养实践

多模态国际传播的口译人才培养实践需要语言培训、多媒体技能培训、文化背景培训、口译实践训练、资源共享以及团队合作等。

4.4.1 语言培训

语言能力是参与多模态国际传播的口译人才必备的技能之一。因此,在多模态国际传播口译人才的培养中,语言培训是必不可少的环节。针对不同语言的学员,可以开设不同难度和不同层次的语言课程。此外,语言培训可以采用多种形式,如课堂授课、语言实践、线上教学等。

4.4.2 多媒体技能培训

在多模态国际传播中,常使用多种媒体进行信息传递和文化交流,因此,多媒体技能培训也是必要的。多媒体技能培训可以包括使用各种传媒设备和软件、制作音视频材料等内容。培训可以通过专门的教学课程和工作坊等形式进行,让学员掌握相关的技能和知识。

4.4.3　文化背景培训

多模态国际传播涉及不同文化之间的交流和理解,因此,文化背景培训也是口译人才培养中的重要环节。文化背景培训可以包括各国的历史、社会、政治、经济、文化等方面的知识,以及文化差异和交际技巧等内容。培训可以通过专门的课程和文化体验活动等形式进行。

4.4.4　口译实践训练

口译人才的能力需要在实践中得到锻炼和提高。在口译人才培养中,实践训练是必不可少的环节。实践训练可以包括模拟口译、实地口译、多媒体制作等方面的内容。通过实践训练,口译人才可以更好地掌握口译技巧、提高反应速度和准确度,从而更好地适应多模态国际传播的要求。

4.4.5　资源共享

在多模态国际传播口译人才培养中,资源共享也是一个重要的环节。资源共享可以包括 MOOC、课件以及教室设备等各种教学资源,各种语料库、中外期刊库等网络资源,音频、视频、图像等多媒体素材,书籍、音乐、绘画等文化资料,以及包括眼动仪、ERP、EEG、fMRI 等研究设备在内的研究资源。通过资源共享,可以更好地满足学员的学习需要,提高口译人才的整体素质和水平。

4.4.6　团队合作

多模态国际传播需要多个专业人才的协作和配合。口译人才的培养离不开口译教学团队、口译实践团队和口译研究团队的相互配合支持。

通过上述多模态国际传播的口译人才培养实践活动,口译学员的口译水平更高,口译质量更好,口译效果更佳,国际传播能力更强。

4.5　多模态国际传播口译人才培养模式

按照马克思主义唯物辩证法、习近平总书记关于国际传播工作的重要指示以及口译传播学与传播口译学理论,将理论与实践相结合,将口译传播学、传播口译学、口译认知心理学、认知口译学、体认口译学、知识口译学(康志峰,2012/2020/2022a/2022b/2023)等理论应用于口译实践之中,以使口译之效渐臻完美。

对于多模态国际传播口译人才培养,我们提倡"实践—教学—研究",即"practice-teaching-research"

的 PTR 培养模式,以使口译实践、口译教学和口译研究之境渐臻完美(康志峰,2022:1)。高水平的多模态国际传播口译人才培养不仅要求译员口译实践好,而且要求在口译教学中汲取大量跨文化、跨学科知识,还要求他们产出高质量的研究成果。成为真正理论素养高、知识积淀厚、研究成果丰的高水平跨文化口译人才。

5.　结语

倚靠理据,洞悉问题。本研究以马克思主义唯物辩证法、习近平总书记关于国际传播工作的重要指示、口译传播学和传播口译学为研究理据,通过对多模态国际传播与口译人才培养研究演进和研究现状分析,洞悉了在多模态国际传播口译人才培养过程中存在的培养方式陈旧以及学院派、业内培训派和自学派存在的问题。

采取措施,实施对策。文章给出了五项对策,提出了理论与实践相结合的"实践—教学—研究"(PTR)人才培养模式。

付诸行动,未来可期。随着国家对国际传播日益重视,BTI、MTI 招生人数增多,DTI 招生密码开启,其与口译博士生和博士后一起形成的多模态国际传播口译人才培养共同体将为现代多模态国际传播,尤其是中华文化对外传播做出巨大贡献。

参考文献

［1］Kang, Z. F. & Shi, Y. The Construction of a Practice-Teaching-Research (PTR) Model for the Accomplishments of College Interpreting Teachers in China Based on the Diachronic Comparison[J]. *Babel*, 2020 (5): 604-608.

［2］Sinclair. *Collins (COBUILD) English Dictionary* [M]. 上海:上海外语教育出版社,2000:322.

［3］康志峰. 现代信息技术下口译多模态听焦虑探析[J]. 外语电化教学,2012(3):42.

［4］康志峰. 口译认知心理学[M]. 北京:北京燕山出版社,2013.

［5］康志峰. 口译行为的 ERP 证据:认知控制与冲突适应[J]. 中国外语,2017(4):92-102.

［6］康志峰. 双语转换代价与口译增效策略[J]. 外语教学,2018(3):84-89.

［7］康志峰. 认知口译学[M]. 上海:复旦大学出版社,2020:2.

［8］康志峰. 体认口译学:PTR 模型理论建构[J].

翻译研究与教学,2022a(1)：1-6.

[9] 康志峰. 口译研究新论：口译传播学与传播口译学[J]. 翻译研究与教学,2022b(2)：1-5.

[10] 吕叔湘. 现代汉语词典[M]. 北京：商务印书馆,2002：193.

[11] 马克思,恩格斯.马克思恩格斯全集(第八卷)[M]. 北京：人民出版社,1960.

[12] 汤景泰. 价值基点、协同机制与精准译介：论中国政治话语的国际传播效能提升[J].中国社会主义学院学报,2023(2)：188-196.

小说《高兴》与《人生》的英译
海外传播对比研究

石春让　赵慧芳[1]

（西安外国语大学　英文学院,西安　710128；

西安外国语大学　研究生院,西安　710128）

摘　要：《高兴》与《人生》分别是陕西当代知名作家贾平凹和路遥的代表作,都在中国文坛产生了巨大反响。《高兴》和《人生》分别于 2017 年和 2019 年被译入英语世界。本文考察英译本《高兴》与《人生》的译介模式,对比分析两个译本在馆藏量、媒体报道和普通读者评价三个方面的接受效果,以期为今后陕西文学"走出去"提供借鉴,以便更好地推进陕西文学,乃至中国文学在海外的传播。

关键词：陕西当代小说；《高兴》；《人生》；译介；接受

Title：The Comparative Study of Chinese-English Translation and Communication of *Happy Dreams* and *Life*

Abstract：*Happy Dreams* is a representative work of Jia Pingwa, while *Life* is written by Lu Yao. Jia Pingwa and Lu Yao are famous Shaanxi contemporary writers. Both the two novels have generated great repercussions in China. *Happy Dreams* was translated into English in 2017, while *Life* in 2019. This paper investigates the English translation and communication models of *Happy Dreams* and *Life*, and analyzes their reception in terms of library collection, media reports and readers' reviews. This paper is expected to provide a reference for Shaanxi literature "going out" in the future, and promote the spreading of Shaanxi literature and even Chinese literature overseas.

Key words：Shaanxi contemporary literature；*Happy Dreams*；*Life*；translation and communication；reception

1. 引言

陕西是文学的沃土,孕育、滋养了一批才华横溢的作家群体。这些作家在中国当代文学史上具有举足轻重的地位,贾平凹和路遥便是陕西当代文学的作家代表,他们均获得过茅盾文学奖,代表作《高兴》《人生》都被拍成电影。《高兴》和《人生》诞生于不同时期,呈现出独具特色的陕西社会文化风情。更

为巧合的是,《高兴》和《人生》英译本相继出版,有力地推动了陕西当代文学在海外的传播。《高兴》由英国汉学家韩斌（Nicky Harman）翻译,译名为 *Happy Dreams*,于 2017 年出版。《人生》由美国哥伦比亚大学博士叶珂（Chloe Estep）翻译,译名为 *Life*,于 2019年出版。两部小说英译本有许多相似之处,如均由美国亚马逊跨文化出版事业部（Amazon Crossing）出版,均由母语译者翻译等。但是,目前关于两部小说的英译对比研究付之阙如。《高兴》和《人生》的译介

1　作者简介：石春让,博士,西安外国语大学英文学院教授、博士生导师；研究方向：翻译理论与实践。
　　赵慧芳,西安外国语大学研究生院博士生；研究方向：翻译理论与实践。
　　基金项目：本文系陕西省教育科学"十四五"规划 2023 年度课题"'一带一路'背景下我国翻译人才的国家话语能力培养对策研究"（项目编号：SGH23Y2329）、西安外国语大学科研项目"新时代科技文档汉英翻译的优化模式与评价机制研究"（项目编号：XWB03）和西安外国语大学研究生院科研基金项目"基于社会翻译学视角的中医典籍翻译研究——以《黄帝内经》英译对比为例"（项目编号：2023BS014）的阶段性成果。

模式是相似还是殊异？两个英译本的传播效果如何？这些问题亟须人们探究。本文从翻译传播视角出发，剖析英译本《高兴》与《人生》的译介模式，包括文本选择、译者身份以及出版发行等，对比分析两个英译本的接受特征与效果的差异，以期为陕西当代文学作品的外译传播提供启示。

2.《高兴》与《人生》英译本的译介模式对比

文本译介模式包括文本选择、译者模式和出版发行等多个层面，探讨和对比不同文本的译介模式可以厘清每个译本的生产过程，总结各个文本翻译路径的共性和个性特征。

2.1 文本遴选对比

在外译文本的遴选上，应当将彰显中华文化优秀传统并与海外读者取得视域融合的中国文学作品纳入考虑范围（钱屏匀、李姝梦：49）。《高兴》是出版社主动选择的作品。Amazon Crossing 成立于 2010 年，是美国亚马逊（Amazon）的子公司，旨在出版世界各地的畅销书和获奖书籍，让更多读者接触到国际文学。《高兴》符合 Amazon Crossing 对文学作品的期待：一方面，贾平凹是作品被译介最多的中国作家之一，小说受到海内外读者的欢迎，具有较强的市场号召力；另一方面，《高兴》是贾平凹耗时三年完成的精品之作，讲述了向往城市的陕西农村人刘高兴进入西安城的打工生活，文本既不脱离陕西乡土文学的本色，又有世界文学的眼光（王宏印，2019：9）。小说于 2007 年出版后被改编成电影，在国内产生较大影响。把这样的小说翻译成英文，更容易与海外读者产生共鸣。因此，贾平凹小说《高兴》能够被出版社选择译介是顺理成章的事情。《高兴》中文版诞生于 2007 年，英文版诞生于 2017 年，时隔 10 年。

《人生》的译介得益于北京出版集团的选择。北京出版集团是"中国图书对外推广计划"的成员单位，曾获得"2019—2020 年国家文化出口重点企业"等荣誉称号。这一出版机构致力于出版和传播具有中华文化特色的作品，让世界人民了解中国。《人生》正是一部可以让国外读者认识中国的文学作品。作者路遥是地道的陕北作家，在中国当代文学史上具有较高的文学地位。《人生》是路遥创作的第一部中篇小说，曾轰动全国，讲述了农村青年高加林自我奋斗，无奈从城市回到农村的悲剧故事。小说风格朴素敦厚，无处不体现着浓郁的陕西乡土民俗风情；主题彰显人文关怀，捕捉了中国底层人民的情感和生活，呈现出守

旧与变革、文明与蒙昧、城市与乡村等二元冲突下的现实主义美学特征，是一部反映改革开放初期中国城乡历史变迁的优秀文学作品。因此，北京出版集团选择译介《人生》也是入情入理。《人生》中文版诞生于 1982 年，英文版诞生于 2019 年，时隔 37 年。

对比发现，英译本《高兴》是以读者需求为准则，在他者视野下主动"译入"的作品，而《人生》英译本是以中国特色图书外译为前提，以推介中国文化为目的，主动"译出"的文学作品。

2.2 译者身份对比

译者是译文生产的行为主体，在译介路径中起着重要作用。同时，译者的翻译行为和译者身份有着密不可分的关联（许多，2018：85）。探析译者身份可以回答译介过程中"谁来译"和"为什么由他译"的问题。

《高兴》的译者韩斌从 1968 年起在利兹大学学习中文，后在大学教授汉英翻译实践课程。长期浸润在中英两种语言文化中对她后续的翻译实践大有裨益。1998 年，韩斌接受伦敦大学赵毅衡教授的邀请，翻译了虹影小说《K》，自此走上中国文学翻译之路。此后 20 年间，韩斌苦心孤诣，翻译了 53 部中国现当代小说，包括贾平凹《高兴》和《极花》等。其中翻译的贾平凹短篇小说《倒流河》在 2013 年中国国际翻译大赛中获一等奖。丰富的翻译实践勾勒出韩斌强烈的译者主体行为意识，她表示：大多数西方出版商不懂中文，译者应该担任出版商和中国作家之间的重要媒介，把好的作品引荐给更多读者（张代蕾，2020）。这种主体意识同样体现在《高兴》的英译过程中。2008 年，韩斌阅读《高兴》后，被小说的主人公和叙事情节所吸引，曾尝试翻译并试图引起西方出版商的兴趣，未果，后在英国《卫报》发表了一段摘录翻译。2015 年，亚马逊出版公司的编辑为翻译项目寻找中国文学作品时读到这篇摘录，才联系韩斌翻译《高兴》。翻译过程中，韩斌遇到许多翻译难题，比如方言和食物的翻译等（Yang，2017），为了更加贴近原文的地方色彩性，译者经常向贾平凹求助，贾平凹有时还会向她发送手稿。同时，韩斌还多次到陕西实地考察。贾平凹曾称赞韩斌做事严谨，值得信赖，称一起在陕西采风时，她"不辞辛劳，极其负责，我很感动，也很敬佩她"（转引自张代蕾，2020）。韩斌的教育背景和翻译经历均与中国文化息息相关，勾勒出她作为汉学家和翻译家的双重身份。

与韩斌丰富的翻译经验相比，《人生》英译者叶珂的翻译之路尚处在发展期。2009 年，叶珂毕业于普林斯顿大学，获得比较文学学位，辅修翻译、创意写作和中文课程。她曾在上海工作过一段时间，并

在 2014 年参加了清华大学 IUP 中文中心的华语培训项目,该项目旨在向学生提供高层次的汉语培训。多元化的中文学习经历让译者叶珂的汉语水平突飞猛进,并且加深了她对汉语文化的理解和认识。2021 年,叶珂在哥伦比亚大学获得中国现代文学博士学位,现为宾夕法尼亚大学东亚语言与文化系的助理教授。这些研究经历让她的身份逐渐从汉语学习者转变为有潜质的中国文学研究学者。叶珂迄今出版了两部翻译作品。一部是《鲁迅瞿秋白关于翻译的通信》,另一部就是《人生》,后者是她翻译的第一部中文小说。翻译《人生》并非叶珂的自主选择,而是北京出版集团严格筛选有学术背景及翻译经验的英语译者时,她因恰好符合这些条件而被选中。作品试译后,版权经理谢芸蔚认为她具备超卓的翻译能力,译文流畅优美,而且符合英语读者的阅读习惯,便将她推荐给出版社 Amazon Crossing,最后出版社确定由她来翻译《人生》。

韩斌和叶珂的身份特征有许多共性。她们均是母语译者,熟稔英语读者的阅读旨趣,能够实现与原作负责人和出版公司的顺畅沟通。但二人的身份又有差异,韩斌已是一位经验老到的译者,20 余年的翻译经验使她积累了丰厚的文化和社会资本,在翻译时有更大的自主选择权,可以根据文学兴趣选择自己喜爱的作品,同时具有精准的市场眼光,更易选择有市场潜力的中国文学作品;而叶珂的译者之旅刚刚起步,在作品选择上显得较为被动。

2.3　出版发行情况对比

文学作品的翻译工作完成后,进入出版发行阶段。《高兴》英译本的出版发行由亚马逊公司负责,亚马逊是最早开发网络书店的电子商务网站,拥有广泛的世界读者群。该公司既是《高兴》英译本的版权方,搭建起作者和译者顺畅沟通的桥梁,还担任《高兴》英译活动的赞助方,主导并资助译本的出版和推广。亚马逊出版公司十分重视《高兴》的海外销售和传播,加大了中国文学译本的宣传力度。2017 年 8 月,亚马逊公司为《高兴》英译本举办宣传活动,宣布将在全球 14 大亚马逊站点同步发行《高兴》英译本的纸质书和电子书,这是其首次为华语作家的作品英译本举办全球性首发活动。此外,《高兴》英译本还入选亚马逊 Kindle 独有的 First Reads 项目,成为 2017 年第一本入选该项目的中国文学作品,实行纸质书与电子书形式、线上线下同步发行的销售模式。以上出版宣传活动均为《高兴》英译本在海外的传播保驾护航。

《人生》是首部由海外出版社出版的路遥著作,

小说原版权方是北京出版集团旗下的十月文艺出版社,后授权 Amazon Crossing 为英译本版权代理方。Amazon Crossing 在当时遇到了出版和发行成本高的难题(陆云,2020),在中国政府的支持下,《人生》入选了中宣部组织的"2018 年度中国当代作品翻译工程",有效解决了英译本出版和发行的资金问题。在译本宣传方面,Amazon Crossing 使用"口碑营销"策略,先向图书网站书舫网(Net Galley)发送电子试读本,邀请众多读者在书舫网发布书评和读后感,在译本发行上市前形成口碑,吸引大批读者的注意力和好奇心,为译本的市场传播预热。随后,《人生》英译本同样在亚马逊网站上以纸质书和电子书的形式同步发行。此外,该译本还入选了 2020 年亚马逊举办的世界图书节中的"年度好书",这是活动举办以来第一次入选的中国图书。出版公司向大众读者的重点推介和宣传,扩大了《人生》英译本的读者群,也是译本海外推广效果的有力保障。

对比发现,虽然出版两个英译本的出版社相同,上市的发行方式相似,但二者的出版仍存在殊异。一方面是赞助方不同,另一方面是上市前营销策略存在差异。《高兴》英译本的营销策略是在亚马逊全球站点发行译文电子版和纸质版,为译本销售造势,而《人生》英译本的出版商先联系书评网站,为译本预热的营销策略更加别出心裁。

3.《高兴》与《人生》英译本的接受效果对比

近年来,许多陕西当代文学得到译介,谱写了陕西文化"译出去"的繁盛篇章。但"译出去"并不意味着"走出去"(高彬,2022:49),译本在目的语国家的接受现状是翻译过程至关重要的一环,也是重现文本价值的重要依据。考察译本的接受效果是翻译研究的重点和难点,可以从图书馆藏、媒体述评和普通读者评价等层面进行评估。

3.1　图书馆藏情况

关于《高兴》与《人生》英译本在海外读者中的传播度,从馆藏数量便可见一斑。收藏一部文学作品的图书馆数量越多,则这部文学作品的传播范围就越大,反之传播范围就越小(刘国芝、池昌海、李清柳,2022:60)。我们从 OCLC-Worldcat 馆藏库分别检索《人生》与《高兴》英译本在海外各个国家和地区的馆藏数据(见图 1),计算收藏两个英译本的海外图书馆类型比例(见表 1),并统计两译本在美国各州的馆藏量(见表 2)。

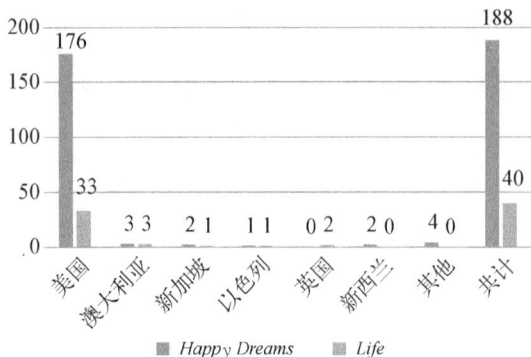

图1 《高兴》与《人生》英译本海外馆藏量（家）柱形图
注：数据截止日期为2022年9月3日。

《高兴》英译本在2017年出版后迅速引起了西方世界的关注，全球共有188家图书馆收藏此译本。其中，美国收藏数量最多；澳大利亚次之；新加坡和新西兰各有2家图书馆收藏。《人生》英译本于2019年出版，相对而言，出版时间跨度较短，至今全球仅有40家图书馆收藏此译本。其中，美国图书馆收藏量最多；澳大利亚有3家图书馆收藏；而其余国家的馆藏量均不超过两家。

表1 《高兴》与《人生》英译本图书馆类型统计表

图书馆类型	公共型		学术型	
	数量（家）	占比	数量（家）	占比
Happy Dreams	152	81%	36	19%
Life	29	72%	11	28%

按照图书馆性质进行统计，《高兴》与《人生》两个英译本在公共型图书馆的馆藏量均远远多于学术型图书馆。因为图书被公共型图书馆馆藏的量越大，读者借阅的可能性就越大，传播效果越好，所以从《高兴》与《人生》两个英译本在公共型图书馆与学术型图书馆的占比来看，两个英译本均具有较大的传播潜力。

**表2 《高兴》与《人生》英译本在美国
各州馆藏量（家）统计表**

州 名	Happy Dreams	Life
加利福尼亚州	18	4
伊利诺伊州	16	4
俄亥俄州	12	1

（续表）

州 名	Happy Dreams	Life
宾夕法尼亚州	12	2
得克萨斯州	9	0
华盛顿州	9	0
新泽西州	8	1
佛罗里达州	6	1
明尼苏达州	6	1
纽约州	6	3
其他	74	16
总计	176	33

我们列出了《高兴》英译本在美国馆藏最多的十个州，再计算《人生》英译本对应的馆藏量。数据显示，无论是《高兴》还是《人生》的英译本，加利福尼亚州和伊利诺伊州的馆藏量均排在前列，其他州的数量略逊一筹。此外，统计发现，《高兴》英译本分布在美国42个州的图书馆中；《人生》英译本分布在23个州的图书馆中，各馆收藏数量较少，多数图书馆仅存有1—2本。

从全球馆藏量来看，《高兴》英译本比《人生》英译本的传播效果更佳。同时，馆藏两个译本的图书馆均属于主流英语母语国家，表明两个英译本在主流英语国家得到了更好的传播。从图书馆类型比例来看，两个英译本的目标受众大部分是普通读者，并且远多于学术读者。从两译本在美国各州馆藏量和所分布的州数来看，与《人生》英译本相比，《高兴》英译本在美国具有更广的传播辐射面积。

3.2 媒体报道情况

一本图书的影响力大小会体现在主流媒体的报道上（何明星，2019：8），媒体报道情况是图书传播的重要衡量标准。在亚马逊网站上，共有包括《纽约时报》在内的11家国外知名媒体发表《高兴》英译本书评，而《人生》英译本却没有媒体的书评推介。

为了更准确地衡量媒体报道情况，我们从道琼斯（Dow Jones）和路透社（Reuters）共同建立的世界最大的新闻数据库Factiva分别获取了两个英译本的媒体报道。数据显示，《高兴》英译本有近40条英文报道、书评及采访，而《人生》英译本的英文报道量为零。随后，我们梳理了《高兴》英译本的15家媒体报道情况（见表3）。

表 3　《高兴》英译本主要媒体统计表

序　号	媒 体 名 称	所属国家	发 布 日 期	形　式
1	《中国日报(美国版)》	中国	2017 年 8 月 24 日	报道
			2017 年 9 月 5 日	报道
2	《中国日报(英文综合版)》	中国	2017 年 9 月 1 日	书评
3	《中国网(英文版)》	中国	2021 年 4 月 13 日	报道
4	《新华社(英文版)》	中国	2017 年 8 月 26 日	报道
5	《外交事务》	美国	2017 年 8 月 25 日	报道
6	《当今世界文学》	美国	2018 年 1 月 1 日	采访
7	《纽约时报》	美国	2018 年 1 月 19 日	书评
8	《亚洲新闻联盟》	亚洲 12 国新闻联盟	2017 年 9 月 22 日	报道
9	《哈萨克斯坦新闻线》	哈萨克斯坦	2017 年 10 月 2 日	报道
10	《印亚新闻社》	印度	2018 年 3 月 16 日	书评
11	《星期日旗帜报》	印度	2018 年 5 月 13 日	书评
12	《印亚新闻社》	印度	2018 年 5 月 18 日	书评
13	《今日印度》	印度	2018 年 6 月 11 日	书评
14	《电讯报》	印度	2018 年 7 月 18 日	书评
15	《印度商业线》	印度	2018 年 8 月 4 日	书评

　　《高兴》英译本在亚马逊网站的正式发售时间为 2017 年 10 月 1 日。书籍发售前,预热宣传主要由中国主流的外宣媒体完成,如中国最大的英文资讯平台《中国日报》(China Daily)多次报道了《高兴》英译本的发行信息。《中国日报(英文综合版)》以《艰难生活,远大梦想》(Hard Lives, Big Dreams)为题,详细介绍了《高兴》的故事梗概和思想内涵,并叙述了书籍翻译前后的故事,认为贾平凹为我们勾画了一个生动的人物形象——刘高兴,他复杂且矛盾,赢得了读者的同情,因为反映他人性的一面跃然纸上(Yang,2017)。美国媒体也有报道,如《外交事务》写道,这是亚马逊首次在全球推出中文文学作品的英文版,还是 Kindle 今年推出的第一个中国文学作品,值得关注(Foreign Affairs,2017)。

　　《高兴》英译本发售后,美国《纽约时报》《当今世界文学》等媒体也报道了译本出版信息。值得注意的是,印度媒体的报道数量多于美国媒体,甚至与中国媒体的报道数量持平。《印度商业线》在《大小故事》(Big Little Stories)中评价称,贾平凹是乡土文学的代表作家,他的作品销量可观,部分原因在于他的

写作方式——用细腻的笔触记录新一代中国人从农村到城市的乡土记忆(The Hindu Business Line, 2018)。总之,《高兴》英译本的媒体传播呈现出以中国媒体外译宣传为主,美国和印度等亚洲国家为辅的宣传模式。而 2019 年后,《高兴》英译本的相关报道乏善可陈,存在后续传播发力不足的现象。相对而言,《人生》英译本在媒体层面的关注度较低。

3.3　普通读者的接受

　　从馆藏量和媒体报道数量上衡量作品的译介情况具有片面性,因为有些图书馆或读者很可能存在藏而不借或借而不阅的情况(高彬,2022:49),媒体报道也仅能说明媒体的关注点。而译文的可接受性对于普通读者尤为重要,(王林,2021:148)衡量译介效果的关键来自普通读者的接受评价。

　　亚马逊网站上,《人生》英译本的平均星级为 4.2 星,共有 2 050 条评分;《高兴》英译本则为 3.7 星,仅有 589 条评分。其中,《人生》英译本 5 星和 4 星的评分比例高于《高兴》英译本,3 星、2 星和 1 星的评分比例低于《高兴》英译本。好读网(Goodreads)上,

《人生》英译本的平均星级为 3.84 星,评分条数为 2 761 条;《高兴》英译本则为 3.47 分,共有 1 589 条评分。初步推断,在两个读书网站上,《人生》英译本的读者人数均多于《高兴》英译本,同时,前者的读者好评率也高于后者。

如果说评分数和平均星级是较为笼统的衡量标准,那么细致剖析读者评价中蕴含的情感可以更加准确地判断读者对译本的真实态度。因此,我们利用 Python 情感分析技术,评估亚马逊网站上两个英译本的读者评价。首先获取评论数据,运用八爪鱼采集器从亚马逊网站上爬取 Happy Dreams 和 Life 的读者评论,分别获得 423 条和 140 条评论(数据截至 2022 年 9 月 11 日)。其次对文本进行清洗,清除重复和无实意的评论,剔除评论中的表情符号,分别获得 420 条和 136 条评论。最后进行数据分析,使用 Python Natural Language Toolkit (NLT) 对最终的评论数据做出情感分析(见表 4),其中正向情感数值大于零,中性情感数值等于零,负向情感数值小于零。

表 4 《高兴》与《人生》英译本读者评论情感分析统计表

评论情感分析	均值	正向情感评论		中性情感评论		负向情感评论	
		数量	占比	数量	占比	数量	占比
Happy Dreams	0.38	288	69%	46	11%	86	20%
Life	0.56	118	87%	3	2%	15	11%

两个译本情感评论均值都大于零,说明海外读者对两个译本普遍持积极态度。《人生》英译本的情感评论均值高于《高兴》英译本,且正向情感评价比《高兴》英译本高出 18 个百分点,负向情感评价比《高兴》英译本低 9 个百分点。这佐证了前文的观点,即与《高兴》英译本相比,《人生》英译本的读者好评率更高,更受读者的肯定。

4. 结语

《高兴》与《人生》的英译与海外传播路径既有共性,也有差异。共性表现为译研一体的译者身份以及同一出版社以纸质书和电子书同时发行译本的方式。差异主要表现在三个方面:翻译动机方面,《高兴》的英译以读者接受为动机,《人生》的英译以文化传播为动机;译者资本方面,韩斌在陕西文学外译场域中,比叶珂更具有社会、经济和文化资本,在翻译过程中更具优势;赞助人方面,《高兴》英译的赞助方

是出版社,《人生》英译的赞助方是中国国家机构。这些差异也致使两个译本在英语世界的传播度和认可度各有优势。《高兴》英译本具有更广的传播度,体现为馆藏量更多、媒体宣传力度更大;《人生》英译本具有更好的接受度,表现为读者的评价更高。总而言之,两个英译本的译介和接受效果各有千秋,形成了很好的镜像,有利于引导我们运用新的策略去推动陕西当代文学乃至中国当代文学的外译。

参考文献

[1] Foreign Affairs. Amazon Launches English Version of Happy Dreams [EB/OL]. (2017 - 08 - 25) [2022 - 09 - 02]. https://snapshot.factiva.com/Search/SSResults.

[2] The Hindu Business Line. Big Little Stories [EB/OL]. (2018 - 08 - 04) [2022 - 09 - 02]. https://snapshot.factiva.com/Search/SSResults.

[3] Yang, Y. Hard Lives, Big Dreams [EB/OL]. (2017 - 09 - 01) [2022 - 09 - 01]. https://snapshot.factiva.com/Search/SSResults.

[4] 陈云. 多语种版权输出卖点是什么? [N]. 中国出版传媒商报, 2020-11-27.

[5] 高彬. 新世纪以来中国当代小说在阿语国家的译介研究 [J]. 中国翻译, 2022(1): 49.

[6] 何明星. 中国当代文学的世界影响评估研究——以《三体》为例 [J]. 出版广角, 2019(14): 8.

[7] 刘国芝, 池昌海, 李清柳. 英译小说《红高粱》在美国的传播与接受 [J]. 中国翻译, 2022(2): 60.

[8] 钱屏匀, 李姝梦. 基于英语书评的中国文学作品海外接受考察——以张洁小说《爱,是不能忘记的》英译本为例 [J]. 翻译研究与教学, 2020 (1): 49.

[9] 王宏印. 走出秦地,走向世界——试论陕西当代小说的对外翻译 [J]. 燕山大学学报(哲学社会科学版), 2019 (1): 9.

[10] 王林. 中国文学译介与教学:加拿大汉学家孙广仁教授访谈录 [J]. 翻译研究与教学, 2021 (1): 148.

[11] 许多. 译者身份对翻译过程的影响——以罗慕士译本中的曹操形象为例 [J]. 外语教学, 2018 (6): 85.

[12] 张代蕾. 英国翻译家韩斌:用译作打开文化交流之窗 [EB/OL]. (2020-12-22) [2022-09-01]. https://baijiahao.baidu.com/s?id=16867750639 26812791&wfr=spider&for=pc.

中学西渐之新篇

——以《中国哲学典籍在当代美国的译介与传播》为例

吕凌云　贺婷婷[1]

（四川外国语大学　英语学院，重庆 400031；
衡阳师范学院　外国语学院，衡阳 421002）

摘　要：谭晓丽新著《中国哲学典籍在当代美国的译介与传播》以海外汉学家和国外出版商翻译和出版的中国哲学典籍为研究对象，紧扣译介和传播，详细考察了"二战"后中国哲学典籍英译本在美国的翻译、传播和接受情况，为读者呈现了这一历史时期中国哲学典籍在美英译的史实。该书直面中国哲学典籍译介中存在的问题，对当下中国文化外译进行了反思，为中国典籍外译和中国文化对外传播提供了有益的借鉴。

关键词：中国哲学典籍；当代美国；翻译、传播和接受

Title：A New Chapter of the Translation and Dissemination of Chinese Philosophical Classics：A Case Study of *Translation and Reception of Chinese Philosophical Classics in Contemporary America*

Abstract：Focusing on the translated Chinese philosophical classics produced by overseas sinologists and foreign publishers, Tan Xiaoli's new book *Translation and Reception of Chinese Philosophical Classics in Contemporary America* examines in detail and presents a panoramic picture of the translation, dissemination and reception of Chinese philosophical classics in the United States after World War II. The book highlights the problems in translating works of the genre, thus providing a reference for the translation of Chinese classics and the dissemination of Chinese culture.

Key words：Chinese philosophical classics；contemporary America；translation, dissemination and reception

1. 引言

作为传统文化的核心，我国的典籍浩如烟海，浓缩了传统文化的精髓，集中体现了中华民族的思想内涵。在众多典籍中，哲学典籍不仅数量庞大，更因其承载和体现了中国传统文化的核心思想而成为"中国传统文化中最重要的文本"（郭尚兴，2014：

35）。正因如此，中国哲学典籍翻译一直备受青睐，历史悠久，实践丰富，成果丰硕。现今，作为中华文化"走出去"的关键一环，中国哲学典籍翻译更受重视，大获支持，也成为我国翻译研究的热点之一。然而，与中国哲学典籍翻译的火热相比，其在海外的传播和接受情况却略显冷清，研究较少，特别是以海外汉学家和国外出版机构为主体的针对中国哲学典籍的译介和出版并未被国内大多读者所了解。谭晓丽

1　**作者简介**：吕凌云，四川外国语大学英语学院博士生，衡阳师范学院外国语学院讲师；研究方向：双语词典学、术语翻译。贺婷婷，博士，衡阳师范学院外国语学院讲师；研究方向：翻译理论与实践。

基金项目：本文系国家社科基金项目"二战后中国哲学在美国的英译、传播和接受研究"（项目编号：15BYY019）、湖南省 2022 年度社会科学成果评审委员会一般项目"中国文化'走出去'背景下基于语料库的汉英词典中医术语英译研究"（项目编号：XSP2023WXC012）、湖南省 2022 年度哲学社会科学基金一般项目"人文地理学视域下湖湘游记散文英译的人地关系重构"（项目编号：22YBA185）和衡阳师范学院 2022 年度科研启动项目"中国古典游记在英语世界的译介与传播研究"（项目编号：2022QD26）的阶段性成果。

的新著《中国哲学典籍在当代美国的译介与传播》正是在这一背景下出版的。作为一部断代史研究专著，该书以"二战"为时间起点，以美国为考察地域，以海外汉学家和国外出版机构翻译和出版的中国哲学典籍为研究对象，从译介、传播两个方面为读者呈现了这一历史时期中国哲学典籍在美英译的史实，在中华文化"走出去"的宏大背景下，为中国典籍外译和中国文化对外传播提供了有益的借鉴。

2. 研究内容：译介和传播

《中国哲学典籍在当代美国的译介与传播》一书紧扣译介和传播两个方面，将中国哲学典籍在当代美国的英译、传播和接受三个环节串联起来，构成了宏观意义上翻译研究的完整闭环。该作品详细梳理了二战后中国哲学典籍在美国的英译史，一方面分析了影响翻译活动的历史文化语境、赞助人、出版商等宏观因素，另一方面着眼微观，探讨了中国哲学典籍术语的翻译方法；同时，作者从个案入手，重点考察了中国哲学典籍代表性译作在美国的传播和接受情况，并对未来中国哲学典籍英译及国际传播提出了构想。

以"译介"为关键词，该书前四章主要讨论了中国哲学典籍在当代美国的译介情况。第一章重点介绍了20世纪以来，中国哲学典籍在美国的英译概况。作者根据美国汉学和中国典籍英译在美国发展的特点，把20世纪以来美国的中国哲学典籍英译分为三个阶段：第一阶段（20世纪上半叶或"二战"前）为起步阶段，以继承欧洲汉学传统，进行语言研究、史料考证为主；第二阶段（20世纪50至80年代）为独立发展和转型阶段，中国典籍的研究和英译发生了由局部到整体、由外向型到内向型的转变；第三阶段（20世纪80年代至今）为全面深化阶段，中国典籍的英译呈现出跨学科、多元化特点，译者队伍具有专业化、学术化的特点。第二章从社会翻译学的视角描述和分析了历史文化语境、赞助人、翻译政策和汉学发展三个因素对"二战"后中国哲学典籍在美国翻译及传播的影响。当时国际及美国国内局势与社会背景在客观上催生了两次中国哲学典籍英译的高潮，而美国政府、各大基金会和出版机构对中国哲学典籍英译的支持和赞助，不同学术团体、学术期刊和研究机构的积极参与也从侧面大力推动了中国哲学典籍英译的发展。另外，中国哲学典籍在美英译的不断发展也跟当代美国汉学研究发展的三个不同阶段密切相关。第三章讨论了中国哲学典籍在美英译的三大类型，分别是学术型、大众型及通俗型，并选取

代表性的译者和译作予以介绍，结合译者的学术背景和翻译观，分析其译作特色。第四章聚焦于微观层面，在概述中国哲学术语英译的问题和现状后，重点介绍了这些术语的翻译方法。

第五章围绕"传播"一词，调查了"二战"后中国哲学典籍在美国英译的传播途径，包括出版作品、创办学术期刊、举办国际学术会议、开设哲学课程、建立孔子学院以及利用传统媒体和新媒体等形式，同时结合译作的馆藏数量、传播范围及销售排名等指标对中国哲学典籍英译作品在美国的传播范围及影响力进行评估，并分析其背后的影响因素。

"评价"一词则贯穿第六、七章始终。第六章通过考察专业读者发表的国际期刊评论、普通读者的网评以及通俗型译作读者的网评，指出无论专业读者还是普通读者，其评论方向大体一致，同时指出必须高度重视读者评论，因为这些译评在一定程度上影响了一个阶段美国翻译政策的调整和制定，以及译者的选材和翻译策略。第七章通过对美国汉学家进行访谈、对美国普通读者进行问卷调查两种方式考察了中国哲学典籍在美英译及传播情况。

第八章概述了前七章的内容，针对中国哲学典籍在美英译、传播和接受的现状和问题，从翻译与传播的内容、翻译方法、传播对象和传播方式四个方面提出了建设性意见。

3. 学术价值

纵览全书，《中国哲学典籍在当代美国的译介与传播》一书聚焦中国哲学典籍的国外译者英译本，综合运用多种方法，以全面、丰富、翔实的资料介绍了"二战"后中国哲学典籍在美国的英译、传播和接受情况，以问题为导向，从宏观着眼、微观入手，为中华典籍的海外英译和传播提出了宝贵建议。

3.1 直面哲学典籍的译介问题

中国哲学典籍外译及其研究虽然历史悠久、成果众多，但依然存在三个突出问题。第一，哲学典籍英译研究不够系统化。中国哲学典籍外译（主要为英译）及外译研究虽然起步最早、数量多、持续时间长，但以论文和书评居多，"研究哲学典籍外译的著作数量较少"（范祥涛 2020：12）。同时，哲学典籍外译已有四百多年的历史，然而其译介历史未得到应有的重视，研究还很不充分，缺乏系统性（储常胜、高璐夷，2019：94；范祥涛，2020：33；邵飞，2020：87；张明芳、郭娇，2022：83）。第二，20世纪后的哲学典籍英译研究所受关注不够。从历史时期来看，"相对而

言,中国哲学典籍20世纪以前西传的研究较为充分,至少英译本的西传是如此"(转引自谭晓丽,2022:序)。第三,典籍英译在西方的接受没有客观的评价(罗选民、杨文地,2012:65)。哲学典籍英译要取得成功,关键在于译本能否被目标语读者广泛接受,从而向其准确传递典籍所承载的思想和文化内涵。但中国哲学典籍译著在西方的接受程度鲜有学者调查。王学强(2019:132)指出,中华文化典籍外译传播市场机制不健全,缺乏对国际出版需求市场的科学评估和具有针对性的营销机制,是我国以中华文化典籍外译推进中华文化传播存在的重要问题(罗选民、杨文地,2021)。该书直面中国哲学典籍译介存在的上述三个问题,通过细致的文献梳理和深入的考察调研,从一个横断面梳理中国哲学典籍在美国的英译史,旨在科学、系统、深入地介绍"二战"后中国哲学典籍在美国的英译、传播和接受情况,丰富了中国哲学典籍的英译研究。

3.2 突出影响译介的宏观因素

历史文化语境在一定程度上是翻译活动的催化剂,为翻译研究增加了社会、历史及文化的宏观维度(严苡丹、李冰然,2019:141),是翻译研究"文化转向"的具体体现,也是"文化转向"背景下翻译研究的核心。作为历史文化语境中的一分子,译者的翻译行为不可避免地带有历史文化语境的烙印。译者所处的历史文化语境对翻译的影响贯穿翻译的全过程。此外,一个国家在特定历史时期的翻译政策深受当时国际及国内政治大环境的影响,而翻译政策又会决定翻译活动的目的、待译作家和作品的选择及译者的翻译策略等。"翻译赞助人则主要从经济、社会地位、意识形态三个层面影响译者的翻译活动和译作的接受。"(贺海琴、贺爱军,2019:64)《中国哲学典籍在当代美国的译介与传播》一书运用译介学、传播学和社会学理论,综合评界及专业译者等翻译系统内部因素以及历史文化语境、赞助者和翻译政策等外部因素全面考察"二战"后中国哲学典籍在美国的英译、传播和接受情况,考察"借船出海"模式①在中国哲学典籍"走出去"过程中的实施效果,为进一步探索中国典籍乃至中华文化如何"走出去""走进去"积累了经验,也为中国文化外译研究提供了可借鉴的模式。

3.3 重视读者评价及普通型译本

"一套书的出版,如果没有读者的广泛接受,自然就无法实现传播的有效性,其译介与出版的价值就值得质疑。"(许多、许钧,2015:13)为此,该书详细

考察了"二战"后中国哲学典籍英译本在美国的传播途径、传播范围及影响力,"关注并研究如何充分并有效地利用国外出版机构及主流媒体在出版、评论和推介等各个环节所起的作用,探讨改进并提高中华典籍与文学作品在域外的接受力和传播力的途径"(周新凯、许钧,2015:73)。同时,作者基于多个量化指标,包括"二战"后中国哲学典籍英译本的图书馆馆藏数量、销售排名、国际期刊专业书评和普通读者网评,以及对资深专业译者进行访谈和对普通读者开展问卷调查等方式,了解读者的反馈和评价。正如储常胜、高璐夷(2019:92)所言,我国哲学典籍译介出版与市场评价密不可分,评价体系对中国典籍译介出版形成反馈机制。中国哲学典籍要"走出去",在西方世界落地生根乃至开花结果,译介效果必须得到高度重视,因为"译介效果是文学对外传播的终点"(吴赟、蒋梦莹,2015:107)。

在作者看来,中国哲学典籍英译本可分为学术型、通俗型和大众型三种类型。在介绍陈荣捷、安乐哲、郝大维、罗思文、艾文贺和万百安等国际知名汉学家或翻译家的中国哲学典籍译作的同时,作者高度重视当前普通读者"碎片化"的阅读潮流,用一半篇幅着重介绍了后两种类型的中国哲学典籍译作,特别是蔡志忠的"漫画中国思想系列",因为"这类以普通读者为对象的译本能够让国学经典走下学术殿堂,走进普通大众的视野,使其更便捷地了解中华传统文化和思想,让西方读者成为中华典籍对外传播过程中毋庸置疑的中坚力量"(何刚强,2017)。与面向小众的专业人士的学术型译作不同,面向普通读者的通俗型和大众型译作受众更广、接受面更宽,能最大范围地对外普及和传播中国文化知识。

4. 局限与展望

诚然,作为一部专著,该书在以下几个方面还可以进一步深挖。首先,从传播角度而言,在当前信息化和智能化的时代背景下,读者的阅读习惯进一步"碎片化",以漫画、影视剧、有声读物等多模态、多媒介发表的中国哲学典籍译作尚需更多聚焦,中国哲学典籍英译作品传播的新方式、新途径有待进一步探索。蔡志忠的漫画中国思想系列深受普通读者欢迎,作为对外译介作品,在西方世界取得了巨大成功,其成功的经验值得深挖推广。其次,中国哲学典籍浓缩了中国传统思想的精髓,凝聚了中国传统文化的核心,"体现和承载的是东方式的抽象、整体深邃的哲学思辨观和方法论"(包通法,2007:60),其翻译"一定不能简单地理解与解释为是源语与译入语

之间字面意义的转码问题,而应该是两种语言背后所负载的两种异质文化观念的转换生成问题"(杨乃乔,2014:5)。一方面,我们要推进中国哲学典籍及中华文化"走出去""走进去",以西方读者更易理解和接受的方式传播中国哲学典籍和中国文化。另一方面,我们要摆脱西方文化话语体系的主导,防止中国典籍被曲解和误读,构建独立的话语体系,保持中国哲学典籍自身思想和文化的独特性(曹瑞斓、张玉,2022:87)。如何在二者之间达到平衡是需要深思和亟待解决的问题。

5. 结语

"典籍是中国传统思想、文化、文学、艺术的璀璨结晶,典籍翻译是中译外领域的重要地带,对于中国文化海外传播具有重要意义。"(王宇弘、潘文国,2018:94)《中国哲学典籍在当代美国的译介与传播》一书立足当代美国,以国外译者和出版机构的中国哲学典籍译作作为研究对象,聚焦当下中国哲学典籍译介面临的主要问题,把翻译投射到更宏大的背景中进行挖掘,探究其背后复杂的历史文化语境、赞助人及翻译政策等宏观因素;利用实证研究手段,包括问卷调查、人物访谈、数据统计分析,尝试从翻译与传播的内容、翻译方法、传播对象、传播方式四个方面为中国哲学典籍英译目前遇到的问题提供解决方案。全书内容丰富,资料翔实,方法多样,直面问题,为探索中国典籍乃至中华文化"走出去"的实现路径积累经验,也提供了一种新的研究思路,具有较高的理论价值和现实意义。

注释

① 中国典籍翻译的"借船出海"模式由罗选民教授于2011年11月18日至20日在浙江财经学院举办的首届清华亚太地区翻译与跨文化论坛上正式提出,指我国文化事业单位、出版社与国外文化事业单位、出版社联合出版中国典籍作品,或由中国译者与外国专家合作翻译中国典籍作品,从而推动中国典籍翻译更加顺利地融入西方的学术和文化市场,使其被广泛接受。

参考文献

[1] 包通法. 文化自主意识观照下的汉典籍外译哲学思辨——论汉古典籍的哲学伦理思想跨文化哲学对话[J]. 外语与外语教学,2007(5):60-65.

[2] 曹瑞斓,张玉. 国学经典作品高效传播的翻译研究[J]. 翻译研究与教学,2022(2):85-90.

[3] 储常胜,高璐夷. 论中国哲学典籍译介出版的主体自信[J]. 出版发行研究,2019(6):91-95.

[4] 范祥涛. 中华典籍外译研究[M]. 北京:外语教学与研究出版社,2020.

[5] 郭尚兴. 中国传统哲学典籍英译范式初论[J]. 中国翻译,2014(3):30-35.

[6] 何刚强. 提升中国典籍海外接受的有效性[EB/OL].(2017-11-23)[2023-02-28]. http://www.shekebao.cn/?p=87&a=view&r=215(05版).

[7] 贺海琴,贺爱军. 翻译赞助人对译家林纾的影响[J]. 北京第二外国语学院学报,2019(4):63-75.

[8] 罗选民,杨文地. 文化自觉与典籍英译[J]. 外语与外语教学,2021(5):63-66.

[9] 邵飞. 新时代典籍翻译的文化自觉与文化自信——兼论费孝通先生的翻译思想[J]. 上海翻译,2020(3):85-89.

[10] 谭晓丽. 中国哲学典籍在当代美国的译介与传播[M]. 北京:中国社会科学出版社,2022.

[11] 王学强. 中华优秀文化典籍外译何以"走出去"[J]. 人民论坛,2019(9):132-133.

[12] 王宇弘,潘文国. 典籍翻译的道与器——潘文国教授访谈录[J]. 中国外语,2018(5):94-101.

[13] 吴赟,蒋梦莹. 中国当代文学对外传播模式研究——以残雪小说译介为个案[J]. 外语教学,2015(6):104-108.

[14] 许多,许钧. 中华文化典籍的对外译介与传播——关于《大中华文库》的评价与思考[J]. 外语教学理论与实践,2015(3):13-17.

[15] 严苡丹,李冰然. 社会历史语境下的《西游记》英译本研究[J]. 文艺争鸣,2019(12):137-142.

[16] 杨乃乔,王东风,许钧,封一函. 翻译的立场与翻译的策略——大卫·霍克思及《红楼梦》翻译四人谈[J]. 汉语言文学研究,2014(1):4-12.

[17] 张明芳,郭娇. 《道德经》翻译研究可视化文献计量分析[J]. 翻译研究与教学,2022(2):76-84.

[18] 周新凯,许钧. 中国文化价值观与中华文化典籍外译中国文化要走出去[J]. 外语与外语教学,2015(5):70-74.

中国典籍核心概念英译研究
——以安乐哲、郝大维《中庸》英译为例

杨文地　唐嘉敏[1]

（中南大学　外国语学院,长沙 410083）

摘　要：典籍凝聚了中华文化的精髓,是中华文化传承的重要载体。对于中国典籍如何"走出去""走进去""走'深'进去",核心概念英译是绕不过的命题。安乐哲、郝大维通过合作翻译,从哲学角度阐释《中庸》,零售式借用西方哲学类比中国哲学。他们通释核心概念,添加互文性注释,重视语境,形成语言串,最终构建英语世界中的中国典籍核心概念。安乐哲、郝大维在英语世界对《中庸》核心概念的构建为中国典籍核心概念英译提供了启示,树立了哲学文献译介与传播的典范。

关键词：《中庸》英译；核心概念英译；典籍翻译；安乐哲；郝大维

Title：Translation of the Core Concepts in Chinese Classics：A Case Study of the English Translation of *Zhongyong* by Roger T. Ames and David L. Hall

Abstract：As the essence of Chinese culture, Chinese classics are important carriers of cultural inheritance. The translation of the core concepts in Chinese classics serves as a key to Chinese classics going global, and then getting accepted and contributing to the world wisdom. From a philosophical perspective, Roger T. Ames and David L. Hall collaborated on the interpretation and translation of *Zhongyong* through detailed analogy between Western philosophy and Chinese philosophy. Specifically, they explained the core concepts to readers, added intertextual notes, formulated linguistic clusters of the core concepts based on the contexts and ultimately established a set of core concepts in Chinese classics in the English-speaking world. Ames and Hall's translation of the core concepts in *Zhongyong* has provided guidance to the English translation of the overall core concepts in Chinese classics and set a model for the translation and broadcasting of Chinese philosophical classics.

Key words：English translation of *Zhongyong*；English translation of core concepts；translation of Chinese classics；Roger T. Ames；David L. Hall

1. 引言

近代以来,"西学东渐"兴起,西方思想文化传入中国,经过两百年左右的发展,在中国得到广泛传播。然而,在西方国家,人们对于中国文化的了解往往还停留在"孔子""《论语》""老子""《道德经》",未能形成深刻的认识体系。新冠疫情发生以来,西方媒体对于中国的种种揣测、误解甚至是抹黑更表明中华文化"走出去"道阻且长。当今国际形势需要

1　**作者简介**：杨文地,博士,中南大学外国语学院教授、硕士生导师；研究方向：翻译与跨文化研究、英汉语比较研究。唐嘉敏,中南大学外国语学院硕士生；研究方向：翻译理论与实践。

基金项目：本文系 2020 年度国家社科基金项目"人类命运共同体理念下儒家经典英译的普世价值和多维传播研究"（项目编号：20BYY037）,以及 2023 年度中南大学研究生自主探索创新项目"中华文化典籍核心概念英译研究——以《中庸》英译为例"（项目编号：1053320222805）的阶段性成果。

中国构建一个融通中外的话语体系,需要用外语向世界讲述中国故事(黄友义,2020:1)。典籍凝聚了中华文化的精华,典籍外译因此成为中华文化传播的关键一环(罗选民、杨文地,2012:63)。

中华传统文化是由中国典籍核心概念构成的,核心概念的理解和翻译对形成中华文化的整体和局部形象具有极其重要的意义(潘文国,2017:142)。纵观儒家经典,一些基本概念反复出现、贯穿其间,孔子思想的奥妙正蕴藏于此(王辉,2001:116)。要理解中国典籍、中国思想、中国文化,核心概念是绕不过的门槛。过去四百多年来,中籍外译的主体始终是西方人,由此逐渐形成了一套西方话语体系下的固有词汇,难以阐释中国典籍的完整内涵,甚至会导致误读。中国典籍英译作品满怀热情地走向世界,但在海外的发行量和接受度却不尽如人意(王宏,2012:11)。因此,重新审视西方世界中的中国传统文化,尤其是中国典籍核心概念,为中国传统文化"正名"迫在眉睫,这对促进中国典籍英译作品走向世界具有重大意义(潘文国,2017:142)。中国文化国际传播正面临着"第二次出发",安乐哲(Roger T. Ames)等汉学家以翻译实践拉开了典籍外译"正名"阶段的序幕(潘文国,2017:144)。本文拟梳理安乐哲、郝大维(David L. Hall)《中庸》英译的合作模式,系统剖析其核心概念的翻译方法和路径,探究其对中国典籍核心概念外译的启发,以期为中籍外译添砖加瓦。

2. 安乐哲、郝大维《中庸》核心概念英译

安乐哲、郝大维认为,过去的哲学术语翻译未经批判,就成为读者理解典籍的固定法则,反而误导了读者对《中庸》的理解,《中庸》中的部分概念构成了中国古代世界观,因此迫切需要重新界定其中关键的哲学词汇(安乐哲、郝大维,2011:19)。构建核心概念是安乐哲、郝大维英译《中庸》的目标之一。以下将重点探究安乐哲、郝大维如何通过翻译帮助西方读者构建中国文化下的中国典籍核心概念。

2.1 合作翻译、各尽所长

同为哲学家的安乐哲和郝大维,其学术经历和研究领域与中国文化、中国哲学存在交叉,为后续的长期合作奠定了坚实基础。安乐哲是著名哲学家、汉学家,主要研究中西比较哲学。他早年在香港新亚书院、崇基学院和台湾大学等学校学习中国哲学,期间受唐君毅、牟宗三、东方美等人影响,最终转到伦敦大学跟随刘殿爵研习中国哲学。其博士论文《主术训:

中国古代政治思想研究》(*The Art of Rulership: A Study in Ancient Chinese Political Thought*)展现出深厚的中文底蕴以及对中国传统文化和中国哲学的深入思考。郝大维毕业于耶鲁大学和芝加哥大学,主要研究西方哲学,包括以怀特海(Alfred N. Whitehead)为代表的过程哲学、以杜威(John Dewey)为代表的美国实用主义哲学等。其博士论文《经验的文明:怀特海式的文化理论》(*The Civilization of Experience: A Whiteheadian Theory Culture*)探讨了怀特海哲学中的创造性(creativity)和现实事态(actual occasion)等重要概念。怀特海过程哲学所重视的诸多因素为郝大维与中国文化相互呼应与契合创造了机缘(刘耕华,2013:146)。

安乐哲求学期间产生了挑战整个西方哲学传统中种族中心主义的想法。他认为西方学术界对中国的了解方式存在致命缺陷(安乐哲,2006:15)。安乐哲在访谈中强调,在研究中国哲学时,很多西方学者习惯套用西方哲学的思维框架,因为他们都是先学习西方哲学,再来研究中国哲学的,他则与众不同,"一开始就是同时学习中国哲学和西方哲学的,所以不会把西方的'架子'套在中国哲学传统上"(左娜、安乐哲,2016:17)。安乐哲和郝大维对此达成共识。安乐哲进入夏威夷大学不久后,便开始与郝大维开展合作。两人的合作起初是在学术领域,之后延伸到典籍翻译,持续了20多年。他们前后合作了"中西思想比较三部曲"等学术专著,形成了一套中西方文化比较的观点,随后合作翻译了《道德经》《中庸》等中华文化典籍。谈及合作翻译,安乐哲提到,"大多数的成功源于有迥异技能、能对翻译做贡献的人凑到一起"(常青、安乐哲,2016:90-91),熟知中西文化语言的人毕竟是少数,合作翻译可以弥补自身的局限性,他将此称为"合作产出"模式。郝大维并不懂中文,但他对西方哲学的了解十分深入全面,其对西方哲学史的掌握与理解让人惊叹,能带给读者"新颖的观点和丰富的想象力",为译文提供思想(郭薇、辛红娟,2020:146),安乐哲则为译文中的中国古代哲学部分负责,这正是合作翻译的优势所在。两人在学术研究和典籍翻译领域的合作,各尽所长,创新了中国典籍英译的合作模式。

郝大维并非安乐哲唯一的合作译者,在"合作产出"模式下,安乐哲与其博士生导师、翻译大师刘殿爵合作翻译了《孙膑兵法》《淮南子·原道》,与乔姆斯基(Avram N. Chomsky)的学生罗思文(Henry Rosemont)合作翻译了《论语》《孝经》等,但与郝大维的合作,产出成果是最多的。他们力图将汉学技巧和哲学方法融会贯通,并将其运用到对中国哲学经

典的解读和翻译中,让西方人认识并了解真正的中国哲学,同时警醒西方读者切忌骄傲自大,应反思自己的传统思想文化。"合作产出"模式实现了优势互补、各尽所长,既推动了中国传统文化在英语世界的"正名",同时又考虑到了西方读者的可接受性。中西比较哲学和西方哲学的碰撞为中华文化正确而有效的传播探索了一条可行之路。

2.2　哲学阐释、零售借鉴

安乐哲、郝大维从哲学角度阐释《中庸》,运用"零售式类比法",为西方哲学界和知识分子展现了一条新的中华文化典籍诠释路径。在各地求学期间,安乐哲逐渐意识到西方哲学传统中普遍存在种族中心主义偏见(安乐哲,2006:15)。西方学者根本不关心西方哲学外的其他哲学,甚至在西方世界几乎没有教授中国哲学的地方。在伦敦大学完成博士学业后,安乐哲进入夏威夷大学哲学系任职。该系创建者陈荣捷和查尔斯·穆尔(Charles Moors)认为,具有西方哲学背景的学生学习非西方哲学更具优势,因为他们可以运用不同的分析方法和手段来诠释中国哲学,具有不会"不识庐山真面目,只缘身在此山中"的优势(安乐哲,2015:80)。安乐哲在一定程度上认同陈荣捷的看法,认为《中庸》是一部哲学作品,甚至可以说是古代儒家作品中最具有哲学性的作品(Ames & Hall,2001:7)。受此启发,安乐哲产生了从哲学角度出发用中西比较哲学诠释和翻译《中庸》的想法。

安乐哲认为,类比是认识他者文化和思想的合适工具,对于西方读者不熟悉的中国思想文化,类比是关键突破口(郭薇、辛红娟,2020:141-142)。他与郝大维合作,结合郝大维的研究方向和成果,将怀特海的过程哲学类比中国古代思想中的"过程性思维",将美国杜威的实用主义类比中国古代思想中的"关联性思维",通过寻找西方哲学中与中国传统思想类似或相近的观点来诠释中国古代思想,由此形成了"零售式类比法"。如此,西方读者可以通过自己熟悉的哲学观点来认识和理解真正的中国古代思想,最终形成自己关于中国古代思想的见解。

"零售式类比法"在《中庸》核心概念翻译中体现得淋漓尽致。习惯上,"诚"被翻译为"sincerity"或"integrity",符合《说文解字》中对于"诚,诚信"的解释(许慎,2018:996)以及朱熹等大家的中国传统解读。安乐哲、郝大维却将"诚"与怀特海的过程哲学进行零售式类比,将"诚"译作"creativity",即"创造性"。"创造性"这一概念是由怀特海引进的。他认为,所有的哲学理论所追求的由某种偶然性决定的

终极的东西就是"创造性"(Whitehead,1929:10-11)。郝大维认为,"创造性"是一个只有通过"自我实现"(self-actualization)才可以凸显其特征的概念(Hall,1982:249)。创造性是交互性和多向度的,既是自我创造性(self-creativity),又是共同创造性(co-creativity)(Ames & Hall,2001:13)。安乐哲、郝大维根据《中庸》第26章中的"至诚无息",结合宋代学者徐中车强调的"诚"的动态、陈荣捷认为的"诚"是一种"积极的力量"和唐君毅关于"诚"的"继续本身"的理解,认为《中庸》就是一个过程性、交互性的世界,通过自我实现的创造性寻求一个共同创造的世界。他们参考了各种英雄人物和传说,以及《孟子》中将"诚"作为"创造性"的用法。孔子的"人能弘道,非道弘人"更是进一步论证了儒家思想的"创造性"(ibid.:31)。将"诚"译作"creativity"是为了揭示"诚"的创造性内涵,将人参与"天"的自然创造中所发挥的主观能动性理解为"共同创造",突出了"成为个体"到"成为整全"的过程,可以帮助西方读者更好地理解中国古代思想特质。

杜威的实用主义同样被"零售类比",应用到《中庸》英译中。安乐哲认为,儒学的阐释固然重要,但更为关键的是在不断变化的环境之中,儒学如何在今天最大限度地利用现有的外部环境,如何发挥历史性的作用。儒学并非一成不变的戒律,而是连续不断、持续变化的传统。儒学传统不仅丰富了世界文化,还对现有价值观具有批判作用(Ames,2021b:408)。他认为儒学的这一特性与杜威的实用主义有一定共同性,儒学赋予世界以价值,接近杜威的"哲学家致力于调整各种局面并改善人类"的观念(安乐哲、郝大维,2011:174)。杜威认为,当条件合适时,具有潜能的东西就变成了现实,人只有在社会环境中,才能发展成真正的人(Campbell,1995:40),世界是动态的"生成"(becoming),而非静态的"存有"(being)。这些都与中国古代思想有相似之处。安乐哲、郝大维翻译的许多核心概念都体现了中国古代思想动态的"生成"特点。例如,"仁"这一核心概念被翻译为"authoritative conduct""to act authoritatively"或"authoritative person"。安乐哲、郝大维认为"authoritative person"可以体现个人在社群中成为仁者所表现出来的"权威",在人类社群关系中的生成(growing)作用,同时这种译法更能体现仁者在成人之道中的"筑路者"角色,这是原本的翻译无法体现的(安乐哲、郝大维,2011:182-183)。再比如,"慎独"是《中庸》中十分重要的一个哲学概念,安乐哲和郝大维将其翻译为"be concerned about one's uniqueness"。结合杜威和怀特海的思想,两位译者认

为，"慎独"强调的是个体，意思是谨慎地认识和看待个人的独特性，思考个体与集体的关系，来使自己更好地融入集体，因此有了上面的译法（Ames & Hall, 2001: 46）。此外，"情""和""教"等核心概念的翻译均能体现杜威和孔子观念的类比。

基于《中庸》的哲学特质，安乐哲、郝大维从哲学角度阐释《中庸》，为了摆脱固有的西方哲学框架，零售式类比广泛使用。利用西方哲学类比东方哲学，这种尝试新颖大胆，一定程度上有助于西方读者理解真正的中国文化和中国哲学，但也遭到了一些质疑，因为上述安乐哲、郝大维对于"诚"和"仁"的理解与大部分中国人的传统观念有所区别。

2.3 概念通释、互文添注

《中庸》的发展贯穿中国历史，经历几次变化，在儒学史、教育史、思想史上均发挥重要作用（陈来、王志明，2019: 19）。中国读者理解《中庸》尚且需要注解，更何况是缺乏中国传统文化背景的西方读者。中国古代文言文行文简练，相较于白话文省略较多，对西方读者的阅读和理解造成了很大挑战。因此，在保留《中庸》完整篇目的前提下，安乐哲、郝大维在译著中通过概念通释、互文添注等丰富的副文本帮助西方读者更好地理解《中庸》的核心概念，提高《中庸》的可读性。

安乐哲、郝大维英译《中庸》全书共 167 页，但真正的英译部分仅 26 页，其余皆为各类帮助读者理解的背景知识介绍。译著引言部分从哲学角度阐释《中庸》，主要包括《中庸》的基本介绍、儒家思想和中国文化、《中庸》翻译的焦点问题等，让缺乏中国文化背景知识的西方读者提前进入并了解《中庸》的世界。接着，安乐哲、郝大维开始介绍翻译缘起、翻译路径，向读者解释"为何翻译《中庸》""如何翻译《中庸》"，并提供了《中庸》核心概念通释。单独成章的核心概念介绍帮助读者提前了解《中庸》的核心思想，以及与其密切相关的儒家思想和中国传统文化（Ames, 2021a: 39）。比如"命"这一核心概念，"重要观念通释"一章中先解释了"命"的词源学意义，即《说文解字》将"命"拆分为"令"和"口"，"令"有"使发生"的意思，结合"口"，"命"于是有了"通过有效沟通来实现"的含义。早在周朝，"天命"就已经成为统治者的执政条件，与统治权威的品格密切相关。然后阐述《中庸》中"创造性"下的"命"，"创造性"带来自然而然的更新，"命"因此与"创造性"联系紧密（安乐哲、郝大维，2011: 90-91）。如此，读者对"命"这一具有中国特色的概念有了比较全面的认识。读者在后续阅读《中庸》时，也可以随时查阅，结合核心

概念通释和上下文，更好地理解《中庸》的要义。

互文成为安乐哲、郝大维《中庸》英译的一大特征。重要观念通释中的许多核心概念解释与安乐哲和郝大维、安乐哲和罗思文以往的著作一脉相承（Ames & Hall, 2001: 61），包括"和""仁""圣人""孝"等概念。比如在解释"孝"这一概念时，引用了《论语》中的"其为人也孝弟，而好［……］孝弟也者，其为仁之本与"来解释家庭在儒学中的核心地位。除了《论语》外，与其他中国典籍的互文也随处可见，比如前文提到的《说文解字》的广泛引用；解释"气"时，引用了《庄子》中的"物化"概念等。在英译正文中，安乐哲、郝大维在下方添加互文性注释，进一步通释核心概念，在上下文语境中帮助读者理解《中庸》。比如，第 23 章中翻译"诚则形，形则著，著则明，明则动，动则变，变则化"时，在下方附上《孟子·离娄上》中的类似表达"至诚而不动，未之有也。不诚，未有能动者也"（Ames & Hall, 2001: 127），加深读者对于核心概念"诚"的理解。

安乐哲、郝大维《中庸》英译中大量副文本和互文性注释的使用是深度翻译的典型特征。深度翻译通过注释、评注等方法将文本置于丰富的文化和语言环境中，使源语文化的特征得以保留（Appiah, 2000: 427）。安乐哲、郝大维英译《中庸》中大量的副文本为读者扫清了阅读障碍，互文性注释搭建起《中庸》与其他儒家经典乃至整个中国文化的桥梁。这种深度翻译式文学经典诠释正渐渐成为典籍翻译的未来趋势（宋晓春，2014）。

2.4 重视语境、构建概念

《中庸》进入英语世界已经三百多年，传教士最先翻译了中国的哲学著作，后期主要是汉学家，但西方对中国哲学的了解却依旧很少，西方学术界了解中国哲学的途径不正确，导致了他们对中国哲学的误解（左娜、安乐哲，2016: 16-19）。百年之后，传教士们翻译的经典进入词典，这些"不合适"的翻译成为标准，被奉为圭臬，但事实上词典中的核心概念翻译都不自觉地使用了基督教词汇（Ames, 2021b: 2），无法传递真正的中国哲学和文化。安乐哲、郝大维希望自己的翻译可以为读者提供重新思考原先被称为"标准"的核心概念翻译，结合语境，"让中国哲学讲中国话"，形成自己对于核心概念、对于中国文化的理解（Ames, 2021a: 26）。

安乐哲、郝大维认为译者常用的西方实体性语言并不适用于中国这样一个连续性、过程性和生成性的世界（Ames & Hall, 2001: 6）。过去西方哲学家和汉学家不自觉地使用实体性语言翻译中国典籍，

导致核心概念在英语世界中一成不变、意义单一。最典型的是"天"这一核心概念的翻译，"天"在《中庸》乃至整个中国传统文化中都有着重要地位，理雅各等译者将"天"翻译为"heaven"和"God"。在西方语境中，这两个词带有浓重的宗教意味，许多读者会直接将自己文化中的"天"等同于中国文化中的"天"，导致西方读者在阅读中国典籍之前，就预先带入了基督教的语境和文化。中国古代文言文一词多义的特征导致了核心概念的不确定性和模糊性，与西方语言的确定性有很大不同。中国典籍核心概念的理解很大程度上依赖语境。在中国文化中，词语和含义并非一一对应的关系。在阐释和翻译中国典籍时，有必要把这些典籍文本和与之相关的文化语境密切结合起来，不能孤立地理解和翻译典籍文本的言语表达方式（魏望东、刘雪芹，2022：39）。基于这一特点，安乐哲、郝大维决定使用过程性语言诠释《中庸》，即"焦点与场域的语言"（the language of focus and field）。两位译者提出每个核心概念都是一个由多种含义构成的场域，场域中的每个含义都可能会成为场域的焦点（Ames & Hall，2001：15）。这里的"场域"实际上接近于语境，场域中的"焦点"类似于核心概念在不同语境下的不同含义。"焦点与场域的语言"重视语境在理解中的重要作用，可以有效避免指涉性语言，让读者欣赏到《中庸》中复杂关联的场域，对中国哲学话语的隐喻有更为充分的理解（ibid.，2001：8）。

安乐哲、郝大维认为，单一的词汇翻译无法反映核心概念丰富的含义，因此他们提出构建核心概念语言串（linguistic cluster），以适应过程性的中国语言（ibid.，2001：16）。在翻译《中庸》中的核心概念时，两位译者采用拼音、汉字结合英文翻译的方式，使用"焦点与场域的语言"，构成核心概念的语言串，最终使读者真正理解中国文化核心概念的一系列联系，并形成完整的对核心概念的理解。以核心概念"中"的翻译为例，安乐哲、郝大维并没有采用统一的英文翻译，而是根据不同语境联系上下文给出译文。"喜怒哀乐之未发谓之中"的"中"被译为"equilibrium"，"中也者，天下之大本也"的"中"被译为"equilibrium and focus"，"用其中于民"的"中"则被译为"impartiality"。"中"的不同含义在不同场域中成为焦点，体现了核心概念的模糊性特征。同时安乐哲、郝大维坚持在每一章首次出现"中"和每一次出现"中"的新含义时，在翻译旁边的括号内补充"中"的拼音和汉字，让读者在想到"中"这一核心概念时，不再是单一的含义，而是由语言串构成的多层含义，真正构建起不同语境下"中"这一核心概念，而非简单

的英汉词汇对应。再比如核心概念"天"的翻译，"天"在《中庸》中主要有三重含义。一是客观世界中与地相对的"天"。安乐哲、郝大维基本延续了前人的翻译，根据语境采用合适的译法，如"峻极于天"中的"天"译为"the skies"，"天地之道"中的"天"译为"heaven"，"今夫天，斯昭昭之多"中的"天"译为"firmament（tian 天）"，"上天之载，无声无臭"中的"天"译为"natural world around us"等。二是政治意义上的"天"，主要出现在"天下"一词中，包含国家、世界等概念。两位译者结合上下文采用了"the world""the empire"两种译法，前者如"唯天下之至诚""立天下之大本"等，后者如"一戎衣而有天下""君子未有不如此而蚤有誉于天下者也"等。三是形而上学的"天"，制定道德伦理标准，主宰天地。安乐哲、郝大维并未翻译形而上学的"天"，他们认为原本的翻译"Heaven"只会带给读者基督教联想，对理解中国传统文化毫无帮助（安乐哲、郝大维，2011：97-98）。因此，两人决定保留拼音和汉字，将这一类"天"译为"tian 天"。两位译者希望借此将西方读者从神学联想中解放出来，构建《中庸》语境下"天"在英文中的核心概念，达到"正名"的效果。

安乐哲、郝大维用"焦点与场域的语言"翻译《中庸》，结合注音、汉字，重视语境下的不同含义，构建起以汉字为中心的核心概念语言串，在英语世界中传达了核心概念的完整意义，避免了词典式的一一对应。

3. 对中国典籍核心概念英译的启示

安乐哲、郝大维合作翻译《中庸》，从中西比较哲学角度阐释《中庸》，通过"零售式类比"，运用"焦点与场域的语言"形成语言串，构建起英语世界中的中国典籍核心概念，为典籍外译中的核心命题与核心概念英译提供了启发。

"零售式类比"缩短了中西方距离。为了让西方读者更加清晰地从哲学层面认识《中庸》，安乐哲、郝大维努力寻找可以与中国古代哲学思想类比的西方哲学观点，采用"零售式类比"，用怀特海的过程思想和杜威的实用主义类比《中庸》中的哲学思想，翻译核心概念。例如，核心概念"诚"的翻译就借鉴了怀特海的过程思想，"慎独""心""情""和"等核心概念的译法则体现了杜威思想与孔子思想的类比。相比"批发借鉴"，"零售借鉴"因地制宜，更具针对性，也更贴合中国哲学，其主要目的是改变西方世界用西方哲学解释中国哲学的现状，帮助西方读者理解中国哲学的思考方式。当然，"零售式借鉴"存在显而

易见的缺陷,对西方哲学思想的借用总归无法做到完全表达原作的思想,与原作始终存在距离。安乐哲在访谈中曾表示,他们的翻译也只是权宜之计,他希望有一天,西方读者可以从中国哲学的角度理解中国哲学,而非现在对核心概念简单的一一对应,甚至希望对核心概念的译介可以鼓励西方读者学习中文和中国文化(郭薇、辛红娟,2020:146)。两位译者将自己的翻译活动比作建造桥梁,中方和西方从两端出发,他们希望自己的翻译活动可以尽早让双方在桥梁中间见面(郝大维、安乐哲,1999)。目前典籍外译依旧处于"建桥"阶段,核心概念如何真正"走出去",继而"走进去""走'深'进去",是当前的重要研究课题,"零售式借鉴"为核心概念英译、典籍外译提供了过渡时期的新路径。

"语言串"令读者读懂中国文化。翻译活动不可避免地涉及高低语境文化之间的信息传递,中国等亚洲国家通常属于高语境文化,欧美国家往往属于低语境文化。中国典籍就是典型的高语境文化产物,语言简洁凝练、内涵丰富、互文性强、信息多存储在本土语境中(姜欣、姜怡、林萌,2009:49)。因此,典籍外译需要格外重视语境。在西方世界,中国典籍核心概念理解长期以来存在依赖词典、"一一对应"的情况,读者对核心概念的理解既单一又静态,实际上脱离了语境。安乐哲和郝大维针对这一现状,在翻译《中庸》时采用了"焦点与语域的语言",用"语言串"的方式来翻译核心概念。他们重视语境,根据上下文选取合适的翻译,同时标注核心概念的汉字和拼音。不同语境下的不同翻译环绕在核心概念的周围,构建起每个中国文化核心概念的语言串。最终,读者摆脱固有的一对一概念,如"仁"对应"benevolence",形成关于"仁"的语言串,根据不同语境从语言串中寻找合适意义,最终构建起对核心概念的完整理解。

中国典籍核心概念本身具有极强的文化特色,很难完全传达内涵。安乐哲、郝大维从比较哲学角度阐释《中庸》,零售借鉴西方哲学,结合中国典籍语言特点,重视语境,运用"焦点与场域的语言",最终形成"汉字+拼音"配合环绕周围的语言串的核心概念英译模式。从构建单个语境下的含义到多个语境下的含义,再到完整的中国文化核心概念,安乐哲、郝大维提供了过程性的解决方案。

4. 结语

典籍作为中华文化的重要载体,是中华文化对外传播的主要对象。典籍中的核心概念构成了中国

文化核心要素,中国典籍如何"走出去""走进去""走'深'进去",核心概念英译是绕不过的命题。安乐哲、郝大维通过合作翻译、各尽所长,从哲学角度阐释《中庸》,零售式借用西方哲学类比中国哲学。他们通释核心概念,添加互文性注释,重视语境,形成语言串,最终构建英语世界中的中华文化核心概念。当下正值中华典籍外译的"正名"阶段,安乐哲、郝大维用中国哲学思想译介中国哲学经典,树立了哲学文献译介与传播的典范,为中华典籍外译提供了启发。

参考文献

[1] Ames, R. *A Conceptual Lexicon for Classical Confucian Philosophy* [M]. Beijing：The Commercial Press, 2021a.

[2] Ames, R. *Human Becomings: Theorizing Persons for Confucian Role Ethics* [M]. Albany：State University of New York, 2021b.

[3] Ames, R. & Hall, D. *Focusing the Familiar: A Translation and Philosophical Interpretation of the* Zhongyong [M]. Honolulu：University of Hawaii Press, 2001.

[4] Appiah, A. Thick Translation[A]. In Venuti, L. (Ed.), *The Translation Studies Reader* [C]. London / New York：Routledge, 2000：339-351.

[5] Campbell, J. *Understanding John Dewey: Nature and Cooperative Intelligence*[M]. Virginia：Open Court Publishing, 1995.

[6] Hall, D. *The Uncertain Phoenix: Adventures Toward a Post-cultural Sensibility* [M]. New York：Fordham University Press, 1982.

[7] Whitehead, A. *Process and Reality* [M]. New York：Macmillan, 1929.

[8] 安乐哲. 我的哲学之路[J]. 东方论坛(青岛大学学报), 2006(6)：14-17.

[9] 安乐哲. 切中常伦:《中庸》的新诠与新译[M]. 彭国翔, 译. 北京:中国社会科学出版社, 2011.

[10] 安乐哲. 活着的中国哲学[J]. 孔学堂, 2015(1)：78-84+215-223.

[11] 常青, 安乐哲. 安乐哲中国古代哲学典籍英译观——从《道德经》的翻译谈起[J]. 中国翻译, 2016(4)：87-92.

[12] 陈来, 王志民. 中庸解读[M]. 济南:齐鲁书社, 2019.

[13] 郭薇, 辛红娟. 哲人译哲:中国哲学典籍英译路

径探析——安乐哲教授访谈录[J]. 外语与外语教学, 2020(5): 139-147+151.

[14] 郝大维, 安乐哲. 汉哲学思维的文化探源[M]. 施忠连, 译. 南京: 江苏人民出版社, 1999.

[15] 黄友义. 疫情之后看外语和翻译的多与少[J]. 中国外语, 2020(6): 1+11-12.

[16] 姜欣, 姜怡, 林萌. 高低语境文化错层在典籍英译中的显现及对策[J]. 外语与外语教学, 2009(5): 49-51.

[17] 刘耘华. "清扫通向中国的道路"——郝大维和安乐哲的中西比较文化方法论试探[J]. 文艺理论研究, 2013(6): 146-156.

[18] 罗选民, 杨文地. 文化自觉与典籍英译[J]. 外语与外语教学, 2012(5): 63-66.

[19] 潘文国. 从"'格义'到'正名'"——翻译传播中华文化的必要一环[J]. 华东师范大学学报(哲学社会科学版), 2017(5): 141-147+177.

[20] 宋晓春. 阐释人类学视阈下的《中庸》英译研究[D]. 长沙: 湖南师范大学, 2014.

[21] 王宏. 中国典籍英译: 成绩、问题与对策[J]. 外语教学理论与实践, 2012(3): 9-14.

[22] 王辉.《论语》中基本概念词的英译[J]. 深圳大学学报(人文社会科学版), 2001(5): 116-121.

[23] 魏望东, 刘雪芹. 文化典籍翻译中的"再语境化"——以《论语》疑难章句英译为例[J]. 翻译研究与教学, 2022(2): 36-41.

[24] 许慎. 说文解字[M]. 北京: 中华书局, 2018.

[25] 左娜, 安乐哲. 让中国哲学讲中国话[J]. 国际人才交流, 2016(7): 16-19.

音乐叙事的再现与改写

——叙事学视角下《许三观卖血记》英译研究

王惠萍[1]

（上海师范大学 外国语学院，上海 200234）

摘 要：音乐对余华的写作产生了重要影响，这在《许三观卖血记》中得到了集中体现。本文从叙事学视角对余华原作和安德鲁·琼斯英译本的音乐叙事进行比较分析，发现：在叙事结构层面，译者忠实呈现了原作的音乐叙事特征；在叙述话语层面，译者通过灵活的翻译方法传递了原作话语的音乐性；而在叙述视角层面，译者则通过适度改变原作音乐叙事的神秘性，增进了译文读者的理解。文章进一步从叙事交际学视角考察琼斯翻译策略的成因，指出英译本对余华原作音乐叙事的再现和改写促进了作品的海外传播。

关键词：音乐叙事；《许三观卖血记》；余华；英译

Title：The Representation and Rewriting of Musical Narrative：A Study of the English Translation of *Xu Sanguan Maixue Ji* from the Perspective of Narratology

Abstract：Music has exerted significant influence on Yu Hua's writing, which is embodied in his novel *Xu Sanguan Maixue Ji*. From the perspective of narratology, this paper compares the musical narrative of Yu Hua's original and Andrew Jones' English version, *Chronicle of a Blood Merchant*, revealing that while the translator faithfully represents the musical narrative features of the original in terms of the narrative structure, he adopts flexible translation methods to convey the musicality of the original at the level of narrative discourse. In the aspect of narrative perspective, the translator has modified the mysteriousness of the original's musical narrative, so as to enhance the target readers' comprehension. This paper further explores the underlying causes of Jones' translation strategies in light of narrative communication, suggesting that the representation as well as rewriting of the musical narrative of Yu Hua's original in Jones' English version has promoted the overseas dissemination of the work.

Key words：musical narrative；*Xu Sanguan Maixue Ji*；Yu Hua；English translation

1. 引言

《许三观卖血记》是先锋作家余华转型之后的代表性作品，创作于 1995 年。其叙事风格从 20 世纪 80 年代的暴力化叙事倾向转变为贴近生活的温和的平民化叙事。小说以许三观的 12 次卖血为主线，讲述了其苦难的一生。2003 年，美国译者安德鲁·琼斯（Andrew F. Jones）翻译的该书英译本 *Chronicle of a Blood Merchant* 由兰登书屋（Pantheon Books）出版，2004 年该译本获得了美国的重要文学奖项——由巴诺书店（Barnes & Noble）颁发的"新发现图书奖"，引起了西方世界的关注。波士顿环球报赞誉道："小说看似普通，却结构巧妙、文字优美，让人难以拒绝，令读者一唱三叹、回味无穷。"（余华，2012：256）

国内学界对该小说英译的研究视角较为多样，

---

1 作者简介：王惠萍，博士，上海师范大学外国语学院副教授、翻译硕士生导师；主要研究方向：翻译与文化、典籍英译。
基金项目：本文系 2019 年国家社会科学重大项目"中国特色对外话语体系在英语世界的译介与传播研究（1949—2019）"（项目编号：19ZDA338）的阶段性成果。

如徐逢阳(2018)、何若璇(2019)等通过前景化理论研究指出英译本忽视了部分前景化现象;朱振武、吴丽妹(2018)认为译者用灵活的翻译方法,达到了理想的阅读效果;林秋萍(2015)从叙事时间、叙事视角、话语模式进行分析,认为译者并未完全保留原文的叙事风格;龚艳萍(2014)指出英译本未考虑叙述方式的文体表征特点;朱麟(2012)进行了基于语料库的标记语研究等。

余华曾坦言,音乐极大地影响了他的写作,这在《许三观卖血记》中得到了集中体现。然而,目前鲜有学者对作品最重要的叙述手法——音乐叙事在翻译过程中的传递展开深入探讨。本研究从叙事学视角出发,对《许三观卖血记》及其英译本的音乐叙事进行比较研究。将叙事学运用于小说翻译批评可以从多种角度发现小说翻译中的假象等值(deceptive equivalence),即"译文与原文的所指相同,但文学价值和文学意义相去甚远"(申丹,2002:12)。本研究旨在揭示作品的音乐叙事在英译本中的再现和改写现象,并结合叙事交际学理论对其深层原因进行阐释,以期为叙事学视角的翻译研究提供有益的启示。

2.《许三观卖血记》的音乐叙事

所谓"叙事",即采用一种特定的言语表达方式——叙述,来表达一个故事(徐岱,2010:6)。小说的音乐叙事是一种跨媒介叙事,小说家创作的基本工具仍是语词,但通过模仿或借鉴音乐艺术的某些特征,在"内容"或"形式"上追求并在很大程度上达到像音乐那样的美学效果(龙迪勇,2018:117)。自古以来,文学与音乐这两种艺术密不可分,西方现代派作家更是热衷于借鉴音乐的技巧和结构去创作文学作品。以余华为代表的中国先锋派作家在寻求写作形式的突破时,也开始借助音乐。余华说,音乐在叙事上能给人许多的帮助,在创作《许三观卖血记》的时候,余华从《马太受难曲》中获得灵感,将音乐"伟大的单纯的力量"演绎成小说的叙述手段(2008:7-8)。这部长篇小说按照音乐叙事的背景、主音、和声、高潮、低音、尾声及长度展开,节奏明确(刘春勇,2006:13)。其叙述形式借鉴了音乐中的变奏曲式与回旋曲式,而叙述高潮的实现与超越也源自音乐的启示(万杰,2009:64)。《许三观卖血记》的音乐叙事特征在叙事结构、叙述话语和叙述视角中都得到了体现。

2.1 叙事结构

结构是小说叙事的形式要素之一,形式指"以某种顺序某种安排呈现给读者,即如何叙述这一事件"(徐岱,2010:199-200)。叙事的结构关系体现在四个方面:顺序、反差、间隔、比例①。余华在中文版自序中说道:"这本书表达了作者对长度的迷恋,一条道路、一条河流、一条雨后的彩虹、一个绵延不绝的回忆、一首有始无终的民歌、一个人的一生。"(余华,2012:1)小说的叙事结构借鉴了中国民歌的绵延流畅,其主音叙事是许三观20多年的卖血生涯,显然也受到了西方交响乐的影响:小说在叙述许三观一生中的12次卖血经历时,采用的比例和方式各不相同,使卖血主题在一次次的变奏中前行,而每次卖血的时间间隔不断缩短。这种渐强的方式正是余华从西方交响乐中汲取的灵感:以最为天真的方式呈现最为有力的叙述。叙述的高潮随着第二十八章中对五次卖血的集中记述而到来,但余华并未就此停止,而是缀以轻松诙谐的第二十九章,使叙事在静谧安详中走向结束。这种叙事反差亦源自余华对交响乐的体悟:"顷刻之间奇迹来到了,人们看到'轻'比'沉重'更加有力[……]当那段抒情的弦乐尖锐地升起,轻轻地飘向空旷之中时,人们也就获得了高潮之上的高潮。"(余华,2008:36)

2.2 叙述话语

叙述话语在形式上是由某个叙述角色发出的言语行为,具体包括:叙述语,即由叙述者发出的言语行为;转述语,即由人物发出但由叙述者引入文本的言语行为(徐岱,2010:129)。对叙述语的不同控制和调度,不仅关系到文本风格化的形成,而且也涉及文本的内部构造(ibid.:133)。《许三观卖血记》的叙述话语带有明显的音乐性,体现在以下三个方面。

(1)话语重复。小说的叙述语通过同一句式的不断强调使读者留下深刻的音乐记忆。话语重复构成了音乐般的表达方式,使情感充沛饱满,叙述前后呼应,充满张力。

(2)对话语体。小说多运用对话语体,采用直接引语形式。余华曾说,20世纪90年代起他开始意识到"人物有自己的声音,我应该尊重他们自己的声音,而且他们的声音远比叙述者的声音丰富。"(叶立文、余华,2002:37)这种对话体叙述方式一方面是人物的发言,另一方面又是叙述前进时的旋律和节奏。

(3)富有音乐性的词汇。《许三观卖血记》运用的词汇极富音乐性。首先,作品使用了丰富的拟声词、语气词、数词、叠词等,增强了作品的音乐性和旋律感。其次,作品运用了大量俚俗语及口语色彩浓郁的表达,进一步强化了作品的音响。最后,小说通过丰富的色彩烘托了作品的音乐背景,色彩带有声音和情感,具有直接影响心灵的力量(余华,2008:70)。

2.3 叙述视角

叙述视角又称为聚焦或视点,指叙述者或人物与叙事文中的事件相对应的位置或状态。叙述视角一般可以分为全知视角、第一人称视角和第三人称视角,而第一人称和第三人称叙述视角又可分为内聚焦和外聚焦(张景华,2007:59)。《许三观卖血记》主要采用第三人称外聚焦叙述模式。外聚焦模式中叙述者所了解的情况少于剧中人物,如同局外人与旁观者,叙述者对故事的掌握达到最低限度(徐岱,2010:233)。余华曾谈到自己在创作《许三观卖血记》时,与以往写作不同,叙述者不再是全知的上帝,其叙述过程"其实就是对人物不断理解的过程,当我感到理解得差不多了,我的叙述也该结束了"(叶立文、余华,2002:37)。余华认为:"与小说的叙述相比,音乐的叙述需要更多的神秘体验。"(余华,2008:87)小说正是通过模仿音乐叙述的神秘性特点,试图给予读者更多思考和理解的空间。

3. 《许三观卖血记》音乐叙事的英译策略

从叙事结构、叙述话语及叙述视角对《许三观卖血记》原作与英译本的音乐叙事进行比较分析,可以发现琼斯的英译策略在叙事的不同层面表现得不尽相同。

3.1 亦步亦趋,忠实再现叙事结构

小说中重复 12 次的卖血事件是作品的主音叙事,具有深远的意义。琼斯认识到余华采用"音乐的节奏方式去讲述许三观壮美的人生历程"(朱振武等,2017:263-264),他在翻译时努力抓住作品的韵律,忠实再现小说的叙事结构。译文完整保留了许三观 12 次卖血的叙述。奈特(Deirdre Sabina Knight)指出:"主人公反复卖血的故事象征了自我所有权的重要性,即对自身的最高主权及对自己身体和能力完全的权利。"(Knight,2002:248)小说中反复出现的卖血标志性话语"一盘炒猪肝,二两黄酒"仿佛是许三观对自己身体主权的宣告,琼斯在译文中几乎尽数译出[②]。译文通过保留原作的叙事顺序、间隔和比例,忠实呈现了作品的音乐叙事结构,使卖血主题在交响乐的变奏中不断加强,让读者产生音乐般的旋律感。

此外,余华善用叙事反差,这不仅体现在小说结尾两个章节,在章节内部结构中也有所表现,如例 1 所示。

例 1:"……下辈子你做我后爹吧。你等着吧,到了下辈子,我要把你折腾得死去活来……"

一乐看到了胜利饭店明亮的灯光,他小心翼翼地问许三观:

"爹,你是不是要带我去吃面条?"

许三观不再骂一乐了,他突然温和地说道:

"是的。"(p. 144)

译文:"... Next time around, I want you to try being my stepdad. You just wait. I'll drive you crazy. I'll make you so mad; you won't know whether you want to live or die."

Yile caught sight of the gleaming lights of the Victory Restaurant. Timidly, he asked Xu Sanguan, "Dad, are you taking me to eat noodles?"

Xu Sanguan stopped cursing Yile. His voice suddenly grew gentle. "That's right." (p. 145)

例 1 中,许三观对一乐的愤怒咒骂戛然而止,继而温和地同意了儿子吃面条的请求,正如在激情洋溢的交响乐高潮之后缀以一小段抒情弦乐,使读者在寂静的瞬间深深体会到了许三观对儿子的真情。英译本忠实呈现了原作的叙事反差,力图使译作对读者产生相同的效果。

3.2 不拘一格,巧妙传递叙述话语

3.2.1 保留重复话语

叙述话语的重复结构是音乐叙事的体现,使情感更饱满,并让读者产生深刻的音乐记忆。在《许三观卖血记》中出现了大量的重复话语,增强了作品的表现张力,译文大多做了保留。如例 2 所示。

例 2:一乐、二乐、三乐听到母亲的哭诉,就跑回来站在母亲面前。

一乐说:"妈,你别哭了,你回到屋里去。"

二乐说:"妈,你别哭了,你为什么哭?"

三乐说:"妈,你别哭了,何小勇是谁?"(p. 65)

译文: Yile, Erle, and Sanle heard their mother sobs and ran to her side.

Yile said, "**Mom, don't cry**. Go inside."

Erle said, "**Mom, don't cry**. Why are you crying?"

Sanle said, "**Mom, don't cry**. Who's He Xiaoyong?" (p. 68)

例 2 中三个儿子重复说道"妈,你别哭了",强化了作品的叙述音响,衬托出此时许玉兰悲痛的情绪。译文忠实再现了原作的重复话语,正如美国学者理查德·金(Richard King)所言:"面对《许三观卖血记》激昂的叙事风格,安德鲁·琼斯拥抱了原作的重复性[……]使英译本取得了和中文原作同样引人入

胜的戏剧效果。"(King，2023)

3.2.2 转换引语形式

《许三观卖血记》中大量使用了直接引语，以凸显人物自己的声音。申丹(2019：293)指出，直接引语的直接性与生动性对通过人物的特定话语塑造人物性格至关重要，而且它的引号产生的音响效果有时正是作者所需要的。琼斯在多数场合保留了直接引语的形式，以使译文产生同样的音响效果，但在部分场合对直接引语进行了转换，如例3和例4所示。

例3：巴掌刚要打下去时，突然转念一想，又把手放下了，他说："他妈的，这一乐不是我儿子了，我就不能随便揍他了。"(p. 67)

译文：But just as he was about to slap him, he thought better of it. Damn. Yile isn't even my own son. I have no right to hit someone else's child. (p. 67)

例3中的直接引语转换为了自由间接引语。自由间接引语的优点是能有效地表达讥讽或诙谐的效果，增强对人物的同情感。这一表达形式兼具直接引语与间接引语的优势，既能与叙述语交织在一起，又具有生动性和较强的表现力(ibid.：298-303)。琼斯的译文使语气更为生动，使读者更易理解人物的内心感受。

例4：许三观在心里对自己说："我今天就去看望她。"(p. 91)

译文：Xu Sanguan thought to himself that he would go pay her a visit that very day. (p. 93)

例4中的直接引语转变为了间接引语。申丹认为直接引语的引号、第一人称、现在时等会打断叙述流，而人称、时态与叙述语完全一致的间接引语能使叙述流顺畅地发展，故具有一定的节俭性，可加快叙述速度(ibid.：298)。琼斯通过将部分直接引语转换为间接引语，加快了叙述节奏，使译文更符合读者的阅读习惯。

3.2.3 再现音乐性词汇

如前所述，作品使用了丰富的拟声词、语气词、数词、叠词等，增强了作品的音乐性和旋律感，见例5。

例5：二乐和三乐听到一乐的喊叫以后，使劲地点起了头，他们的嘴却没有离开碗，边喝边发出**咯咯的笑声**。许三观也**哈哈笑**着，把粥喝得和他们一样响亮。(p. 117)

译文：Erle and Sanle nodded enthusiastically as they continued to slurp noisily from their bowls, breaking into **happy giggles** as they swallowed. Xu Sanguan **laughed** as he slurped just as noisily and enthusiastically as the children. (p. 122)

例5描写了许三观生日当天全家一起喝玉米粥的情景，拟声词"咯咯的笑声"和"哈哈笑"生动表现了人物苦中作乐的精神，译文采用"happy giggles"及"laughed"传递了人物的乐观和坚强。对于《许三观卖血记》中多次出现的与"笑"有关的词汇(原作中出现"笑"字共162次)，译者通过灵活选词，再现了作品的音乐性。见表1。

表1　作品中有关"笑"的词汇

原　文	译　文
嘿嘿笑	chuckle, smile, smirk, grin
嘻嘻笑	grin
笑吟吟	wreathed in smiles
咯咯地笑	giggle
放声大笑	burst into giggles
窃窃私笑	conspiratorial laughter
笑嘻嘻	smile, grin
笑眯眯/微笑	smile
哈哈地(大)笑	laugh, enjoy a good laugh, burst into loud guffaws, roars of laughter
冷笑	sneer
咧嘴笑	grin, break into a delighted grin, beam

与此同时，琼斯运用灵活多样的翻译方法，对作品中大量的俚俗语做了生动传递。如例6所示。

例6：许三观在里屋咬牙切齿，心想这个女人真是又笨又蠢，都说**家丑不可外扬**，可是这个女人只要往门槛上一坐，什么丑事都会被喊出去。(p. 37)

译文：Xu Sanguan stood inside the door gnashing his teeth in frustration. This woman, he was thinking to himself, is a stupid fool. **You're not supposed to air your dirty laundry**, and here she is sitting on the doorstep crying for the whole world to hear, and there's no telling what kind of idiocy she'll come up with next. (p. 37)

例6中，"家丑不可外扬"的翻译采用了借用法，译为译文读者喜闻乐见的"You're not supposed to air your dirty laundry"，有利于读者的接受和理解，强化了译文的音响效果。

此外，小说运用丰富的色彩烘托出作品的音乐背景。色彩是带有声音和情感的，瓦西里·康定斯基(Wassily Kandinsky)说:"朱红听起来就像大喇叭的声音，或雷鸣般的鼓声"，黄色、橙色和红色给人欢快和充裕的感觉，而绿色则有着特有的镇定和平静(余华，2008:70)。红色是小说的主色调，呼应了许三观卖血的主题，并使作品呈现出勃勃生机。琼斯对于色彩的翻译细致入微，见例7。

例7:天空**红彤彤**的越来越高，把远处的田野也映亮了，使庄稼变得像**西红柿那样通红一片**［……］。(p. 3)

译文: The sky was **a wash of crimson** that seemed to emanate from the muddy paddies in the distance, shining across the fields, transforming the crops into **a vast tomato-red expanse**. (p. 3)

例7中，琼斯将原文中的两处"红"形象地分别译为"a wash of crimson"和"a vast tomato-red expanse"，再现了原文的音乐背景。其他色彩词汇也被灵活译出，如"黄灿灿"译为"shiny yellow"，"绿油油"译为"glossy green"，"嫩红"译为"tender pink"，"大红"译为"bright red"等，通过栩栩如生的色彩翻译传递了原作的音乐性及蕴含的情感。

3.3 增进共鸣，适度改写叙述视角

如前所述，《许三观卖血记》主要采用第三人称外聚焦叙述模式，其基本特点是最大限度地保留现实生活的原生性与客观性，读者需凭借自己的生活经验和艺术接受能力去理解叙事文本。余华正是期望通过模仿音乐叙述的神秘性特点，促使读者自己去理解和思考。然而，琼斯在部分场合改写了叙述视角，见例8。

例8:许三观心想她还要打扮好了去见何小勇?她对着镜子把头发梳得整整齐齐，抹上头油搽上雪花膏，穿上精纺的线衣，把鞋上的灰拍干净，还有那条丝巾，她也会找出来系在脖子上，然后，她高高兴兴地去见那个**让他**做了九年乌龟的何小勇。(p. 58)

译文: Xu Sanguan thought to himself, she wants to dress up to see He Xiaoyong? **Does that mean** she's going to comb her hair in the mirror, moisten it with hair oil, rub Snowflower cream on her face, put on her best sweater, pat the dust from her shoes, and wear that silk scarf around her neck? And then cheerfully saunter off to see the man who **made me** a cuckold these nine years? (p. 59)

例8原文中除了第一句为内聚焦模式，其余部分均采用了外聚焦模式，作者如同旁观者一般进行叙述，读者需凭借自身的领悟力去理解叙事文本。申

丹(2019:222)指出外聚焦模式的缺点是常会损害作品的逼真性和戏剧性。出于对译文读者接受能力的考虑，琼斯在译文中增添了"Does that mean"，将陈述句转变为疑问句，使语气更为生动。同时，将"让他"改写为"made me"，从而将叙述视角转变为内聚焦，使译文读者更易进入主人公许三观的内心，产生共鸣。

4. 叙事交际学视角下的英译策略成因分析

西摩·查特曼(Seymour Chatman)认为叙事文本"一旦已经完成或出版，就脱离了真实作者对它的控制"，只有通过叙事文本的隐含作者才能了解真实作者的意图。隐含读者"是与隐含作者相对应的部分，他是叙事文本本身所假设的受众"(Chatman, 1978:149)。可见，叙事交际实际上为隐含作者与隐含读者之间的交际。翻译的叙事交际则更为复杂，译者的角色既是真实读者又是隐含译者。翻译的叙事交际可分成两个阶段。在第一阶段中译者作为隐含读者试图理解隐含作者的意图。在第二阶段中，译者从源语文本的真实读者转变为源语文本的真实译者，力争通过有效翻译策略生成新的文本，使目的语文本为译文读者所接受。在此过程中，目的语文学的叙事传统必然对译者产生一定的影响，使其对源语文本的叙事形式进行适当的转换或改写(张景华，2007:61)。在翻译的叙事交际中，真实译者无疑是沟通真实作者和译文真实读者之间的重要桥梁。见图1。

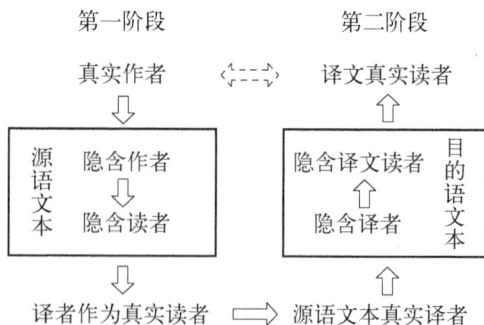

图1 翻译叙事交际过程示意图

从翻译叙事交际角度对《许三观卖血记》的英译过程进行考察，可以发现:在第一阶段的叙事交际中，译者琼斯以隐含读者的身份深入理解隐含作者余华的创作意图。琼斯对余华的作品情有独钟，认为他的小说与中国其他作家的小说非常不同，气势

宏大。此外，琼斯非常喜欢音乐，对中国音乐颇有研究，他说："这是我发现余华的小说很有吸引力的另一个原因，因为他的文字流畅、很有音乐性。"（朱振武等，2017：263）琼斯说余华的文字同他个人翻译的风格很契合，他发现余华巧妙地运用了音乐中的重复叙述手法，用音乐的节奏方式去讲述许三观壮美的人生历程。琼斯在翻译时尽力捕捉他文字中的韵律，让英文读者感受他中文直接流畅的风格（ibid.：264）。琼斯曾在《往事与刑罚》"译后记"中写道："翻译之初，我问余华他认为什么样的翻译是最合适的。他的回答很简洁，'如果你能抓住我语言的形象和韵律，那其他一切就都有了'。"（Yu，1996：272）由于译者与作者之间的默契，使译者可以充分把握隐含作者试图传达的韵律和节奏，从而忠实再现原文的音乐叙事结构。

在叙事交际的第二阶段，琼斯需作为真实译者将作品呈现给隐含译文读者。作为以英语为母语的美国译者，琼斯对译文真实读者有深入的了解，因此能尽量减少隐含译文读者与译文真实读者之间的差距。琼斯在英译本"译后记"中写道："余华一如既往以许三观及其同胞们喜闻乐见的传统中国戏曲方式展开故事，表演在街头、集市或庙会中即兴进行，道具极少，布景简陋。人物表演趋于模式化，面对观众或对方在舞台上用独白吐露心声。"（Yu，2003：261）对于译文读者而言，这样的表演方式是陌生甚至有些怪诞的。美国"好读网"（Goodreads）上网名为米洛（Milo）的读者评价道："余华貌似简朴的写作风格奇妙而有效，但我希望能看到更多人物内心和情感的描述。"网名为安妮（Anne）的读者则指出："余华的写作风格无疑是幽默而夸张的，就像是为中国戏剧而创作，但有些指代和语言令我迷惑。"③可见，余华的叙事风格和语言对于部分译文读者来说仍然存在理解上的困难。为使译作能够为读者所接受，琼斯需采取适当变通的翻译策略，因此他在一些场合将原文的直接引语形式转换为自由间接引语或间接引语，使语气更为生动，并加快了叙述节奏，使译文更符合读者的阅读习惯。同时，在某些场合将原文的第三人称外聚焦叙述视角转化为内聚焦，使缺乏源语文化背景的译文读者能更深入地理解人物内心的情感。此外，琼斯曾谈到将作品中大量极为口语化的中文翻译成读着顺口的英文是一大难点，因此在反复查询资料并咨询余华本人意见后，他采用灵活多样的翻译方法，使译文流畅可读（朱振武等，2017：263）。

整体而言，读者对琼斯的英译本给予了好评。"好读网"上读者对琼斯英译本的评价是 4.09 分，"亚马逊"网站上读者的评价是 4.3 分④。"好读网"

上网名为凯文（Kevin）的读者给出了五星好评，评论道："尽管作者探讨的是严肃主题，但这是我读过的最有趣的书之一［……］我认为作品写作风格轻松，对话幽默有趣，人物面对不幸的态度充满了讽刺意味。"网名为希丝特迈格派（Sistermagpie）的读者给出四星评分，指出："小说的写作风格简洁干净，偶尔刻意重复，仿佛一首歌或一首诗，对故事讲述十分有效。"读者对英译本的喜爱归功于琼斯对余华作品叙事风格，尤其是音乐叙事特征的有效把握和再现。与此同时，琼斯对叙述话语的灵活传递及对叙述视角的适度调整更促进了译文读者的理解和接受。

5. 结语

音乐叙事是《许三观卖血记》的重要叙事手法，体现在叙事结构、叙述话语、叙述视角各方面。从叙事学角度对余华原作及琼斯英译本的音乐叙事进行比较分析，发现琼斯忠实地保留了原作的叙事结构，同时运用灵活的翻译方法传递叙述话语，而在叙述视角方面适度改变了原作音乐叙事的神秘性，以增进译文读者的理解。从叙事交际学视角对琼斯的英译策略进一步考察，发现在第一阶段的叙事交际中，译者与作者之间的默契使译者能充分把握隐含作者试图传达的韵律和节奏，从而很好地保留了原文的叙事结构。在叙事交际的第二阶段，琼斯作为真实译者将作品呈现给译文读者，须考虑中西叙事差异和读者的阅读期待，因而运用了不拘一格的方式传递叙述话语，并对叙述视角做了一定程度的改写。从英译本的海外接受情况来看，琼斯的翻译策略较为成功。琼斯英译本对余华原作音乐叙事的再现和改写，在有效传递《许三观卖血记》的音乐叙事特征的同时，使译作更贴近译文读者的理解能力和阅读习惯，从而促进了作品的海外传播。

注释

① 叙事的结构关系体现在四个方面：第一，顺序，指事件与事件之间位置的前后；第二，反差，指两个毗邻事件或场景在情感色调、意味指向等方面的融洽度和一致性，反差度越大情节就越跌宕起伏；第三，间隔，指属于同一个故事链的各个事件之间相衔接的距离；第四，比例，指不同事件在文本叙述时空上的比重（徐岱，2010：202）。

② 《许三观卖血记》原作中卖血标志性话语"一盘炒猪肝，二两黄酒"共出现 22 次，琼斯英译本中出现

了 21 次。

③ "好读网"书评链接为：https：//www.goodreads. com/book/show/334970. Chronicle＿of＿a＿Blood＿ Merchant？from＿search＝true&from＿srp＝true& qid＝7d0gVsnqfa&rank＝1#other＿reviews。引用的 书评内容为笔者译。

④ 在"好读网"上，共有 4 916 名读者对《许三观卖血 记》琼斯英译本进行了评分，576 位读者撰写了书 评。在"亚马逊"网站上，共有 97 名读者对该译本 进行了评分，32 位读者撰写了书评。书评满分为 5 分，数据提取于 2023 年 2 月 15 日。"亚马逊"书 评链接为：www. amazon. com/Chronicle-Blood- Merchant-Yu-Hua/product-reviews/1400031850/f＝ cm＿cr＿dp＿d＿show＿all＿btm?ie＝UTF8 &reviewerType＝ all＿reviews。

参考文献

［1］Chatman，S. *Story and Discourse: Narrative Structure in Fiction and Film*［M］. London：Cornell University Press，1978.

［2］King，R. *To Live & Chronicle of a Blood Merchant*［OL］.（2004-03-01）［2023-02-10］. https：//u.osu.edu/mclc/book-reviews/to-live-chronicle-of-a-blood-merchant/.

［3］Knight，D. S. *Capitalist and Enlightenment Values in 1990s Chinese Fiction: The Case of Yu Hua's Blood Seller*［J］. Textual Practice，*16*（3），2002：547-568.

［4］Yu，H. *The Past and the Punishments*［M］. A. F. Jones（Trans.）. Honolulu：University of Hawaii Press，1996.

［5］Yu，H. *Chronicle of a Blood Merchant*［M］. A. F. Jones（Trans.）. New York：Pantheon Books，2003.

［6］龚艳萍. 单一回指语言类型及英译策略刍议——余华小说《许三观卖血记》个案研究［J］. 集美大学学报（哲社版），2014（4）：104-108.

［7］何若璇. 前景化视角下《许三观卖血记》的英译研究［D］. 南京：南京航空航天大学，2019.

［8］李可. 先锋派小说英译管窥——以余华作品为例［J］. 当代外语研究，2013（4）：42-46.

［9］林秋萍. 从叙事学角度看《许三观卖血记》的英译本［D］. 广州：广东外语外贸大学，2015.

［10］刘春勇.《许三观卖血记》的音乐叙事［J］. 广播电视大学学报（哲学社会科学版），2006（4）：13-16.

［11］龙迪勇. "出位之思"：试论西方小说的音乐叙事［J］. 外国文学研究，2018（6）：115-131.

［12］申丹. 论文学文体学在翻译学科建设中的重要性［J］. 中国翻译，2002（1）：11-15.

［13］申丹. 叙述学与小说文体学研究［M］. 北京：北京大学出版社，2019.

［14］万杰. 当叙述乘上音乐的翅膀——论余华小说《许三观卖血记》的音乐性［J］. 喀什师范学院学报，2009（1）：64-67.

［15］徐岱. 小说叙事学［M］. 北京：商务印书馆，2010.

［16］徐逢阳.《许三观卖血记》前景化语言的翻译研究［D］. 大连：大连外国语大学，2018.

［17］杨平. 余华作品在欧美的传播及汉学家白亚仁的翻译目标［J］. 翻译研究与教学，2019（2）：49-59.

［18］叶立文，余华. 访谈：叙述的力量——余华访谈录［J］. 小说评论，2002（7）：36-40.

［19］余华. 音乐影响了我的写作［M］. 北京：作家出版社，2008.

［20］余华. 许三观卖血记［M］. 北京：作家出版社，2012.

［21］张景华. 叙事学对小说翻译批评的适用性及其拓展［J］. 天津外国语学院学报，2007（6）：57-62.

［22］郑贞等. 余华《兄弟》中狂欢化叙事话语的翻译研究［J］. 翻译研究与教学，2020（1）：31-38.

［23］朱麟. 基于平行语料库的当代小说《许三观卖血记》中的标记语英译研究——以"可是""那"为例［D］. 南宁：广西民族大学，2012.

［24］朱振武等. 汉学家的中国文学英译历程［M］. 上海：华东理工大学出版社，2017.

［25］朱振武，吴丽妹. 忠实原则下的灵活与灵动——以安德鲁·琼斯《许三观卖血记》的英译为例［J］. 东方翻译，2018（4）：19-26.

中国传统哲学典籍英译的宽厚结合研究

——以吴经熊英译"天下"为例

赵　颖[1]

（河南科技学院　外国语学院，新乡 453003）

摘　要：本研究从《道德经》中"天下"一词英译的差异入手，通过分析"天下"译为"empire"和"world"所彰显的不同世界观和价值体系，发现：中国传统哲学典籍的英译不仅要注意地域性和独特性，即翻译的厚度；还要恰切呼应国家意志，注意传播的国际性和世界性，即翻译的宽度和广泛适应性，为不同国家间的互信互鉴提供历史依据。由此才能在"各美其美"的基础上，展现中国文化与世界其他文化的"美美与共"和"天下大同"。

关键词：中国传统哲学典籍；英译；"天下"；吴经熊

Title：On the English Translation of Traditional Chinese Philosophical Works from the Perspective of Their Width and Thickness：A Case Study of the English Translation of "Tianxia" by Wu Jingxiong

Abstract：Both local and global consciousness is necessary in the translation of traditional Chinese philosophical works to the world. The translation of "tianxia" into "empire" or "world" in *Dao De Jing* reveals different value systems and outlooks of the world. With an analysis of reasons for such differences, it is illustrated that the translation of traditional Chinese philosophical works should not only show its locality, speciality and thickness, but be expressed in an international and universal way with an appropriate response to the national will, so as to form a historical source for the mutual confidence and identification between different nations. As a result, the "datong" can eventually be achieved between Chinese culture and the world cultures.

Key words：traditional Chinese philosophical works；English translation；tianxia；Wu Jingxiong

1. 引言

中国传统哲学典籍作为中国文化的重要组成部分，其外译无疑是中国文化对外传播的重要内容。但是究竟该如何体现中国特色，又该如何增强中华文化的亲和力、感染力、吸引力和竞争力？胡美馨（2019）把中国儒学经典的经义及其话语建构机制称为"地方性知识"，提出以注疏式深度释译传递儒学经典的"地方性知识"，打破全球理性话语单一性，进一步提高中国传统文化典籍跨文化表达的重要作用。本文在胡美馨上述观点的基础上进一步阐发，以《道德经》中"天下"一词的英译为例，探究中国传统哲学典籍英译的本土立场和世界意识。

2.《道德经》中"天下"一词的英译

之所以选取《道德经》中"天下"一词开展英译研究，是因为《道德经》具有中国传统文化及哲学原典的身份特征。金岳霖指出，"每一个文化区都有它底中坚思想，每一中坚思想有他底最崇高的概念，最基本的动力［……］中国底中坚思想似乎儒道墨兼而有

1　作者简介：赵颖，博士，河南科技学院外国语学院教授、硕士生导师；研究方向：翻译与文化传播。
　　基金项目：本文为教育部人文社会科学研究规划基金项目"民国时期民族国家形象的域外重建研究"（项目编号：16YJA752016）的研究成果。

之",又提出,"中国思想中最崇高的概念似乎是道"(金岳霖,1985:15-16)。陈鼓应进一步阐发,"从老庄到王弼,宽容胸怀所缔造的开阔学风,使异质文化的佛学得以顺利入住中原,其后宋儒又借助佛道之形上学理论以建构其宇宙本体论。由是,唐宋之后儒释道由并存而交融,形成一部以'道'为中坚思想的哲学史"(陈鼓应,2015:100)。"天下"一词不仅在中国传统文化典籍中经常出现,其中蕴含的家国天下情怀,依然反映在今日的人类命运共同体思想中。有鉴于此,选取《道德经》中"天下"一词,就其英译开展研究,便具有一定的典型性和代表意义。

2.1 《道德经》的天下观与译本呈现

《道德经》成书于春秋晚期,湖北荆门郭店一号墓出土的《道德经》竹简可为佐证。其内容虽寥寥五千多言,但包罗万象,历史、社会、政治、军事、伦理以及修身处世之道均有涉及。作为言简意赅的典范,《道德经》中很多核心概念的意义都立体且复调,需要据其内容具体分析。本文关注的"天下"一词在不同语境中,所指亦有差异,可从以下三个方面来理解:(1)被管辖的范围、国土;(2)被管辖的人或物;(3)泛指的人世间(温革超,2013)。限于讨论的主题,这里只关注"天下"指涉"被管辖的范围、国土"的英译选择。比较阿瑟·韦利(Arthur Waley)和吴经熊的《道德经》译本可以发现,针对"天下"指涉"被管辖的范围、国土"这一意义,韦利将其译为"empire"共有13次,但此13处"天下"吴经熊均译为"world"。举例如下。

例1:故以身观身,以家观家,以乡观乡,以国观国,以天下观天下。

韦利译:Therefore just as through oneself one may contemplate Oneself, So through the household one may contemplate the Household, and through the village, one may contemplate the village, and through the kingdom, one may contemplate the kingdom, And through the **empire**, one may contemplate the **empire**. (Waley, 1958:208)

吴经熊译:Hence, a person must be judged as a person; a family as a family; a community as a community; a state as a state; the **world** as the **world**. (Wu, 1940:72)

例2:天下有道,却走马以粪。

韦利译:When there is Tao in the **empire**, The galloping steeds are turned back to fertilize the ground by their dropping. (Waley, 1958:99)

吴经熊译:When the **world** is in possession of the Tao, The galloping horses are led to fertilize the fields with their dropping. (Wu, 1939:518)

例3:贵以身为天下,若可寄天下;爱以身为天下,若可托天下。

韦利译:He who in dealing with the **empire** regards his high rank as though it were his body is the best person to be entrusted with rule; he who in dealing with the **empire** loves his subjects as one should love one's body is the best person to whom one can commit the **empire**. (Waley, 1958:27)

吴经熊译:Hence, only he who is willing to give his body for the sake of the **world** is fit to be entrusted with the **world**.

Only he who can do it with love is worthy of being the steward of the **world**. (Wu, 1939:412)

在上述三个例子中,无论指国之上的共同体"天下",有"道"的"天下",还是可"寄"、可"托"的"天下",韦利皆译为"empire",而吴经熊则一律以"world"译之。问题在于"empire"和"world"中,前者常译为"帝国",后者常译为"世界",似乎是意义多有差异的二者,何以会被不同的译者选来翻译同一个概念?这二者与作为被管辖范围的"天下"会呈现何种呼应关系?译者这样选择的原因何在?下文就"天下"分别对应译为"empire"和"world"的可能原因加以解读分析。

2.2 "天下"英译选择的原因解析

2.2.1 天下与帝国

韦利之所以将"天下"译为"empire",可能是因为受到西方对中国的传统认识的影响。欧立德(Elliott,2014)指出,现今我们看到的西文论著,都不假思索地使用"中华帝国"(Chinese empire)一词,并统称公元前221年到公元1911年的中国为帝国时代(imperial age)。事实上,以"empire"(帝国)指称中国的过程主要发生在清军入关之后。传教士曾德昭(Alvaro Semedo,1585—1658)以西班牙文所著的《中华帝国以及其耶稣会士的传教文化》(*Imperio de la China i cultura evangelica enèl por los religios de la Compaia de Iesus*,1642)是首部正式以"中华帝国"称呼中国的著作,但此书较少使用"帝国"(imperio)一词,更多以"王国"(reyno)指称中国。1644年清军入关是欧洲对中国称谓从王国到帝国的转折点。1658年,耶稣会士卫匡国(Martino Martini,1614—1661)在第二部描写中国史的著作中,副标题已经开始用"中华帝国"。自此以往,西方对中国的论述逐渐趋同,称中国为一个帝国。当然,此时"帝国"一词的使用更多是对清朝统治与欧洲帝国历史的相似性联想，而不是对中国"天下"观的比附。然而，"天下"译为"empire"的历史正当性也可以理解。

但"天下"与"帝国"的区别也显而易见。"天下"之所以为"天下"，在于其无边界性——无边界但中心明确。许纪霖指出，"何谓天下？在中国文化当中，天下具有双重内涵，既指理想的伦理秩序，又指对以中原为中心的世界空间的想象"（2017：19）。理想的伦理秩序即是价值层面的"天下"，它可以指人世间存在的仁义礼智信等价值观念；也可以指一套文明的价值体以及相应的典章制度。在古代中国，作为价值层面的"天下"代表的是超越和永恒的天道伦理；而国不过是一个价值体，代表王朝秩序，亡国不过是改姓易号，天道伦理不变。以中原为中心的世界空间想象意义上的"天下"并不像现代世界各国那样边界固定，而是一个中心清晰、边缘模糊的差序格局。此空间意义上的"天下"开始于西周时期，隋唐之后日益定形，呈现为一个以中原九州为中心，包括与中国有朝贡、册封关系的域外国家，并向东亚乃至世界呈同心圆辐射的庞大结构。然而，战国时代时"天下"只是方圆三千里的九州。换言之，作为地理概念的"天下"，面积要广于作为王朝国家所实际拥有的领土。此外，即使清史专家常常称清朝为"大清帝国"，其历史由来也并无"帝国"所指涉的"帝国主义"等专制意味。据欧立德（2014）考证，国内首次以"帝国"自称的官方文件，系签订于1895年4月的《马关条约》，清政府试图在条约中自称"大清帝国"，以求与日本帝国平起平坐。1908年的清政府宪法草案明确指出，"大清皇帝统治大清帝国"。之后，国人多以帝国观念指称中国的皇朝时期，尤其是秦朝统一到清朝覆灭这一段漫长岁月，但帝国一词中"帝国主义"、专制和侵略的含义却不在国人所指的意义之列。

简言之，将"天下"译为"empire"（帝国），于中于西，皆有其历史合理性。除韦利外，选择以"empire"来对应"天下"的译者不乏其人。笔者随机查阅了阿尔奇·J·巴姆（Archie J. Bahm）、刘殿爵、林语堂、辜正坤、郑麐和陈乃扬的译本，前三个译本由外国出版社出版，后三个由中国出版社出版。无论出版于国内还是国外，选择将"天下"译为"empire"的不在少数。具体而言，刘殿爵将"天下"译为"empire"39次，辜正坤10次，陈乃扬4次，郑麐15次，林语堂1次，巴姆是六名译者中唯一没有用"empire"来呈现"天下"的。通过上述统计对比可知，"天下"与"帝国"的对应影响深远。只是，如此的翻译关联是否会引发英语读者对中国"帝国"历史的误判，是否可选择其

他词汇翻译，需进一步思考与研究。

2.2.2　天下与世界

下文通过"天下"与"世界"的历史关联与认知变化，审视"天下"译为"world"可能体现的文化追求及价值取向。中国传统文化语境中的"天下"虽有其独特内涵，但随着国门打开，国人对"天下"的看法也日益发生变化。罗志田（2007）指出，传统的"天下"一词可从广义、狭义两方面考量，分别对应今日意义的"世界"和"中国"。大体而言，近代中国走过了一个从"天下"转变为"中国"、从王朝转变为现代国家的进程。梁漱溟认为，"从前中国人是以天下观念代替国家观念的，他念念只祝'天下太平'，从来不曾想什么'国家富强'，这与欧洲人全然两副头脑"（梁漱溟，1990：157）。而后"民族国家"概念的引入、西方现代国家的兴起和繁荣大大刺激并改变了国人的认知，作为国家的中国概念慢慢形成，作为国家之上的"天下"则更多与"世界"相关。

"天下"概念发展为"世界"的转变，以及此概念缩减为"中国"的变化互为表里，相辅相成，且多有互动。梁启超（2005：154-155）指出，中国"先哲言政治，皆以'天下'为对象"，成为一种"百家所同"的"时代的运动"；不仅"儒家王霸之辩，皆世界主义与国家主义之辩"，其余道家、墨家，也都有明显的"超国家主义"色彩。"超国家"的意味显示出"天下"与"世界"相通的一面。换言之，中国古代认知中的"天下"虽然未必等同于今日现代意义上的"世界"，但其心中所思所念的确指的是全部的世界。虽然"天下"的内涵早已暗含了"世界"的意义，但作为与"民族国家"对应的"世界"概念，却是近代以来国门被迫打开后，国人才逐渐有所认知的。"中国士人不仅接受了外在'世界'的存在，并日渐深入地感受到中国无论是否愿意，皆难以置之世外。"（罗志田，2007）

简言之，"天下"与世界的意义虽有相通之处，但与现代意义上世界概念的更多重叠则逐步实现于中国从传统走入现代、从王朝走向民族国家的过渡过程中。吴经熊将"天下"更多地译为"world"，其代表的既有传统超国家意义的"天下"，也有现代意味的作为民族国家之上的世界。这种选择不仅回应了历史，又在一定意义上迎合了当时的价值取向。

20世纪上半叶，世界动荡不安，以欧洲为主战场的第一次世界大战让西方思想界开始进行深刻的自我怀疑和自我反思。中国爆发的五四运动掀起了一股探索新思想的浪潮，对推翻帝制之后国家政体的探究方兴未艾，世界主义、无政府主义、文化主义都提出了各自的设想。尽管对具体的方案主张各异，对现代国家、民族国家的建构渴望却大体一致。但

"在世界范围内,帝国成为一个现代概念并建立一种国际秩序逻辑是与资本主义、殖民主义和民族意识的兴起彼此勾连的"(张磊、胡兰荣,2015)。刚刚从殖民阴影和帝国统治中走出来的中华民国,极力想摆脱自身的专制烙印,渴望建立独立平等的新政权。在这样的时代背景下,吴经熊以一种超越东西方的气度,将东方和西方并置一处,认为要"沟通东西,我们的灵感,我们的境界,必须要超乎东西之上,才可以综合东西"(吴经熊,1971:116),在解释民族主义时,更是指出"民族主义的目的在求中国之自由平等,而以世界大同为归宿"(吴经熊,2005:69)。与其说时代观念影响了吴经熊对《道德经》中"天下"一词的英译,不如说吴经熊的英译回应了时代呼唤:建立民族国家,实现国与国的平等交流,和平共处。虽然吴经熊对"世界"的选择与"天下"的内涵不完全一致,但在一定意义上代表了近代以来中国学人对"天下"的新认知,代表了中国学人对中国与世界关系的体认与希望,代表了中国处理国际关系的态度。乐黛云(2009)指出,"翻译永远是当代的,是写给译者的读者的",就此而言,吴经熊对"天下"的翻译似乎更好地承载了时代的认知与希望,代表了其对"天下"与时俱进的看法变化。此外,把"天下"译为"世界"似乎更多了一层通向"世界大同"的努力;而把"天下"译为"帝国"所暗含的"帝国主义"指向和中国历史的特殊现实,则有可能需要更多历史语境的还原,由此更倾向于表现为一种独特性的经验,或者说"地方性知识"的身份归属。

3. 起源于"地方性知识"的典籍翻译

"地方性知识"的概念源自克利福德·吉尔兹(Clifford Geertz),在《地方性知识:从比较的观点看事实与法律的关系》(2000)一文中,他提出可以把法律视为"地方性知识",因为它对应并服务于历史形成的特定生活秩序,只有通过追溯其历史背景才能得到比较切当的理解。胡美馨(2019)借用这一概念指出,"传承两千多年的注疏围绕儒学经典所建构的经义及其话语范式是儒家经典区别于他国经典的标志性'地方性知识'",需要通过"深度学术释译"的方式,对其进行更为本真和充分的跨文化阐释和呈现。事实上,不仅儒学经典,整个中国传统哲学经典作品,扎根于中国五千年历史传承的文化土壤,在一定意义上均具有"地方性知识"的特点,是中华民族文化传统和民族精神的文本凝结,代表了中国传统文化的多样性和差异性。通过"深度翻译"的方式,"在翻译过程中注重对核心思想的保护"(阮玉玉、王秀

文,2020),积极传播中国传统文化经典的特色和个性,对构建全球文化多样性无疑具有重要的实践意义。

中国哲学的相关概念或范畴植根于具体的文化经验,具有"地方性知识"的特征,"但在长期的发展过程中也呈现出思想普遍化的理性倾向"(陈少明,2019)。要发展中国哲学,把中国哲学引向世界,不仅要显示经验的厚度,从事典籍的"深度翻译",还要从拓宽思想的广度入手,"做观念普遍化的努力"(陈少明,2019)。就此而言,翻译作为文化传播的媒介,便不能只有一种价值取向——展现特殊性,还应该成为人与人之间相互沟通的桥梁,"民族之间关于生存的对话"(许多、许钧,2019),以及人与人之间能够同呼吸、共命运,构建人类命运共同体的纽带。就此而言,传统哲学典籍英译"应该承担互通互联的任务,减少和消除文化壁垒,建立相互沟通与对话的平台"(桑龙扬,2019)。聚焦"天下"的翻译,译者当然可以选择具有特定历史取向的"帝国",但要回应时代呼声,或许选择"世界"更能传递传统"天下"情怀所蕴含的"共同体"理念的普遍化努力。1939年,整个世界都陷于战火之中,吴经熊选择在《天下》连载《道德经》译文,试图通过文化的交流与传播实现国与国之间的和平交往。他将"天下"译为"world",试图彰显的正是"天下"内含的"中国"与"世界"相辅相成的对立统一性,以及其作为中国传统文化专有词汇暗含的特殊性和普遍性。特殊性的呈现突出中国文化的厚重,为世界贡献中国智慧;普遍性的呈现彰显中国文化的宽度,使对话和相守成为可能,增进融合与共鸣。

4. 通向世界的典籍翻译

中国传统哲学典籍的英译要关注观念普遍化的努力,更要有全球意识和现代意识,让中国传统哲学典籍为人类命运共同体服务。2018年通过的宪法修正案明确提出,"发展同各国的外交关系和经济、文化交流,推动构建人类命运共同体"。而推动构建人类命运共同体背后的中华文化资源,正是源自中华文明历经沧桑始终不变的"天下"情怀。这种"天下"情怀和"人类命运共同体"的构建设想符合全球化背景下各国和平发展的愿景。然而,让这种构想和愿景成为共识需要各方的共同努力,需要我们积极向世界展示中国自古以来便有的"天下"情怀。但假如"天下"对应的英文只有"empire",这种美好的愿望不仅可能和帝国的扩张与侵略相联系,其作为"地方性知识"的特征也会为不断被提及的"中国威胁论"

提供历史的基础与回应。因此,进行典籍翻译时,需"树立动态的历史文化观,将中国典籍对外译介与传播放在不断发展的文化交流史视域中进行考察"(许多、许钧,2019);同时,应该有更宏观的全球意识,在讲好中国故事的前提下,拓展思想的宽度,做出普遍化的努力,正确承载和传播国家意志。

吴经熊选择把"天下"译为"world",还将介绍中国文化的英文期刊命名为《天下》,均体现了其天下情怀或者说世界意识。他指出,"国界虽然不一,肤色也有不同,人性却是一个。种族的不同只有皮肤深浅的区别,但人类的统一却端在于众人之心的深处"(吴经熊,2002)。段怀清认为,"《天下》及其编辑群体所突出的本土立场、世界意识、天下情怀之间的协调平衡,所强调追求的一个人文知识分子在文化的本土性与世界性之间的关切折中,所奉行弘扬的普世价值与文化的普遍性观念等,对于20世纪以及21世纪中国的传统文化的现代化以及人的现代化,也都提供了难得的文本经验"(2009:前言)。许倬云(2010)指出,中国历史就是一部不断地在"我者"与"他者"之间寻求相互认同和融合的共同体的历史。"中华民族得以共存的智慧就在于求同存异、聚同化异,纵令各自根本不同也要守住和合的底线。"(卓新平,2019)换言之,虽然差异性是"共同体"得以生存的基石,要构建人类命运共同体却不能仅仅停留在各自的差异性上,更需要在尊重差异的基础上"追求可以获得普遍接受和长期持守的共同价值",因为"外在的共建是基于其共在的文化精神之趋同性和求同性的"(卓新平,2019)。聚焦中国文化的对外传播,中国传统哲学典籍英译也需要两条腿走路:一方面注重中国文化独特性的表达;另一方面也要注重发掘和展示中国文化经典观念的普遍化论述。换言之,在传播中国文化的过程中,既要关注它的本土化,同时也要有世界眼光和时代意识,要能为时代和主流意识形态的对外传播服务。不仅要回应时代呼唤,还要突出中国文化中更有普遍意义的一面,由此才有可能和平融入国际社会。正如费孝通所言,"在和西方世界保持接触,进行交流的过程中,把我们文化中好的东西讲清楚,使其变成世界性的东西,首先是本土化,然后是全球化"(费孝通,2010:406)。基于此,中国传统哲学典籍英译要做到本土化与全球化的平衡与统一,不可偏执一端。

5. 结语

中国传统哲学典籍英译应该宽、厚结合。一方面,通过"深度翻译"展示中国文化的历史厚重和知识脉络,适当突出中国思想中能为世界提供中国方案的文献;另一方面,以中西会通的国际化表达展示其普遍化的努力,体现其世界意识、天下情怀。在全球化更加深入人心的当下,在中国和平崛起承担更多大国责任的当下,在"人类命运共同体"构想向世界传播的当下,中国传统哲学典籍英译更要有本土立场和国家情怀,要能体现和承载时代主旋律,要能回应时代呼唤;同时,中国传统哲学典籍英译也要有"天下"情怀和世界意识,要为不同国家间的互信、互鉴提供历史依据。套用费孝通先生的观点,中国传统哲学典籍英译不仅要努力呈现"各美其美",也要争取"美美与共"和"天下大同"。

参考文献

[1] Lao Tzu. *Tao Teh King*[M]. A. J. Bahm (Trans.). Albuquerque：World Books, 1958.

[2] Lao Tzu. *Tao Te Ching*[M]. D. C. Lau (Trans.). Middlesex：Penguin Books, 1963.

[3] Lin Y. T. *The Wisdom of Laotse*[M]. New York：Random House, 1948.

[4] Waley, A. *The Way and Its Power*[M]. New York：Grove Press, 1958.

[5] Wu, J. C. H. Lao Tzu's the Tao and Its Virtue [J]. *T'ien Hsia Monthly*, 1939a, 9(4)：401-423.

[6] Wu, J. C. H. Lao Tzu's the Tao and Its Virtue [J]. *T'ien Hsia Monthly*, 1939b, 9(5)：498-521.

[7] Wu, J. C. H. Lao Tzu's the Tao and Its Virtue [J]. *T'ien Hsia Monthly*, 1940, 10(1)：66-99.

[8] 陈鼓应. 道家的人文精神[M]. 北京：中华书局, 2015.

[9] 陈少明. 中国哲学：通向世界的地方性知识[J]. 哲学研究, 2019(4)：32-41.

[10] 段怀清. 前言[A] 吴经熊,温源宁等,主编.天下[C]. 北京：国家图书馆出版社, 2009.

[11] 费孝通. 文化与文化自觉[M]. 北京：群言出版社, 2010.

[12] 胡美馨. 以全球话语多样性为观照的儒学经典"走出去"学术路向思考[J]. 外国语(上海外国语大学学报), 2019(4)：16-24.

[13] 金岳霖. 论道[M]. 北京：商务印书馆, 1985.

[14] 克利福德·吉尔兹. 地方性知识——阐释人类学论文集[C]. 王海龙,张家瑄,译. 北京：中央编译出版社, 2000.

[15] 老子. 老子道德经(中英文对照)[M]. 郑麐, 编译. 台北: 世界书局股份有限公司, 1957.

[16] 老子. 道德经[M]. 辜正坤, 译注. 北京: 中国对外翻译出版公司, 2006.

[17] 老子. 老子[M]. 陈乃扬, 译. 上海: 上海外语教育出版社, 2012.

[18] 乐黛云. 漫谈《诗经》的翻译[J]. 周易研究, 2009(5): 11-14.

[19] 梁启超. 先秦政治思想史[M]. 长沙: 岳麓书社, 2010.

[20] 梁漱溟. 梁漱溟全集(第3卷)[M]. 济南: 山东人民出版社, 1990.

[21] 罗志田. 天下与世界: 清末士人关于人类社会认知的转变——侧重梁启超的观念[J]. 中国社会科学, 2007(5): 191-204.

[22] 欧立德. 传统中国是一个帝国吗? [J]. 读书, 2014(1): 29-40.

[23] 阮玉玉, 王秀文. 《华英字典》中《四书》英译的改写模式研究[J]. 翻译研究与教学, 2020(1): 56-61.

[24] 桑龙扬. 儒家经典对外传播的新模式探索——《论语》和《孟子》的"公理化"诠释与翻译[J]. 翻译研究与教学, 2019(2): 63-70.

[25] 温军超. 吴经熊《道德经》译本中的"天下"观念剖析[J]. 译苑新谭, 2013(5): 20-26.

[26] 吴经熊. 哲学与文化[M]. 台北: 三民书局, 1971.

[27] 吴经熊. 超越东西方[M]. 卓新平, 译. 北京: 社会科学文献出版社, 2002.

[28] 吴经熊. 法律哲学研究[M]. 北京: 清华大学出版社, 2005.

[29] 许多, 许钧. 中国典籍对外传播中的"译出行为"及批评探索——兼评《杨宪益翻译研究》[J]. 中国翻译, 2019(5): 130-137.

[30] 许纪霖. 家国天下: 现代中国的个人、国家与世界认同[M]. 上海: 上海人民出版社, 2017.

[31] 许倬云. 我者与他者: 中国历史上的内外分际[M]. 北京: 生活·读书·新知三联书店, 2010.

[32] 严慧. 超越与建构——《天下》与中西文学交流(1935—1941)[M]. 北京: 光明日报出版社, 2011.

[33] 张磊, 胡正荣. 帝国、天下与大同: 中国对外传播的历史检视与未来想象[J]. 南京社会科学, 2015(6): 117-122.

[34] 卓新平. "人类命运共同体"理念的中西比较[J]. 南国学术, 2019(1): 149-156.

语言标准与文化自信

——从高校翻译专业论文写作中的汉语标点符号谈起

项　东　　王继辉　　宋佳诺[1]

（对外经济贸易大学　英语学院，北京 100029；

北京大学　MTI 教育中心，北京 100083；

北京语言大学　国际语言服务研究院，北京 100083）

摘　要：标点符号国家标准是我国语言标准化进程的重要保证。然而，近些年的高校论文书写中出现了诸多与标点符号国家标准不相符合的现象，各个高校为学生们提供的毕业论文体例模板仿佛正在助推着汉语标点符号非标准化的走势。本文追溯了汉语标点符号体系从初现雏形，到形成体系，再到制定标准的复杂历史，并从不同角度剖析了标点符号非标准化现象的根源。本文认为，汉语标点符号系统是中华文化中得来不易的宝贵遗产，是汉语语言标准化的重要部分。在重构文化自信的进程中，尊重并维护汉语标点符号使用标准，厘清并解决其演进过程中所出现的问题，是当今知识界义不容辞的历史责任，由标点符号反映出来的语言标准问题值得各界广泛关注。

关键词：文化自信；国家标准；标点符号；论文写作；体例模版

Title：Language Standard and Cultural Confidence：On the Use of Chinese Punctuation in College Paper Writing by MTIers

Abstract：The national standard of punctuation plays a crucial role in maintaining the standardization of our language. However, in recent years, many instances of non-compliance with this standard have emerged in the writing of theses at colleges and universities. It appears that the thesis style templates provided by various universities for students may be contributing to the trend of non-standardization of Chinese punctuation. This paper examines the intricate history of the Chinese punctuation system, from its inception to its development as a system and the establishment of a standard, and analyzes the root causes of the non-standardization phenomenon from different perspectives. It argues that the Chinese punctuation system is a valuable cultural heritage and an essential component of the standardization of the Chinese language. As we strive to rebuild cultural confidence, it is the responsibility of the intellectual community to respect and uphold the standard of Chinese punctuation and address the issues that have arisen during its evolution.

Key words：cultural confidence；national standard；punctuation；paper writing；style templates

1　作者简介：项东，博士，对外经济贸易大学英语学院副教授；研究方向：翻译理论与实践。
　　王继辉，博士，北京大学 MTI 教育中心教授、博士生导师，北京语言大学特聘教授；研究方向：中世纪英国文学、西方文献学、历史语言学、国际语言服务。
　　宋佳诺，北京语言大学国际语言服务研究院博士生；研究方向：国际语言服务。

1. 引言

在中国人的记忆中,1920 年 2 月 2 日是个值得关注的日子。当年的北洋政府教育部正是在这一天颁布了第 53 号训令,标题为《通令采用新式标点符号文》。自此,一套冠以"新式"二字的标点符号正式进入汉语书写,从而开启了我国语言标准化的一个别开生面的历史阶段。在中国文化语境中,现代汉语标点符号从酝酿、成形、演进,直至标准化,每一步都见证了汉语书写系统的进步、稳定与规范,每一步都富有中华文化史意义,都标志着中国人为人类书写文明所做出的努力。这一悠久而复杂的过程所积淀下来并传承至今的汉语标点符号系统是中华民族的宝贵财富。在弘扬爱国主义、重构文化自信的今日之中国,认真维护和谨慎提升这份文化资产的尊严与品质是当今知识界义不容辞的历史责任。

然而,维护和提升汉语标点符号系统的尊严与品质说来容易,做起来或许会一波三折,困难重重。从目前的学术写作,特别是本科大学生,硕、博研究生各类论文的撰写状态来看,早已进入国家标准体系的汉语标点符号似乎在悄然发生着改变,流行于校园之中的各种论文书写模板仿佛在不自觉地助推着既定体系的某种偏离,国家标准正在被另外一套"规范"取而代之。面对这一标点符号系统的不稳定状态,我们或可做如下两个粗略假设:其一,国家标准是经历反复调整、逐步定型的规范,标准所描述的是某时某地某领域的应用形态,具有显著的不稳定性,因此,依据实践情况进行局部微调,从而使其进化为新阶段的新版标准实属必然,目前的不稳定状态便是这一必然进程的表征;其二,汉语语言的外部文化因素时刻在侵蚀着使用者对自己标点符号系统的认同,此种影响或导致使用者对既定标准的权威性的淡漠、偏离,甚至有意无意的无视,最终造成对现有标点符号系统品质与尊严的损害,目前的不稳定状态也有可能是这种认知错位的表征。从大学校园普遍偏离既定标准的倾向来看,前者的可能性自然难以排除,但后者可能引发的负面变化或许更值得引起社会层面的足够警觉。出于这一考虑,笔者认为,正确发挥汉语标点符号国家标准的权威导引,自觉维护汉语标点符号国家标准应有的尊严,是持续提升汉语语言文化地位过程中的大事,应当引起全社会的广泛关注。

2. 标准建构过程

虽说新式汉语标点符号的历史不过百年,但书面语标点在汉语书写中的应用却由来已久。据文献记载,标示文字区隔的书写符号早在殷商甲骨文中便已显现出了原始形态。商代王室为了占卜记事、祈传神谕,在存世的 15 万余片龟甲牛骨上契刻的 4 672 个字符中[①],便有显著的线号以分割文句。至春秋战国时期,金石、玉片、帛书、竹简上的横线、勾识、长方色块等符号不仅清晰可辨,其使用似乎也已趋于常态[②]。

不过,由于古代汉语中的虚词丰富,被后人称为"句读"的系统符号[③]在记录语言的文本中并未派上多大用场。即便在后来的书写中时常出现于句首的发语词,比如"盖""夫""今夫""且夫"和复音虚词,以及"大抵""得毋""故夫""其惟""岂惟""岂足"等词,引领句子的功能都十分显著。因此,用于断句隔字的符号在此种语句环境中确实显得有些多余。标示句尾的语气虚词,诸如"耳""乎""欤""焉""耶""哉",也为先人自古便忽略标点符号系统的设计做出了令人信服的解释。

随着文言逐渐脱离口语,两者的交际功能日趋分化。特别是汉代以后,文言的复古倾向更使其与非书面语相互剥离,阅读迅速成为并非所有人都可以轻易获取的能力。于是,文字停顿符号对阅读学习者而言便越来越彰显出不可或缺的工具属性。根据许慎在《说文解字》中的说法,标志性的"。"符和"、"符在当时已纳入汉字书写,这一圈一点就是所谓的"句"与"读",其功能不过是当时的书写者勾勒行文中或长或短的词句顿挫。到了唐宋时期,书面语的面貌更为复杂,书写者对古文特征的刻意效仿使得文言日趋晦涩,阅读变成了受过训练者的独家功夫,其中《三字经》所提示的"详训诂,明句读"是掌握阅读技巧的关键,接触文本之时,通过特定符号辨别行文长停短顿,又成了阅读者的必修功课[④]。至于"句"与"读"之间的差别,南宋毛晃的解释是:"句绝则点于字之旁,读分则微点于字之间"[⑤]。显然,直至毛晃所处的年代,"句"与"读"并不一定存在外形上的差异,其区别仅体现在因不同物理位置而表达出的文本标示功能。简单来说,无论是商周、秦汉时期的上古文言,还是魏晋、隋唐、两宋时期的中古文言,抑或元明清三朝的近代文言,文本句读的标示方法虽然不尽相同,但历代的实践都昭示着它们的共同弱点,即语义区分的不足以及应用规范的混沌。

在新式标点符号被正式应用于汉语书写之前,一批受西方文化影响的中国知识分子便已意识到汉语旧式标点符号的局限,以及汉语文字对新型标示方法的需求。早在 1904 年 5 月,热心西学的启蒙思想先行者严复便在商务印书馆横排刊印了他的《英文汉诂》。在这部探索英语语法的汉语专著之中,他以8种舶来的英语标点一举取代了传统的汉语句读。不过,严复远不是介绍西方标点符号的第一人,在其著作面世前35年,曾经目睹过巴黎公社震撼场面、具有紫禁城内光绪帝英语教师傲人资历、担任过清廷二品驻英公使的同文馆早期校友张德彝,便在其旅欧日记《再述奇》中细致地讲解了西方标点符号的用法,其描述所涉及的新颖标符已达9种,而19世纪末期颇具开拓气质的传奇人物华人传道士王炳耀,除了竭力倡导切音字运动(汉语拼音运动)之外,在其《拼音字谱》中将汉语句读和西方标点融为一体,别出心裁地创制了10种适用于汉语的符号,分别为"?"","":""—""〈〉""l""。""!"".""v"。他的创造也发生在《英文汉诂》问世之前,时间为1897年。

应该说,张德彝、王炳耀、严复等早期先贤都是汉语标点符号系统的奠基者。在他们的不懈努力下,新式标点符号在20世纪20年代临近之时已呈现呼之欲出之势。严复的《英文汉诂》付梓之后仅仅12年光景,新文化运动领袖人物胡适便为新式标点符号的问世再添砖瓦。据说,他苦熬三天三夜,终于将自己的缜密思考付诸笔端,完成了后来刊发于上海《科学》月刊之上的万言长文《论句读及文字符号》[6]。胡适于1917年回国,之后曾多次以"白话文加剧了古文虚词遗留下来的汉语理解困扰"为由撰写报刊文章,极力向社会各界举荐他心目中的新式标点符号系统。正如胡适发表在《新青年》的一篇文章所说,"文字的第一个作用便是达意。种种符号都是帮助文字达意的。意越达得出越好,文字越明白越好,符号越完备越好"[7],标点符号在他心目中的崇高地位由此可见一斑。在此大环境之下,1919年4月21日,"国语统一筹备会"宣告成立,在筹备会的第一次会议上,钱玄同、刘复、朱希祖、周作人、马裕藻等人向北洋民国政府提交了他们委托胡适起草并修正的《请颁行新式标点符号议案》,他们以"摒弃圈点通篇之文,提高文法规范与文字品味"为目的,首次提出通行使用新式汉语标点符号的议题。次年2月2日教育部颁布题目为《通令采用新式标点符号文》的第53号训令,批准施行议案中提出的标点符号方案,其中包括句号、点号、分号、冒号、问号、惊叹号、引号、破折号、删节号、夹注号、私名号、书名号,凡12种。这一政府文件标志着中国新式标点符号以立法的形式正式融入汉语书写传统。

新式标点符号系统的规范化是一个过程。如果从1920年第53号训令的颁布日期算起,及至2012年6月1日中华人民共和国国家标准"标点符号用法"(GB/T15834-2011)正式实施,历经92年。期间,多部旨在规范汉语标点符号用法的政府文件先后出台,其中包括1951年9月出版总署公布的《标点符号用法》、同年10月中央人民政府政务院发布的《关于学习标点符号用法的指示》、1990年3月国家语言文字工作委员会、中华人民共和国国家新闻出版署修订的《标点符号用法》、1990年国家技术监督局发布的《标点符号用法》、1995年12月13日国家技术监督局在1990年版《标点符号用法》的基础上再度发布的"GB/T15834-1995标点符号用法"等。继中华人民共和国国家标准GB/T15834-1995发布16年之后,2011年12月30日中华人民共和国国家标准GB/T15834-2011标点符号用法出炉,隔年2012年6月1日GB/T15834-2011标点符号用法开始正式实施。这是一个非常复杂的过程,当然也是经社会各界谨慎推敲,中央政府主管部门郑重确认,汉语标点符号才一步一步走向国家标准的严肃过程。

3. 标准淡化倾向

进入21世纪之后,伴随着中国改革开放逐步加快的脚步,国内各个领域都乘势高速发展起来,为国家建设储备和推送人才的高等教育也自然呈现出一派欣欣向荣的喜人景象。仅以高等院校的翻译教育为例,自2007年教育部着手布局翻译学科,在15所高校尝试设立翻译硕士专业学位(MTI)开始,至今仅仅过去了15年。也正是在这短短的十几年间,众多高等院校争相进入了翻译专业人才培养领域,设立翻译硕士和翻译学士项目的大学数量逐年攀升。截至2022年底,参与新型翻译教育的院校竟然达到了400余所。有报道称,翻译专业如今已摆脱了居于外国语言文学之下的依附地位,一举升为国务院学位委员会、教育部《研究生教育学科专业目录(2022)》之中与外国语言文学并驾齐驱的一级学科(学科号:0551)。如火如荼的学科建设热潮及其持续发展势头当然值得身在其中的教育界朋友们兴奋甚至骄傲,不过,兴奋与骄傲之余,我们也应当清醒地看到大好形势之下的某些与大势不十分同步的问题。翻译专业毕业论文中显现出的标点符号使用乱象,或许就是此类有待更多关注并逐步得到解决的问题之一。

应该说,毕业论文是高等院校教育质量的直接表达。由于此类文章是临近离校的学生们展示自己思想与学风的最后机会,无论是本科生还是硕士研究生,此时此刻都会不遗余力地把自己多年的学习积累完整地展现出来。从这个意义上说,毕业论文所显示的问题有较高的可信度,对我们判断汉语标点符号系统的真实使用状态具有特殊的参考价值。为了便于说明并分析本研究所关注的问题,我们在近期评阅过的众多翻译专业毕业论文之中拣选出两个汉语参考文献样本,以作为后续讨论的主要依据。我们所遵守的遴选原则包括如下几点:首先,两篇论文选自两所不同的北京高校,本科和硕士阶段的毕业论文各选一篇;其次,两篇论文均出自翻译专业学生之手,论文的主体部分均用英语撰写,其内容均涉及英汉翻译中的主要话题,从中选择的参考文献均为汉语文献部分的前5条;再次,论文的写作者均为该校当年毕业班的学生,其毕业论文均已通过答辩,且答辩成绩均为良好水平;最后,两篇论文在取样之前均未经过任何他人技术处理,其中显示的标点符号用法均为论文完成答辩程序时的原有状态⑧。例1和例2是两篇论文参考文献汉语部分的前五条的情况。

例1:

黄国文. 语法隐喻在翻译研究中的应用[J]. 中国翻译,2009,(01):5-9.

胡壮麟. 语法隐喻[J]. 外语教学与研究,1996,(04):1-7+80.

李宝荣. 英语静态优势与汉语动态特征在翻译中的体现[J]. 北京教育学院报,2005,(02):22-24+32.

李模琴. 英语概念语法隐喻论[J]. 重庆大学学报(社会科学版),2005,(06):88-90.

连淑能. 英汉对比研究[M]. 北京:高等教育出版社,2010.

(某翻译专业本科毕业论文汉语文献)

例2:

胡壮麟,朱永生,张德禄. 系统功能语法概论[M]. 北京大学出版社,1989.

黄国文. 功能语言学分析对翻译研究的启示——《清明》英译文的经验功能分析[J]. 外语与外语教学,2002,(05):1-6+11.

黄坚,王子龙. 接受美学视域下《再别康桥》四个英译本对比研究[J]. 开封教育学院学报,2019,(06):3.

司显柱. 试论翻译研究的系统功能语言学模式[J]. 外语与外语教学,2004,(06):52-54.

严汪霞,陆振慧. 基于图形-背景理论的《再别康桥》两译本评析[J]. 兰州文理学院学报:社会科学版,2015(01):5.

(某翻译专业硕士毕业论文汉语文献)

应该事先说明,两位论文作者均为各自学校各自专业中学业成绩突出的优秀学生,其论文也都在毕业答辩过程中得到了答辩委员会成员的普遍认可,其论文文献的使用体例也被认定符合学校的相关格式规范。在这一前提下,我们来进一步观察两篇论文在标点符号使用上的突出特征。根据日常汉语标点符号使用经验,我们在这里极易发现,在句号和书名号两种汉语标点符号的使用上,两位作者的表现高度一致。

先看句号:第一篇论文的5条参考文献中,5位文献作者的姓名之后当用句号;5个文献标题之中有4篇专题论文,1部专著,其后当用句号;5项参考文献出版信息行结尾处当用句号。在这共计15处当给出句号的位置上,我们看到的并不是国家标准GB/T15834-2011⑨规定的"。"符,取而代之的是"."符。第二篇论文5条参考文献所显示的句号使用方法与前一篇完全一致,5项文献的作者无论是独立作者还是非独立作者,其后的句号位置均标有"."符;同样,无论文献是专题论文还是专著,其标题之后均尾随着"."符;每一项参考文献出版信息行的结尾处,句号形式也同样是"."符。

再看书名号:第一篇论文的5条参考文献包括4篇专题论文,4本学术期刊和1部专著。根据我们从国家标准GB/T15834-2011中获取的信息,这9个标题虽说属于不同出版物类型,但都应该以书名号标出,即我们所熟悉的"《》"符,但这9个位置均没有出现书名号。第二篇论文5条参考文献所显示的依然是上述状态。第一项专著题目以及后四项专题论文题目,包括尾随其后的学术期刊题目均未用书名号标出,一并为"裸示"状态。值得注意的是,"《》"符却3次出现在所列文献的"裸示"题目之中。

从两篇论文汉语文献标点符号使用体例高度一致的状态来看,毕业论文的撰写者应该参照了不同学校提供的规则高度一致的文献使用体例模板,这似乎是造成此种书写结果的唯一解释。当然,即便在高等院校的小文化圈之内,不同的文献使用体例,特别是不同的汉语标点符号使用体例,也十分多见。外语教学与研究出版社(简称"外研社")和北京大学《国外文学》期刊编辑部2020年文献引用体例规范(style sheet)就是很好的例子。我们一起再来观察以下两个单位在官网中公开提供的体例规范,如例3和例4所示。

例3:

蓝仁哲:《改革开放时代的外语专业》。载于《外语教育名家谈》,庄智象主编。上海:上海外语教育出版社,2008年。

李成坚、邹涛:《英国文学与文化》。北京:中国人民大学出版社,2009年。

张克勤：《加拿大英语的发展趋势》，载于《云南师范大学学报》，2000 年第 1 期。

（外语教学与研究出版社）

例 4：

赵敦华：《西方哲学通史》，北京大学出版社 1996 年版，595 页。

温德尔：《女性主义神学景观》，刁承俊译，三联书店 1995 年版，6 页。

龚克昌：《汉赋——文学自觉时代的起点》，载《文史哲》1988 年第 5 期，45—55 页。

（《国外文学》期刊编辑部）

这两个体例规范节选给投稿者提供的汉语句号与书名号用法说明几乎没有差别，而两者所秉持的体例规范又与国家标准 GB/T15834-2011 保持着高度的一致。两者之间虽然存在着汉语逗号句号的不同选择，但在每项结尾以及文章标题、专著标题、期刊标题的标示上均中规中矩，没有出现标点符号使用上的不吻合现象。由此可以推断，对接外国语言文化教育的权威出版机构和正在接受跨国语言文化教育的高校学生之间存在着标准信息极端不对称的奇怪状态。我们面对此种情况或许会不自觉地发问，在同一教育系统之中出现的在本国标点符号的使用上各行其是、明显相左的现象究竟说明了什么？

4. 标准缺失警示

为这一不尽如人意的现象提供恰如其分的解释确有难度，而基于含混理解得出的轻率判断当然无济于事，这是常识。不过，对问题的细致梳理是必要的，因为梳理一定是确定问题根源所在，进而拿捏疏解之道的首要步骤。为了尽力贴近问题的原委，我们继续将注意力集中在汉语句号和书名号两者之上。

国标 GB/T15834-2011 发布之初，标准的拟定者便在前言中刻意强调了如下两点：其一，此部新订国标根据 GB/T15834-1995 已给出的基本规则起草并完成；其二，此部新订国标从此替代原来的 GB/T15834-1995。接着，GB/T15834-2011 进入细节说明，其 4.1.2 专门定义了汉语句号的标准形态，即"。"符。值得我们注意的是，本版国标在句号使用说明中删除了 GB/T15834-1995 中的"'.'符一般在科技文献中使用"的含混提示，以此彻底剥夺了异形句号"."符在汉语书写中的法定地位，这是 2011 年发生的事。此后，网络不断引用的所谓汉语标点符号"最新国家标准"均属这一来源，2020 年 6 月 20 日以《人民日报：最新国家标准〈标准符用法〉》为题发布的

"权威"信息也与 GB/T15834-2011 的相关规定完全一致。

如此看来，近年高等院校陆续推给本校学生的毕业论文书写模板⑩当有其他可依根据，这个客观存在便是继 GB/T15834-2011 颁布之后，以国家名义推出并于 2015 年 12 月 1 日开始实施的另外一部国家标准 GB/T7714-2015，也就是经 4 年努力才最终完成的"参考文献著录国标"，正式发表时的全名为《信息与文献：参考文献著录规则》。这部标准的前言做了如下解释："本标准规定了各个学科、各种类型信息资源的参考文献的著录项目、著录顺序、著录用符号、著录用文字、各个著录项目的著录方法以及参考文献在正文中的标注方法"。可见，标准的制定意图是规范参考文献的著录行为，并非再次界定标点符号的使用方法。不过，我们沿着这一线索，还是可以追查到目前汉语标点符号使用分歧的清晰源头，这就是本标准粗略诠释过的"著录用符号"。

仔细阅读这部标准文本，我们会很快了解"著录用符号"所诠释的基本概念。标准中最值得注意的是"每一条参考文献的结尾可用'.'号"这句话，这是出现在 7.2 中关于异形句号"."符用法的唯一说明语，其后出现的一系列示例便以这句说明为准，用"."符一举取代了以前的"。"符。值得注意的是，这一细节变动虽被纳入了著录标准，此标准中的解释章节依然无一例外地沿用着众所周知的传统句号形式，即"。"符。国标的这一做法所传递的信息大概是："文献著录"与"论著行文"本是两回事，不应混为一谈，其中涉及的标点符号用法当按照两套规定分别处理。

这一判断虽有主观臆想之嫌，但不缺依据。当 GB/T7714-2015 谈及书名号之时，我们得到的是相同印象。著录标准 8.2 对"题名"的定义全面细致，其中囊括了"书名、刊名、报纸名、专利题名、报告名、标准名、学位论文名、档案名、舆图名、析出的文献名"等，可谓应有尽有，全面周到，而有关著录的基本原则，标准却只简单提示说"题名按著录信息源所载的内容著录"，唯此而已，并没有与标点符号用法相关的任何阐释，接下来的 5 个说明性汉语示例更是直截了当，相关名称均未使用任何书名符号加以标示，也没有对此种更动做出任何讲解。同样值得我们注意的是，在 8.2.2 条目谈及文献类型标识的文字中，标准同样使用了"论著行文"中惯用的标点符号，原文是："[……]《文献类型和文献载体标识代码》著录。"其中既有"《》"符，也有"。"符，同一篇文章两个部分之间的严格体例区分依然显而易见。

至此，我们对高校毕业论文书写模板的依据已

有了比较准确的认识，留给我们的问题有二。其一是标点符号国家标准 GB/T15834-2011 与文献著录国家标准 GB/T7714-2015 之间究竟是一种怎样的逻辑关系。其二则是本研究的要点：两部国家标准并存的状况与高校毕业论文书写模板对文献著录国家标准的依附究竟反映出什么性质的问题？这一问题是否值得关注？是否应该提出具有针对性的适度调整方案？根据常理，新国标自当取代旧国标，以避免国家标准在执行层面上出现混乱，就像当年 GB/T15834-2011 明确取代 GB/T15834-1995 那样，这当然是指具有新旧传承关系的同一领域国家标准的制定与实施。另外，当两种国家标准不属于或不完全属于同一层级，下位标准当然不能取代也无权废止业已存在的上位标准，下位当服从上位，比如著录符号的使用自当服从标点符号的使用基本原则⑪。如果依据这一逻辑看 GB/T7714-2015 中的著录符号使用规范，它与 GB/T15834-2011 之间在标点符号使用上不仅不应该出现矛盾，即便因某种特殊原因存有不同，前者也更应该在原则上服从后者，这或是不言自明的标准逻辑。

然而，我们这些年面临的境况却与这种理想状态有着明显的差距。实际情况是，已经波及小学、中考、高考、公务员国考等各个社会层面的汉语标点符号标准，似乎正在失去深入人心的地位，被应用于高等院校以及部分科研领域的论文书写著录符号规范一步步推离汉语书写传统。这一说法貌似耸人听闻，却有可能是逐渐蜕变后的最终结果，这种状态仅冠以"数字化""网络化"等噱头或仅用方便科技文献检索、追赶时代步伐、完成国际接轨的说法来解释或许缺乏足够的说服力。仅就文献使用而言，这种状态的漏洞也是显而易见的。以 GB/T7714-2015 设定的"题名按著录信息源所载的内容著录"为例：国标第三页中 4.1.2 的题目是"著录格式"，示例第一条提供的标准内容如下：

陈登原. 国史旧闻：第一卷[M]. 北京：中华书局,2009：29.

假如我们依据标准的既定规则查找信息源所刊载的内容，信息源提供的文字当接近如下状态：

陈登原在其《国史旧闻》第一卷中，为"古史创造甄微"一节所选择的讨论内容不但有坚实的客观基础，而且具有清晰的自然脉络……

信息源文本中使用的标点符号要经过复杂的过程：在引用文本参考文献中剔除源文本中的书名号"《》"符，还要增加信息源文本从未出现过的异形句号"."符。这一必经过程难道不是多此一举，自己找来的麻烦吗？如果信息源文本以标准体例给出了

"陈登原. 国史旧闻：第一卷[M]. 北京：中华书局,2009：29."，读者如何在陈先生的大作第一卷中找到相对应的文字？如果我们不强求两者之间百分之百的对应关系，那么国标中"题名按著录信息源所载的内容著录"的说法岂不成了空话？我们仅仅为了"方便""快捷"而盲目追求"国际标准"标榜的"规范化、数字化、国际化"，是否有些"得"不偿"失"？

其实，这一做法未必真的既有"得"又有"失"。"得"与"不得"姑且不论，"失"字很有可能是我们早晚要承受的必然后果，而且此"失"绝非可以忽略不计。从中国文化传承的角度来看，汉语规范，包括汉语标点符号规范，实属来之不易，规范的语言及规范的标点符号系统是中国文化情感的标志性载体。千百年一脉相承的传统已深深嵌入当下中国人的灵魂深处，这些生于斯长于斯的中华文化瑰宝便成了搭建道路自信、理论自信、制度自信、文化自信的有力基石，承载着中国共产党第二十次代表大会提出的自信自强、守正创新、踔厉奋发、勇毅前行的崇高精神。简单地说，我们对汉语标点符号系统的谨慎坚守有益于维护汉语语言标准化进程，有益于强化国人的文化自信。此事虽小，但我们依然可以从中感悟到中国知识分子义不容辞的历史责任。

注释

① 见胡厚宣的《八十五年来甲骨文材料之再统计》和《90 年来甲骨资料的新情况》，两文分别载于《史学月刊》1984 年第 5 期和 1989 年 9 月 1 日的《中国文物报》。

② 见李学勤专著《简帛佚籍与学术史》（南昌：江西教育出版社,2001 年）。

③ 清人章学诚在其《丙辰札记》中称"句读"为"点句法"。古人心目中"必明"的"句读"与后人所说的"句读符号"系统有所不同，前者仅局限于语句的长停短顿，其中的"句"标为"。"，主要用以分割完整句子，"读"则标为"、"，其功能主要体现在标示语流短暂停顿。相关定义见李益于 2022 年发表的《标点符号的百年》一文。

④ 李长青将"句读"定义为与鉴赏符号和校勘符号混为一体的旧式标点符号，其中标示语义完整的停顿为"句"，标示语义未完、语气可停之处的为"读"。见李长青著《汉语标点源流及英汉标点差异研究》，此文载于《山东理工大学学报》（社会科学版）2017 年第 33 卷第 6 期。

⑤ 见毛晃的《增修互注礼部韵略》。

⑥ 胡适的这篇文章初载于 1916 年《科学》月刊第 2

卷第1号,是中国近代文化史中极具影响力的单篇专题论文。在推动新式汉语标点符号体系的过程中,胡适不仅以文章为其摇旗呐喊,还曾通过亚东图书馆组织中国古代经典白话小说的出版,在普及全社会对新式标点符号系统的认知上起到了毋庸置疑的引领作用。因此,新式标点符号系统成功实施的首功自当属于胡适,这一说法是有充足理据的。有关论述见翟迅《试论胡适与中国现代标点符号体系》一文,此文初载于欧阳哲生、宋广波编纂的《胡适研究论丛》(哈尔滨:黑龙江教育出版社,2009年)。

⑦ 见胡适先生发表于1918年9月15日《新青年》第5卷第3号的《论句读符号——答慕楼书》一文。

⑧ 本文引用的论文参考文献内容保持了原作的真实面貌,但此次展示并未征得作者的同意。因此,我们在引用时除了刻意隐匿毕业论文作者的姓名以及他们所在的学校院系之外,还想借此机会向两篇毕业论文的作者表达真诚歉意,并对其理解深表感谢。

⑨ 国家标准为中华人民共和国国家法定标准文书,分强制性标准(GB)和推荐性标准(GB/T)两种,已颁布的国家标准文本均可在百度上查到,本文在后续引用时不再赘述。

⑩ 国内翻译研究学术期刊历来是本领域内论文体例的终极权威标杆,而一些顶级期刊在标点符号使用规范上,也存在与上述标点符号国家标准不相符合的显著倾向。

⑪ 见魏永征发表于《新闻观察·观察与批评》2021年第5期的《〈民法典〉"附则"中的顿号与标点符号规范化》一文。

参考文献

[1] 陈嵘,艾婧. 标点符号在中文排版中的处理及与字体设计的关系[J]. 包装工程,2021(24):244-250.

[2] 陈益. 标点符号的百年[J]. 群言,2022(11):63-64.

[3] 陈玉庆. 辞书中的标点符号使用问题[J]. 辞书研究,2019(4):85-90+145.

[4] 樊建伟. 出版物汉英标点符号用法差异探析[J]. 新闻研究导刊,2021(11):225-227.

[5] 黄忠廉. 汉译地道活用标点论——汉译语文研究之一[J]. 语言教育,2022(1):88-96.

[6] 霍四通. 《共产党宣言》中文首译本标点符号的使用及版本价值[J]. 复旦学报(社会科学版),2021(1):1-10+36.

[7] 鞠衍清,龙海波. 科技论文标点符号使用中的3个问题[J]. 编辑学报,2017(2):139-141.

[8] 李长青. 汉语标点源流及英汉标点差异研究[J]. 山东理工大学学报(社会科学版),2017(6):66-72.

[9] 廖锡庆. 正确区分部分标点符号在汉英使用上的异同[J]. 科技传播,2020(12):48-50.

[10] 林琳. 古代标点符号微探[J]. 文史杂志,2005(1):64-68.

[11] 刘鹏远,王伟康,邱立坤等. CDCPP:跨领域中文标点符号预测[J]. 中文信息学报,2021(6):131-140.

[12] 罗瑶,陈一. 大学生论文中标点符号使用错误辨析与思考[J]. 通化师范学院学报,2022(1):24-28.

[13] 吕叔湘,朱德熙. 语法修辞讲话[M]. 北京:商务印书馆,2013.

[14] 戚晓杰. 现代汉语教材编写应重视标点符号及其运用[J]. 中国大学教学,2020(6):86-93.

[15] 魏永征. 《民法典》"附则"中的顿号与标点符号规范化[J]. 青年记者,2021(5):51-52.

[16] 于金燕. 小议英语"圆点句号"与汉语"圆圈句号"[J]. 文理导航(上旬),2018(6):96-97.

术语翻译的知识语境与可视化建构

——以 ideophone、"变文"等为例

储泽祥　　徐梦真[1]

（中国社会科学院　语言研究所/辞书编纂研究中心，北京 100732；
清华大学　教育研究院，北京 100084）

摘　要：鉴于概念建构因素对翻译对等程度的影响，本文重视知识语境在术语翻译过程中的背景参照价值，介绍了知识语境的内涵、属性与可视化建构方法。术语所在知识语境由语域、上下位概念、共现概念、同义术语、译名等相关术语集合构成，具有系统性、动态性、主观性和本土性的特征。足够稳健的本土知识语境有助于中国特色学术体系、话语体系的建设，在机器翻译、自然语言理解等人工智能应用场景也有较大发展潜力。

关键词：术语；翻译；知识语境；知识图谱；图数据库

Title：Context of Ontology and Construction and Visualization for Translation of Terms：Take Ideophone and "Bianwen" as Examples

Abstract：In view of the influence of conceptual construction on translation equivalence, this paper values the role of context of ontology as a frame of reference in the translation of terms, and introduces its connotation, attributes and visual construction approach. The context of ontology is systematic, dynamic, subjective and local, involving a target term and a set of related terms such as registers, hypernyms, hyponyms, co-occurrence terms, synonyms and translation. A robust local context of ontology is conducive to the construction of academic systems and discourse systems with Chinese characteristics, and has great potential in the application scenarios of artificial intelligence such as machine translation and natural language understanding.

Key words：terms；translation；context of ontology；knowledge graph；graph database

1. 引言

对等（equivalence）是翻译理论与实践长期关注的核心问题之一，追求在源语言和目的语言之间建立价值等同、可替换的对应关系。科技术语翻译是翻译的一类特殊领域，相较于文学翻译对修辞美学价值的追求，科技术语翻译更注重概念表达的准确性和单义性（冯志伟，1997：1）。理想情况下，某学科领域内的某个科学概念是固定的、通用的，术语和所指概念一一对应，经翻译后也应保持跨语言的完全对等（exact equivalence）。但根据埃斯宾诺莎等（Espinoza et al.，2009：34）和里昂阿拉乌夫和费伯（León-Araúz & Faber，2014：41-42）的总结，除了完全对等之外，术语翻译实践中可能面临的情形还有语境依赖型对等、双方概念错位、一方概念或术语缺失等。原因有二：一是名与实相对独立，许多科学概念的"实"是唯一确定的，而"名"存在变异，

1　**作者简介：**储泽祥，博士，中国社会科学院研究员、教授、博士生导师；研究方向：汉语语法、词汇语义及辞书编纂。
　　徐梦真，博士，清华大学教育研究院博士后、助理研究员；研究方向：现代汉语句法语义、计算语言学。
基金项目：本文得到国家社会科学基金重点项目"汉字与历代语文辞书的关系变化研究"（项目编号：20AYY019）的资助。

从而出现同义术语、一名多译等现象;二是概念建构存在主观化差异,一些植根于本土语言文化的概念在翻译时很难直接找到对等术语。鉴于跨语言概念映射的复杂状况,如何保证术语翻译对等、准确、得当,是一个极具实践意义的问题,也是术语规范工作的一项重要挑战。

语境信息有助于从功能、语篇、交际等维度实现翻译的对等。以往研究很少讨论术语的语境问题,未充分认识到语境,特别是知识语境(context of ontology)对术语翻译的重要性。术语高度依赖所在的概念体系,如马清海(1997:27)所言:"概念及其所属的概念体系是理解和翻译术语的根本依据。"因此,术语关联的知识结构以及相应的概念体系可以视为一种动态的知识语境。这一观点在前人研究中已有初步论述,例如,孙周兴(2013:70-71)曾提出学术翻译的语境原则,强调确定译名"必须照顾到既有的学术语境";刘性峰和魏向清(2021:51)认为"源术语的知识体系",即某学科专业知识总和所构成的概念系统,是术语的"概念语境"。随之而来的另一个现实问题是,在知识呈爆发式增长的当代,如何快速有效地构建术语的知识语境?

术语自身的内涵、外延及其概念体系会随学科建设发展而变化,外来术语的引入在不同历史时期也呈现不同的趋势性特征。保持对知识语境的敏锐观测,是术语翻译与规范的题中应有之义,也成为多语言语义网络(multilingual semantic web)建设、跨语言机器翻译和专业知识共享的实现路径之一。据此,本文以术语的知识语境为研究对象,简要回顾对翻译实践影响较大的语境范畴,在此基础上界定、分析术语的知识语境;进而运用 VOSviewer、Neo4j 图数据库等工具梳理可视化建构的具体方案,结合英译中或中译英的术语翻译案例,从理论与方法的角度进行与时俱进的探索。

2. 知识语境的界定

2.1　语境观和语境范畴

翻译研究与实践历来十分重视语境对意义的建构作用。狭义的语境是指上下文,仅限于微观、局部、静态的语言层面。以马林诺夫斯基(Malinowski)、弗斯(Firth)、韩礼德(Halliday)为代表的功能学派区分文化语境和情景语境,分别指向言语活动所在的社会文化和交际情景等非语言因素,该语境观对各类翻译活动影响深远。20 世纪末至今,斯珀波和威尔逊(Sperber & Wilson,1986:39)、范迪克(van Dijk,1998:124)等学者提出一种新的认知语境观,认为语境是个人从物理语境中感知、表征或推理得到的一类心理模型(mental model),并将认知语境视为交际情景和话语产出之间的接口。

语境中的认知因素对术语的理据性有较强的解释力。概念化和范畴化是人类基本的语言认知活动,而不同社会共同体的表现具有多样性。双方的集体认知中是否存在同一概念、范畴是否一致,从根本上影响了术语翻译的对等程度。当然,认知背后也有文化的推力,所用到的专业知识又和情景类型有关。这些语境因素错综交织,很难说哪个术语的译名是仅靠单一因素决定的。本文所说的知识语境,正是文化、情景、认知等语境信息综合作用下呈现的系统化结果。

2.2　语境知识和知识语境

语境中包含情景知识、背景知识、语言知识等不同类型的知识(参见 Saeed,1997:182;何兆熊,2000:19;彭庆华,2019:128)。其中,背景知识又称为百科知识,曾方本(2006:61)将其分析为一种知识语境。

术语具有天然的知识属性,但翻译术语所依据的知识有别于通用性的百科常识——准确来说,并不是"knowledge",而是"ontology",即描述某个学科领域专业知识的概念模型。根据埃斯宾诺莎等(Espinoza et al.,2008:341)从知识本体角度所下的定义,术语的知识语境是用来消除术语歧义的知识或信息,可以由语域、上位词、下位词、同位词群等相关术语集合来表示。例如,英文术语"ideophone"(音象词)和中文术语"拟声词""状态词"等表示的概念容易混淆,我们可以建构相关的汉语词类知识语境进行区分,如图 1 所示。

知识语境基于术语的概念体系生成,化繁为简,具有较强的可操作性,不仅可以为术语的整理、定名、翻译、规范等工作提供直接的参照,也方便应用于自然语言理解、语义知识资源建设等交叉研究。

3. 知识语境的属性

知识语境具有明显的系统性、动态性、主观性和本土性。从这些属性出发,合理构建知识语境,能够有效减少术语翻译过程中的不规范现象。

3.1　知识语境的系统性

术语随所指概念处于一定的概念体系中,翻译时往往会"牵一发而动全身"。一个典型的例子是斯

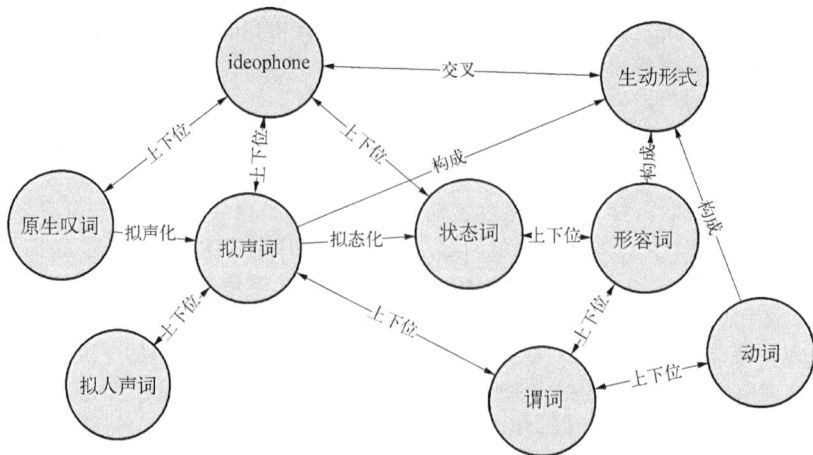

图1　术语"ideophone"与词类相关知识图谱

珀波和威尔逊（Sperber & Wilson, 1987：699）对"认知语境"（cognitive environment）的连环式定义。

定义：[…]We introduce the notion of a **cognitive environment**：

A **cognitive environment** of an individual is a set of facts that are **manifest** to him.

A fact is **manifest** to an individual at a given time if, and only if, the individual is capable at that time of representing it mentally and accepting its representation as true or probably true.

To be **manifest**, then, is to be perceptible or **inferable**.

译文：[……]我们引入了**认知语境**的概念：

个人的**认知语境**是对他而言的**显性**事实集合。

当且仅当个人能够进行心理表征并且判断（可能）为真时，事实对他而言是**显性**的。

显性意味着可感知或可**推理**。

定义中首先指出"认知语境"是一组显性（manifest）事实集合。这一定义的透明度并不高，需要继续参考下文对"显性"的解释——个人能够进行心理表征并且判断为真，即可以通过感知或者推理（infer）获得。而"显性"等术语，又和原书论述的"明示-推理交际"（ostensive-inferential communication）观点紧密相关，是关联理论的重要概念。这些核心概念环环相扣，在关联理论的知识语境中有所特指，脱离语境后很难准确理解。因此，尽管术语翻译是以词语为单位，却不仅限于一字一词的引入，还需要置于相应理论体系中统筹考虑。知识语境的系统性可以从不同的角度来构建。除了前文提到的上下位关系，还有整体—部分关系、发生型关联、共现关联、

语义关联等（董克，2017：72）。真实的知识语境往往是混合式的，由不同的局部关系组成。

3.2　知识语境的动态性

人类知识是开放的、不断发展的，从根本上决定了知识语境不会是一个静态结构。术语知识语境的动态变化主要有以下三个来源。

一是随着认识活动经验的积累，概念体系呈现横向扩展或纵向延伸。这种自然状态下的知识更新是一个相对缓慢的历时过程。以"sound symbolism"（语音象征）为例：该术语描述了语言符号的语音理据，基本假设是音义之间存在联系，与完全的任意性相对。人们最熟悉、最典型的一类语音象征现象是语音单位对非听觉范畴的表征。早在20世纪20年代，叶斯柏森（Jespersen, 1922：1-19）、萨丕尔（Sapir, 1929：225）等就发现前、高、不圆唇元音/i/常用于表示"小、轻、不重要、薄弱"等蕴含语义特征［＋小］的概念，而/a/等开元音与之相反。经过数十年的跨语言调查，辛顿等学者（Hinton et al., 1994：1-12）在集体研讨后对语音象征的概念体系进行梳理与扩充，明确提出"corporeal sound symbolism"（体征）、"imitative sound symbolism"（拟声）、"synesthetic sound symbolism"（联觉）、"conventional sound symbolism"（音旨）四个下位概念。知识语境扩充后，语音象征的概念内涵更为具象，使术语更有解释力，能够覆盖更广阔的音义关联现象。而翻译对等意味着术语在双方知识语境中的相对位置一致，其中一方的概念体系发生变化，就需要在新的语境下对术语的译名及定义进行校对。

二是由于文化接触和理论移植，外来术语在短

时间内被大规模引入,知识语境发生结构性改变。我国在晚清至近代时期曾出现过一次西学翻译热潮,《测候丛谈》《穆勒名学》等科技译著大量面世,对传统的知识语境形成巨大冲击。如聂馥玲(2018)所言,由于当时中西方科学发展水平的差异,译者需要在传统知识框架下理解全新的知识体系。西方科学知识的本土化过程不仅是语言符号系统的转换,更是科学观与概念格局的更迭。改革开放以来,特别是 20 世纪 90 年代后,再次掀起人文社科著作的译介高潮(魏向清,2010:116)。许多外文术语的翻译比较仓促,对通用性、简明性等翻译原则考虑欠缺,由此产生了同名异物、同物异名等诸多不规范现象。建设有中国特色的学科体系、学术体系、话语体系,逆转理论移植的被动局面,需要构建足够稳健(robust)的本土知识语境,对纷繁的外来术语进行有比较、有选择的甄别与吸收。

三是学科领域出现交叉或融合,知识语境在此过程中不断重塑。过去,我们习惯聚焦在单一学科领域内讨论术语问题。而不同学科之间的交叉研究已成为热点趋势,必然会有概念从一个学科迁移到另一个学科的知识语境之中,使术语翻译呈现学科上的"源""流"分化(高文成、张丽芳,2018:38)。例如,"part of speech"对应的中文术语主要有两个,分别是"词类"和"词性"。汉语本体研究通常使用前者,词性标注(POS tagging)、情感分析等自然语言处理领域则更习惯采用"词性"这一术语。于是我们便

可以看到,中国知网(CNKI)2022 年收录的以"词性"为主题词的中文文献里,"词性"的高频共现关键词分为平行的两组,但整体呈现正在融合的趋势,如图 2 所示。关联两侧知识语境的关键节点,便是相应的英文术语"part of speech"。"词类"和"词性"两个名称原本是共存的,各有应用情景;但随着交叉研究的不断深化,知识语境逐渐合并,未来也有可能在更大的概念体系中进行规范。

知识语境的动态变化是不定向的,既有新概念的出现,也有旧概念的迭代或消亡。因此,术语及其译名具有一定时效性,与之相关的翻译规范工作需要长期持续开展。知识语境的动态属性也从侧面反映出术语查询资源的重要性。翻译的对等是一种相对关系,需要锚定术语在双方知识语境中的相对位置。及时监测动态的知识语境对于术语的翻译与应用至关重要。

3.3 知识语境的主观性

术语及其概念体系是基于特定理论知识形成的,不同的理论构建会使术语所在的知识语境产生一定的主观性差异。以系统功能语言学派在"genre"(语类)上产生的分化为例:哈桑(Hasan,1977:229)提出语类结构潜势(generic structure potential)理论,将语类定义为语篇的类型,认为语类是由语场、语旨、语式等参数决定的,与之相关的核心概念关系如图 3 所示。马丁(Martin,2009:12)则认为语类是与文

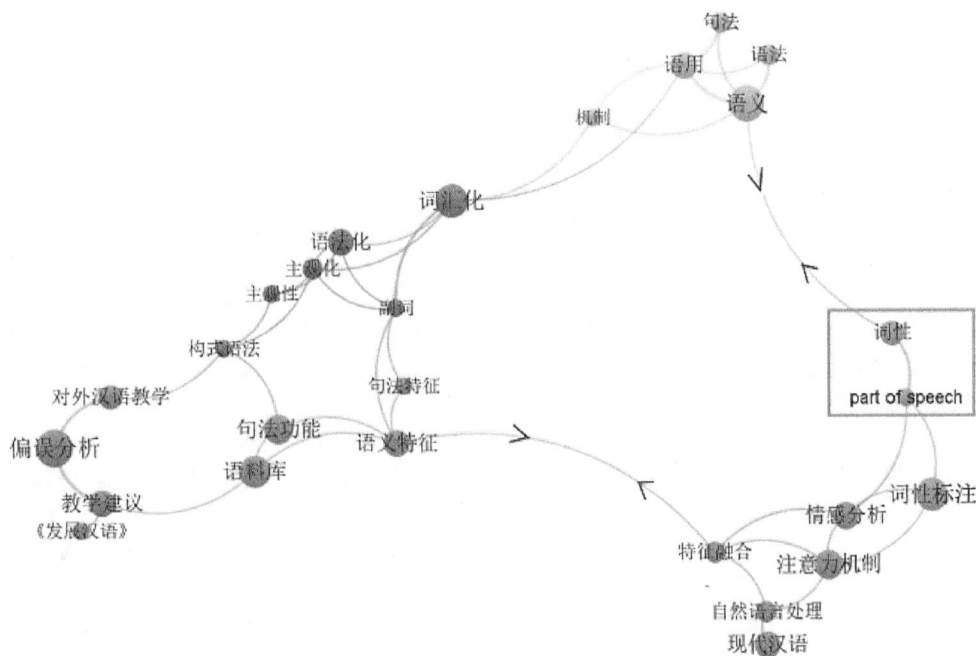

图 2 术语"词性"的知识图谱

化有关的言语活动类型,由语场、语旨、语式等参数实现,其概念层级关系如图4所示。基于以上两种理论取向,"genre"的知识语境在结构上会有一定出入。

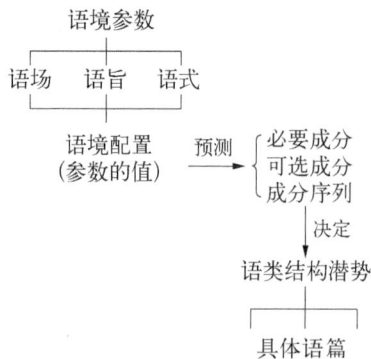

图3 语类结构潜势与语境、语篇的关系①

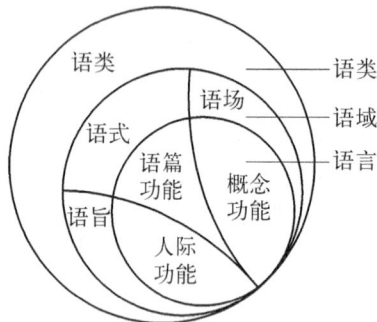

图4 马丁分析的语类–语域–语言关系

而且,知识语境的具体成分实际是由译者决定的。译者自身的知识背景和思维逻辑以及所选的学术立场、理论取向和研究范式,都会影响最终的翻译决策。比如,国内研究常说的"语体"是一个复合概念,在共时文献中同时指向"style"(文体/风格)、"register"(语域)和"genre"(语类)三个英文译名。后三者虽然都涉及语用因素对语言形式的影响,但在英文语境中涉及的理论范畴存在差异,译者可能会根据具体的理论需求进行选择。这也是翻译术语时,容易发生概念错位的重要原因之一。术语翻译过程中应尽量避免主观性的干扰。通过数字知识资源建设,将心理层面的知识语境转化为可观测的客观形式,是一个可行性较高的解决方案。

3.4 知识语境的本土性

知识无国界,但知识语境却有明显的本土性,或者说民族性。本土性是一个社会共同体的集体主观性在宏观层面的体现,也是术语翻译难以实现完全

对等的根本原因。

概念化过程不是孤立进行的,通常发生在一定的观念形态之下。以"拟声词"概念为例:英语中指称拟声词的术语"onomatopoeia"最早是指创造新词的修辞手段,后来扩展为表示词源上具有拟声理据的词语,又一度和语言起源的"摹声说"绑定。在这样的观念影响下,英语的拟声词实际上是指源于拟声的词语,涵盖动词、名词、形容词、副词等多个语法词类,并且被视为一种词汇化程度不高的语言外围成分。而对于汉语传统来说,拟声词指用于拟声的词语,在现代汉语词类系统中具有独立的词类地位。显然,"拟声词"(onomatopoeia)在英汉概念体系中的位置相当不同。汉语所说的"叮咚""哗啦啦"等狭义拟声词,在英语词典中经常被标注为"interjection"(叹词)。如果对本土知识语境不够了解,在翻译时便很容易造成误解。

再如,"变文"是我国古代的一类说唱文学体裁,以敦煌变文为代表,多讲述宗教、经史、民间故事等题材。对于这样一个带有浓厚文化特色的概念,目前比较通行的做法是直接对"变文"进行音译,将拼音形式"Bianwen"作为英文术语。这实际上反映了在高度依赖本土知识语境的情况下,术语具有一定的不可译性。此外,也有学者将"变文"译为"incident-text",或将"敦煌变文"翻译为"Dunhuang narrative literature";相较于音译形式,这类译名凸显了变文的叙事特征,但缺乏作为术语应有的专指功能。对于这类本土特征显著的术语,必要时可以采用释译法(interpretation),结合知识语境中的相关概念进行解释性翻译。

4. 知识语境的可视化建构

从知识语境出发,有助于实现术语翻译的准确和对等。但是,鉴于知识语境本身具有上述属性,还是有必要寻找合适的知识表达方式,将存在个体化差异的知识语境转化为可观测、可查询的知识模型,以便及时监测知识结构和概念体系的动态变化。

常见的知识表达方式有谓词逻辑、产生式规则、语义网络或框架等。知识图谱(knowledge graph)是近年来颇受关注的一种知识表达形式。知识图谱本质上属于语义网络,一般采用三元组来组织数据,例如"实体—(关系)—实体"或"实体—(属性)—属性值",进而形成由节点和连线组成的图(graph)。其优势在于实现语义知识的结构化、可视化表达,并且能够进行灵活高效的关系查询。上文中的图1就是一个典型的知识图谱,其中圆形表示节点,可以表示

概念、术语或译名;节点之间的连线表示其间的关系,比如"谓词"和"动词"之间的关系是"上下位"。根据知识表达的不同需求,实际创建知识图谱时,关系数据可以省略。例如,图2节点之间的连线主要是用来反映语义距离和聚类情况,图谱中并未注明具体的概念关系。全国科学技术名词审定委员会研发的"术语在线"(termonline)平台有一项"术语图谱"服务,通过文献数据挖掘与分析,提供了可视化的术语关系网络、搜索引擎和探索环境,为构建术语的跨语言知识语境做出了积极示范。知识图谱的可视化表达优势十分明显,如冯志伟(2021:7)所言,知识图谱是知识的有效载体,有望成为"人工智能时代最为宝贵的知识财富"。

知识语境的可视化建构不仅仅是创建知识图谱,还包括知识数据的动态输入与输出。在此,我们以上一小节中提到的术语"变文"为例,详细探讨利用已有文献数据构建可视化知识语境的方法与工具。

4.1　选择术语知识来源

由于知识语境的主观性,人为建构的可视化形式不是唯一的。依据不同的知识来源或者选取不同的概念关系,都会使术语的知识模型呈现多元格局。术语知识主要有两种来源:一是专家的经验知识,二是相关领域的学术文献。实际上,文献也是专家知识的记录与体现。通过关键词提取、主题模型等基于人工智能的文本挖掘方法,能够高效、系统地利用已有的大规模文献数据。

本文选取第二种路径对"变文"的中英文术语使用情况进行调查。以"变文"为主题词在中国知网中文数据库进行检索,共获取314篇研究论文;以"Bianwen"为主题词,在科学网(Web of Science)数据库中共检索到37篇文献。可见,国内外关于"变文"的讨论总体较少,这或许也是其术语翻译规范问题尚未引起重视的原因。为了综合考察"变文"的本土知识语境,我们以314篇中文文献作为其知识来源,接下来进行相关概念的提取与整理。

4.2　基于 VOSviewer 构建关键词共现网络

前文提到,可以从上下位关系、整体—部分关系、共现关联、语义关联等角度构建知识语境的系统性。其中,根据文献中与目标术语高频共现的关键词来初步搭建概念网络是最便捷的一种方法。VOSviewer软件是创建知识图谱的常用工具之一,能够基于批量导入的文献数据来构建关系网络,自动分析关键词的共现聚类情况,并提供网络视图、密度视图等多种可视化输出形式。

首先在 VOSviewer 软件中导入关于"变文"的中文文献数据,设置关键词的出现阈值,对文献的标题、摘要等内容进行计量分析。经过删去非特征词(如"研究""比较")、合并同义词等处理后,最终得到中文文献中常与"变文"共现的21个关键词,关系网络如图5所示。这些关键词整体呈现4个聚类,反映了文学、文体学、语言学和音乐学学科与"变文"相关的四类研究。知识语境的最终建构将在此基础上开展。

4.3　基于 Neo4j 建立术语的图数据库

根据《术语工作　原则与方法》(GBT 10112-2019)的标准,概念体系应当以专业领域为框架组建目标术语的概念域,并且至少反映概念之间的层级关系和关联关系。基于文献数据生成的关键词共现网络可以视为知识语境的一个雏形。如果希望更直观地表达知识结构和概念体系,还需要在共现网络的基础上进一步整理。为此,我们使用 Neo4j 图数据库,重新梳理术语"变文"的知识语境结构,实现知识图谱的动态创建、存储与管理。图数据库(graph database)作为一种新兴的数据建模方式,也能为术语知识库的后续建设提供基础资源。

术语翻译的常用参考知识有语域、上下位概念、共现概念和译名,以"变文"为例,其知识语境的部分结构要素可按照表1进行组织。

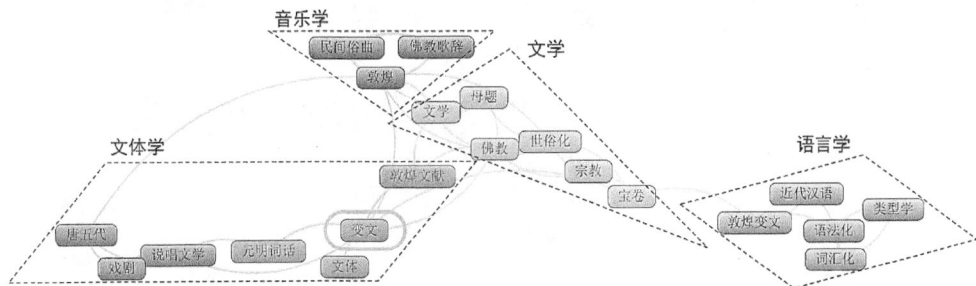

图5　术语"变文"的知识图谱(一)

表1　术语"变文"所在的中文知识语境结构要素示例

知识语境要素	术语	关系
语域	文学、文体学、语言学、音乐学	学科
上位概念	文体、说唱文学	上位
同位概念	宝卷、词话	同位
下位概念	敦煌变文	下位
共现概念	敦煌、唐五代、宗教、佛教、佛教歌辞、世俗化、母题、民间俗曲、语法化、词汇化、近代汉语	共现
同义术语	转变底本	同义
译名	Bianwen	英译

确定结构要素后,可以在 Neo4j 图数据库的操作界面中通过代码语句创建节点,在节点与节点之间两两匹配建立关系,生成新的知识图谱。重新整理后的"变文"图谱如图 6 所示,与之相关的译名、学科、上下位关系和共现关键词等知识都更加明晰,在实际的术语翻译与规范工作中更有参考价值。此外,图数据库像其他类型的数据库一样支持数据更新,有利于及时反映知识语境的动态变化。译者可以锚定"术语"在概念体系中的相对位置,分析上下

位概念的系统性命名方式和同位概念之间的区别特征,尝试提出比"Bianwen"透明度、理据性更高的译名。例如,我们可以参考"变文"的上位概念"说唱文学"、共现概念"宗教""世俗化"和同义术语"转变底本",将其释译为"popular sermon"(意为"通俗化的讲经文")。事实上,"说唱文学""宝卷""词话"等相关术语目前也未形成规范通用的英文译名。如何恰如其分地翻译本土术语,关系到中国特色学术体系、话语体系的建设与传播,建构本土知识语境的意义和方法值得更多重视。

5. 结语

术语具有天然的知识属性,翻译术语需要从特定的知识语境出发。本文在几类经典语境观的基础上,将知识语境界定为术语所在的知识结构以及相应的概念体系,可以由语域、上下位概念、同位概念、共现概念、同义术语、译名等相关术语集合来表示。知识语境具有系统性、动态性、主观性和本土性。为了便于术语翻译规范工作参考,需要借助一定的知识表达方法,使之转化为能够及时观测的形式。知识图谱是一种可视化的知识表达方式,也是非常高效的知识建模方法。在关联、聚类的图结构中,更容易对比查找术语在不同概念体系中的相对位置,更好地实现翻译的对等关系。

为了适应知识发展的动态性,本文建议使用图

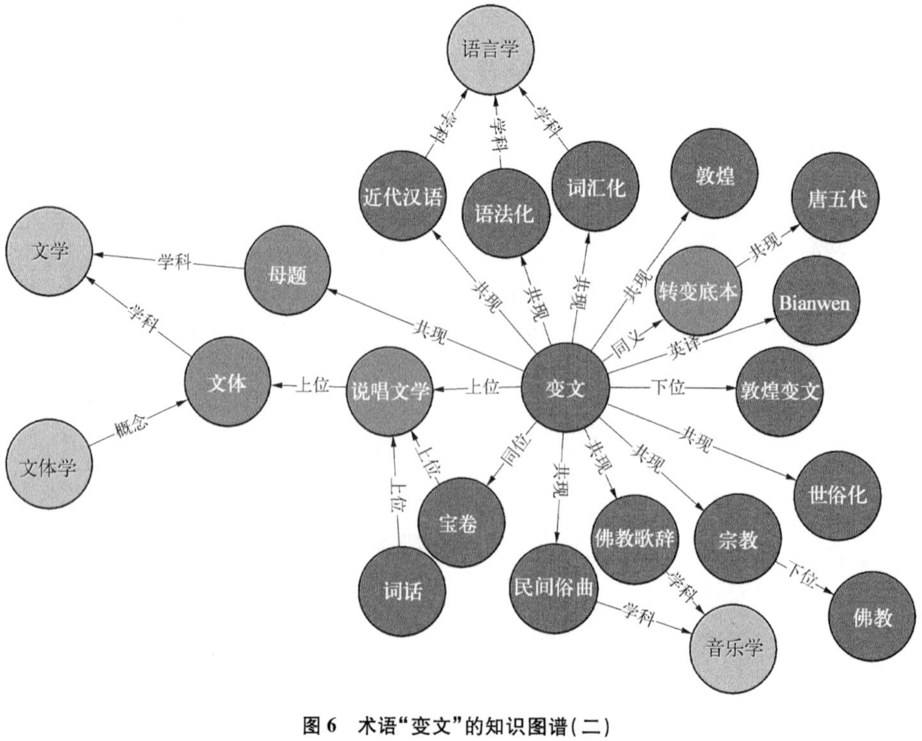

图6　术语"变文"的知识图谱(二)

数据库来支持术语知识的及时更新。实际上,动态语义网络(dynamic semantic web)也是自然语言理解的一个重要研究方向,主要关注信息随时间的变化以及由此产生的语境更新问题。从这个角度来看,术语的知识语境建构不仅关系到术语翻译规范和学科理论体系建设,在机器翻译和人工智能辅助的跨语言交际场景中也有较大的应用价值和发展潜力。

注释

① 引自方琰(1998:20),翻译并稍有改动。

参考文献

[1] Espinoza, M., Gómez-Pérez, A. & Mena, E. Enriching an Ontology with Multilingual Information [A]. In S. Bechhofer, M. Hauswirth, J. Hoffmann & M. Koubarakis (Eds.), *The Semantic Web: Research and Applications* [C]. Berlin/Heidelberg: Springer, 2008: 333-347.

[2] Espinoza, M., Montiel-Ponsoda, E. & Gómez-Pérez, A. Ontology Localization [A]. *Proceedings of the Fifth International Conference on Knowledge Capture* [C]. New York: Association for Computing Machinery, 2009: 33-40.

[3] Hasan, R. Text in the Systemic-Functional Model [A]. In W. Dressler (Ed.), *Current Trends in Text Linguistics* [C]. Berlin: Walter de Gruyter, 1977: 228-246.

[4] Hinton, L., Nichols, J. & Ohala, J. Introduction: Sound-Symbolic Processes [A]. In L. Hinton, J. Nichols & J. Ohala (Eds.), *Sound Symbolism* [C]. Cambridge: Cambridge University Press, 1994: 1-12.

[5] Jespersen, O. Symbolic Value of the Vowel I [J]. *Philologica*, 1922(1): 1-19.

[6] León-Araúz, P. & Faber, P. Context and Terminology in the Multilingual Semantic Web [A]. In P. Buitelaar & P. Cimiano (Eds.), *Towards the Multilingual Semantic Web* [C]. Berlin/Heidelberg: Springer, 2014, 41-42.

[7] Martin, J. Genre and Language Learning: A Social Semiotic Perspective [J]. *Linguistics and Education*, 2009, 20(1): 10-21.

[8] Saeed, J. *Semantics* [M]. London: Blackwell Publishers, 1997.

[9] Sapir, E. A Study in Phonetic Symbolism [J]. *Journal of Experimental Psychology*, 1929, *12* (3): 225-239.

[10] Sperber, D. & Wilson, D. *Relevance: Communication and Cognition* [M]. Cambridge, MA: Harvard University Press, 1986.

[11] Sperber, D. & Wilson, D. Précis of Relevance: Communication and Cognition [J]. *Behavioral and Brain Sciences*, 1987, 10(4): 697-754.

[12] van Dijk, T. Context Models in Discourse Processing [A]. In H. Oostendorp & S. Goldman (Eds.), *The Construction of Mental Representations During Reading* [C]. New York: Psychology Press, 1998: 123-148.

[13] 董克. 科学知识多元计量聚合研究 [M]. 武汉: 武汉大学出版社, 2017.

[14] 方琰. 浅谈语类 [J]. 外国语(上海外国语大学学报), 1998(1): 17-22.

[15] 冯志伟. 现代术语学引论 [M]. 北京: 语文出版社, 1997.

[16] 冯志伟. 自然语言处理的重要资源:"知识图谱" [J]. 外语学刊, 2021(5): 1-9.

[17] 高文成, 张丽芳. 认知语言学术语 Emergent Structure 的翻译比较 [J]. 翻译研究与教学, 2018(1): 37-46.

[18] 何兆熊. 新编语用学概要 [M]. 上海: 上海外语教育出版社, 2000.

[19] 刘性峰, 魏向清. 交际术语学视阈下中国古代科技术语的语境化翻译策略 [J]. 上海翻译, 2021(5): 50-55.

[20] 马清海. 试论科技翻译的标准和科技术语的翻译原则 [J]. 中国翻译, 1997(1): 27-28.

[21] 聂馥玲. 晚清科学翻译的文化研究 [EB/OL]. (2018-09-11) [2022-09-04]. http://www.nopss.gov.cn/n1/2018/0911/c373410-30286367.html.

[22] 彭庆华. 语境新解及其对翻译研究的启示 [J]. 翻译研究与教学, 2019(1): 125-130.

[23] 孙周兴. 学术翻译的几个原则——以海德格尔著作之汉译为例证 [J]. 中国翻译, 2013(4): 70-73.

[24] 魏向清. 国际化与民族化: 人文社科术语建设中的翻译策略 [J]. 南京社会科学, 2010(5): 116-121.

[25] 曾方本. 动态语境新论 [A]. 《外国语言文学》编辑部, 编. 语用学研究: 文化、认知与应用 [C]. 福州: 福建人民出版社, 2006: 61-72.

阐释学翻译理论指导下
《天地良知：马寅初传》中四字成语的英译策略

李丹弟　李梦娜[1]

（浙江工商大学　外国语学院，杭州　310018）

摘　要：《天地良知：马寅初传》中多次出现的四字成语文化意韵丰富，但英译时为弥补文化内涵缺失，在一定程度上丧失了四字成语意义整体性和修辞形象性的语言特点。本文以阐释学翻译理论为指导，根据阐释学翻译理论中的"信任、侵入、吸收和补偿"四个步骤，对《天地良知：马寅初传》中四字成语的英译采用了增译法、改写法、词类转换法、音译加注法、直译加意译法和直译加注法，在补偿文化内涵缺失的同时保留了四字成语的语言特色，达到形式和意义的平衡。

关键词：《天地良知：马寅初传》；四字成语；阐释学翻译四步骤理论；英译策略

Title：The Translation Strategies of Four-Character Idioms in *A Biography of Ma Yinchu* under the Guidance of the Hermeneutic Translation Theory

Abstract：This research focuses on the four-character idioms that appear many times in *A Biography of Ma Yinchu*, and that are rich in cultural connotations. However, the full meaning and rhetorical figurativeness of the four-character idioms are partly lost when translators deal with their cultural connotations. Under the guidance of the fourfold hermeneutic translation motion theory of "trust, aggression, incorporation and compensation", this research adopts the translation methods of amplification, rewriting, conversion, transliteration plus annotation, literal translation plus free translation, and literal translation plus annotation to compensate for the loss of cultural connotations in the English translation of the four-character idioms in *A Biography of Ma Yinchu*. These methods aim to preserve the linguistic characteristics of the idioms while achieving a balance between form and meaning.

Key words：*A Biography of Ma Yinchu*；four-character idioms；fourfold hermeneutic translation motion theory；English translation strategies

1. 引言

《天地良知：马寅初传》这本人物传记由于时间跨度较大，历时三个时期，分别为清朝后期、民国和中华人民共和国成立初期，所以书中使用的文化负载词较多，四字成语出现的频率也极高。《天地良知：马寅初传》的翻译实践系教育部中外语言交流合作中心国别中文教育项目"浙江文化外译与比利时中文教育融合路径研究"主要内容之一，其对传播中国文化、促进中国与比利时之间的文化交流有着重要意义。《天地良知：马寅初传》中的四字成语作为中国文化瑰宝，其英译对于中文在比利时的传播教育起着重要作用。在翻译四字成语的过程中，传递其文化内涵至关重要。

人物传记具有真实性、文学性和历史性的特点。张天锁（1989）归纳了传记翻译的标准，即忠实原文、通顺易懂、保持风格。叶子南（2007）认为传记虽然主要介绍人物，但同时也有一些文学特点，有文笔、有色彩。张坤（2015）研究传记文学翻译策略时提

1　作者简介：李丹弟，博士，浙江工商大学外国语学院教授、博士生导师；研究方向：英汉对比、语言类型学、语用学。
　　李梦娜，浙江工商大学外国语学院硕士生；研究方向：英语笔译。

出，翻译时要选取尽可能准确、贴切的词语和句式来表达原文的含义和语言特点，灵活地运用翻译策略，如此才能实现最佳的翻译效果。靳亚铭和孙宇晴（2022）在研究传记文学真实性与文学性的特性时认为，传记文学不乏修饰性词汇与修辞手法的运用。原作者通过修辞描述传记人物、再现时代背景。由此可见，译者在翻译人物传记时，既要顾及传记中信息的忠实传达，又要还原传记中的文学色彩，保持原作语言风格。四字成语的大量使用是《天地良知：马寅初传》中的一大语言风格。

针对四字成语的英译，前人研究主要集中在文化层面。丰富的文化内涵是汉语四字成语翻译的一个难点。唐根金（2020）在处理成语文化内涵时认为，保留其蕴含的文化是困难的，但也是至关重要的。徐耀民（1997）认为，四字成语的翻译大部分都停留在只解释其引申义或基本意义上，其语源、本义、读音、用法、成语所蕴含的文化等通通消失。李悦（2005）认为，译者要深入分析成语的深层结构和历史文化内涵，洞察两种语言的文化差异，才能减少和避免翻译中的误译。贾云鹏（2015）将成语翻译时的文化缺失问题归结于中西方宗教信仰、情感取向以及思维方式的不同，通过直译法、意译法、借换法以及注释法，对成语翻译进行文化补偿。杨丽萍和张贯之（2022）认为成语是极具中国特色、富含中国文化的语言形式，如何填补文化空缺，让译语读者理解汉语成语所表达的意思并学习到中国文化非常不易。由此看来，在翻译成语时，译者应根据中西方的文化差异，尽可能地通过不同的翻译方法对成语翻译进行文化补偿，保留其中蕴含的文化内涵。

而在处理文化内涵时，还存在成语英译后会丧失其自身的语言特点的问题。林汝昌（1963）认为，一个本来极生动且富于生活气息的汉语成语译成外文时往往会失去它原来的色彩而变得平淡无奇。贾文波（2008）指出，四字成语即便翻译成英文，原文的意思、意韵也有所损失，有可能原文的音乐性和形象性、原作者的言外之意和弦外之音会丢失大半。张传彪和黄荣生（2007）认为，成语的隐含义、引申义与联想义更为重要。在文学作品中，成语的翻译要以再现作品的文学性与美学价值为指归。李桂山和张晓燕（2009）提出，在一般情况下，外国人翻译四字成语时倾向于直译。这是因为文艺上需要陌生感，外国译者更急切地想把比喻形象带来的陌生感介绍给外国读者。在翻译四字成语时既提供本义，又提供比喻义和引申义是必要的，这可使外国读者更准确和全面地了解和掌握四字成语的意思。由此看来，在英译四字成语时，仅集中于文化层面的

四字成语翻译会造成成语自身语言特点的部分丧失。

综上所述，目前人物传记翻译研究主要集中于忠实原文的传统翻译，而传统翻译针对词汇层面的研究又主要集中于文化负载词以及专有名词的翻译，对四字成语翻译的专项研究较薄弱。目前针对四字成语的翻译大多只集中于文化层面，忽视了成语自身语言特点的保留。实际上，文化内涵处理和四字成语语言特点保留并不相互矛盾。

笔者初次英译《天地良知：马寅初传》时（译文1），针对该书中四字成语，很难同时做到弥补文化内涵缺失并保留语言特点。本文在阐释学翻译理论的翻译四步骤的指导下，通过翻译四步骤"信任、侵入、吸收、补偿"，侵入源语，对该书中含有四字成语的句子重新翻译（译文2），在弥补文化内涵缺失的同时，又保留了四字成语意义整体性和修辞形象性的语言特点。

2. 阐释学翻译理论

乔治·斯坦纳（George Steiner）在《通天塔之后——语言与翻译面面观》（*After Babel: Aspects of Language and Translation*）中详细阐述了基于阐释学的翻译活动的四个步骤，即信任（trust）、侵入（aggression）、吸收（incorporation）和补偿（compensation）。"信任"表示要相信所要翻译的作品言之有物，是值得翻译的。"侵入"表示译者对原作者意图的理解，也表示其对原文的理解。"吸收"表示把原文的意思和形式移植归化到译入语中，用译入语完整地体现原作的所有信息。在此阶段，译者可以发挥译者主体性，采用不同的翻译方法和翻译策略把自己对原作的理解作为新的成分纳入译入语中。在信任之后，翻译倾向于原作，失去平衡，而在侵入、吸收之后，又倾向于译作，再一次失去了平衡，因此翻译最后需要提供"补偿"，以恢复平衡（斯坦纳，1987：69-70）。阐释学翻译理论从独特的视角突出了译者在翻译活动中的主体地位，具有很强的实用性和可操作性，为翻译理论的发展做出了巨大贡献（卢峰，2011）。

林范武（2016）提出将斯坦纳的阐释学翻译理论应用至传记翻译中，他认为应在忠实于原著的基础上充分发挥译者的能动性，他的研究为传记翻译提供了更多的理论支撑。近年来，斯坦纳阐释学翻译理论大多运用于指导文学翻译，人物传记也具有文学作品的文学性特征，可见阐释学翻译理论对于传记翻译也具有一定的指导作用。

3. 四字成语的语言特征及翻译难点

四字成语作为中国文化瑰宝,具有独特的语言特点,即结构固定性、意义整体性、表达简洁性和修辞形象性。而对四字成语文化内涵进行处理时,却易使其丧失意义整体性和修辞形象性的语言特点,给四字成语的英译造成一定阻碍。

3.1 语言特征

成语蕴含着丰富的文化特色,简短却精辟,带有强烈的情感色彩和丰富的思想内涵。成语具有意义整体性和修辞形象性等基本特征。

3.1.1 意义整体性

成语在意义上具有整体性。汉语成语是一个单一的语义单位,不能简单地把成语中每一个元素的意义相加得出其整体的意义,而需要在综合理解各个元素的基础上进一步概括,从而得出其整体的意义。例如,"不胫而走"表面意义为没有腿却能跑,实际含义为消息等迅速流传开来。如果单纯从字面意思来看,容易造成误解,使读者不明白其中的整体含义。

3.1.2 修辞形象性

汉语四字成语中经常会使用明喻、暗喻、拟人等修辞手法。在文学作品中,富含修辞效果的四字成语使文本画面感十足,十分生动形象,无疑会给作品增光添彩。例如,"弃如敝屣"指像扔破鞋一样扔掉,比喻毫不可惜地扔掉或抛弃,表现出主人公毫不在意的态度。在成语中也经常使用转喻手法,使听者能够听出说话人的话外之音。再例如,"三长两短"不仅用来形容意外的灾祸或事故,也是对人的死亡的一种委婉说法。

3.2 翻译难点

翻译汉语成语时,保留成语自身语言特点的同时弥补文化内涵缺失是困难的,无法通过简单的直译或意译实现。直译可以再现汉语成语使用的修辞手法,但容易带来文化冲击,造成外国读者的不理解。意译可以传达成语的整体含义,但是成语中的文化内涵难以传递。因此,如何在翻译四字成语的过程中既弥补其中的文化内涵缺失,又尽量保留成语意义整体性和修辞形象性的语言特点,成为翻译《天地良知:马寅初传》中四字成语的主要难点。

3.2.1 难以保留成语意义整体性特点

四字成语意义具有整体性,表达具有简洁性,四个字就能传递出丰富的文化内涵意义。成语中所蕴含的文化涉及社会环境、饮食服饰、宗教信仰、意识形态等各个方面。由于目的语读者和源语读者文化背景的差异,为了向目的语读者传递原文信息,译者翻译时通常会选择忽视四字成语蕴含的文化信息,只意译出四字成语的基本意义,从而导致了英译后的四字成语存在文化内涵缺失的问题。

3.2.2 难以保留成语修辞形象性特点

四字成语形象生动,修辞手法使用频繁。原作者通过四字成语可以为源语读者描绘出一幅幅生动形象的画面,与源语读者产生情感共鸣。在翻译使用了比喻的四字成语时,为了弥补文化差异,译者可能会将汉语成语中具有中国文化特色的文化载体替换成外国读者所能接受的内容,而此时这个文化载体在译文中就消失殆尽,成语的形象性特点也随之消失。

4.《天地良知:马寅初传》中四字成语的英译策略

根据斯坦纳的阐释学翻译理论,信任是翻译活动的初始步骤。他指出,"译者需要本能地认为确实存在值得理解和阐释的内容"(Steiner,2001)。《天地良知:马寅初传》是浙江文化名人传记丛书之一,是浙江人民向全国各地人民讲好浙江故事的重要渠道,是一本严肃认真且具有研读价值的作品。在如今中华文化"走出去"的号召下,通过翻译这座桥梁,将中国优秀人物马寅初的认真严谨的治学态度和坚持真理的无私精神传播给外国读者,有助于向世界人民讲好中国故事,传播好中国文化,提高中国文化的影响力和感召力。这就构成了斯坦纳阐释学翻译四步骤中的第一步——信任,即译者和读者对于译作价值的信任。

4.1 弥补文化内涵缺失,保留成语意义整体性特点

根据斯坦纳的阐释学翻译理论,译者侵入源语,分析成语的完整意义,挣脱文化背景、历史、语言等限制,竭力再现原文内容。首先,译者根据自己对原文的理解、认识进行阐释,对原文进行再创造。其次,通过吸收译语文化,分析成语中蕴含的文化是否能为目的语读者所接受。最后,对其中的文化缺失进行文化补偿。为了能在保留成语意义整体性特点的同时弥补文化内涵缺失,译者采用了增译法、改写法和词类转换法,以达到原文和译文的平衡。

4.1.1 增译法

增译法指在翻译时根据意义上和句法上的需

要,增加一些词来忠实通顺地表达原文的思想内容。根据阐释学翻译四步骤中的第二步"侵入",译者结合自己的理解对四字成语的整体意义进行阐释,增补出原文所隐含的文化内涵,适时地在译文中附上额外的文化信息,旨在帮助读者理解。

例 1：马寅初出名得势之后,从未运用手中资源为家乡办过什么实利之事,与传统观念中所期望的**衣锦还乡**、惠泽故里相去甚远,以致家乡人对他颇有烦言：经济博士太"经济"。

译文 1：After Ma Yinchu became famous and powerful, he did nothing of practical benefit for his hometown with what he had, which was far from the traditional concept of **returning to his hometown** and benefiting his hometown, so that the people in his hometown were annoyed with him that Dr. Ma was too "economic".

译文 2：After becoming famous and powerful, Ma Yinchu never utilized available resources to benefit his hometown. This went against the traditional belief of **returning to his hometown in brocade clothes (brocade is a class of richly decorative shuttle-woven fabric, often made of colored silk with gold and silver threads for the rich)** and benefiting his hometown. As a result, the people in his hometown were displeased with him and viewing him as a too "economic" person.

在例 1 中,译者侵入源语,理解成语的含义。"衣锦还乡"指古时做官以后,穿了锦绣的衣服,回到故乡向亲友夸耀,含有回乡炫耀、荣归故里的意思。译文 2 的译者吸收译语文化,发现西方服饰文化与中国服饰文化存在差异。成语中的"锦"指表面有彩色花纹的丝织品,是一种服饰文化。在古代中国,只有权贵人家才能穿上如此精致昂贵的衣物。译文 2 通过增译法,根据阐释学翻译理论的"侵入",按照译者自身的理解,对译文增加了解释"锦"文化内涵的内容,帮助目的语读者了解中国的服饰文化,也表达了"富贵回乡"的含义,保留了成语意义的整体性。

例 2：马寅初的生母王氏,是马棣生的继室,忠厚贤惠、精明能干,善于家政,**相夫教子**。

译文 1：Ma Yinchu's birth mother, Wang, was the second wife of Ma Disheng. She was loyal, virtuous, shrewd and capable, good at housekeeping, and **supported her husband and educated her son**.

译文 2：Ma Yinchu's birth mother, Wang, was the second wife of Ma Disheng. She met all ancient standards of an outstanding wife and mother by being loyal, virtuous, shrewd and capable, excelling at housekeeping, **supporting her husband and educating her son.**

译文 2 的译者侵入源语,发现"相夫教子"指的是辅助丈夫、教育孩子,也表示女子贤良淑德。译者吸收译语文化,了解到在西方社会,"相夫教子"不是判断女子品德的标准,也不算一种称赞。而在中国古代社会,能否"相夫教子"是衡量一名妇女是否是"贤妻良母"的关键标准。译文 1 通过直译翻译出其字面含义,但其表示"女子贤良淑德,符合贤妻良母标准"的整体含义却没有翻译出来,并且目的语读者并不了解"相夫教子"背后的文化含义。译文 2 通过增译,避免了因为文化冲击造成理解差错,将原作者对王氏的称赞之情传达给目的语读者。

4.1.2　改写法

由于不同的社会习俗、文化、语言之间的差异,两种语言间的转换有时很难顺利进行,因而在翻译中不可避免地需要进行文字表达上的调整。改写法旨在尽量多地传递原文的信息和内容,尽量少地表露翻译的痕迹,增强文章的可读性。

例 3：马棣生本也是爱之深恨之切,知道自己下手太狠,儿子要有个**三长两短**,自己也是受不了的。

译文 1：The deeper Ma loved his son, the stricter he was. He knew the punishment was harsh. And if **any unexpected misfortune** happened to his son, he would not take it.

译文 2：The deeper Ma loved his son, the stricter he was. He knew that he could not bear it — **seeing his son resting lifeless in a wooden casket** due to his harsh punishments.

通过侵入源语,可以发现"三长两短"是指意外的灾祸、事故,也是对人的死亡的一种委婉说法。"三长两短"一说出自棺材木板的长度,与中国的丧葬文化有深厚的关系。吸收了译语文化之后,发现西方在描写死亡时也会采用委婉语的间接表达方式。译文 2 运用改写的翻译方法,既保留了"三长两短"这一具有间接表达意味的委婉语,也将"棺材"这一文化载体翻译出来,竭力展现原文信息内容,并对原文进行再创造。

例 4：马寅初虽生长于江河岸边,因为是富家子,有"**坐不垂堂**"的古训,**连屋檐下都不能坐**,遑论泳水登山！

译文 1：Although Ma Yinchu grew up on the banks of rivers, because he was born in a rich family, he was taught "**the rich men dare not sit near the steps**", let alone swimming and climbing!

译文 2：Growing up on the banks of rivers, Ma Yinchu was taught by his wealthy parents **not to sit right under the eaves.** Even sheltered area beneath the eaves could become dangerous due to dropping tiles. This caution extended to other potentially hazardous places, such as slippery pool decks or treacherous hiking trails!

译者侵入源语，"坐不垂堂"出自《史记·司马相如列传》，意思是不坐在堂屋檐下，以防屋瓦掉下来砸着，泛指不在有危险的地方停留。吸收译语文化，发现西方文化与中国文化存在差异。坐不垂堂是一种中国文化规约，符合中国古代的社会准则。译文 2 通过改写，把"掉落的瓦片"翻译出来，与后一句的"屋檐"相互呼应。译者根据对原文的理解侵入原文，帮助目的语读者更好理解。

4.1.3　词类转换法

词类转换法是汉英翻译中经常会使用的方法，是指将汉语中的某种词性的词语翻译成英语中另一种词性的词语。由于英汉两种语言的表达方式不同，翻译时原文的一些词需要在译文中经过词类转换，才能通顺自然，即翻译时不必拘泥于原文的表层结构，可以在忠实原意的前提下将原文中一些词的词性转换为英文中的其他词性，以达到形式和意义的平衡。

例 5：马寅初就职时，法科教员多为政府官员兼任，**高车驷马**，昂扬过市，是一拨老派人物。

译文 1：When Ma Yinchu took office, most of the faculty was government officials, and they were very **ostentatious** and old-style.

译文 2：When Ma Yinchu took office, most of the faculty was government officials, who adhered to traditional practices — **riding horse-drawn carriages, showing off their extravagance as high-ranking officials and dignitaries**, and swaggering through the street.

"高车驷马"指显贵者所乘的四匹马拉动的高车，形容地位显赫。译者在侵入源语之后，知晓古代中国能够乘坐四匹马拉动的高车是古代达官显贵的身份标志，属于一种物质文化。"高车驷马"原是名词，译文 1 将之转换为形容词，但只翻译出其"铺张、招摇"的引申义。虽然表述简洁，但直接隐去了原文中"马车"这一物质文化，造成文化内涵缺失。而译文 2 通过词类转换，将原本的名词转换成动宾短语，并且增补了高官显贵的阔绰形象，弥补了文化内涵缺失，也更加生动形象地传达出作者对这类人的不满。

例 6：袁大总统视议会为玩物还嫌不过瘾，正忙着上演重披龙袍的登基大典，搞得官场**乌烟瘴气**，正义荡然无存。

译文 1：It was not enough for President Yuan to regard the parliament as a plaything, but he indulged in wearing the dragon robe again and hosting the enthronement ceremony, making the politics **chaotic**, and justice was gone.

译文 2：It was not enough for President Yuan to regard the parliament as a plaything, but he indulged in wearing the dragon robe again and hosting the enthronement ceremony, making the politics **like the Pandemonium, full of black smoke and pestilential vapors,** and justice was gone.

"乌烟"指的是黑烟；"瘴气"指的是热带山林中的一种湿热空气，旧时认为是瘴疠的病源。"乌烟瘴气"形容环境嘈杂、秩序混乱、邪气充斥或社会黑暗。"乌烟"和"瘴气"是目的语读者和源语读者都能理解的文化因素。译文 1 直接忽略了两个文化载体，造成了文化内涵缺失，也没有保留成语意义的完整性，失去了成语的表面意义。译文 2 不仅译出了字面义，还通过词类转换，将其比喻义的形容词词性转换成名词词性，译为 Pandemonium，在西方文化中指的是撒旦的宫殿，是黑暗势力的象征，这就更加有助于目的语读者理解。

4.2　弥补文化内涵缺失，保留成语修辞形象性特点

根据阐释学翻译理论，"补偿"是翻译步骤的最后一步。由于文化差异以及译者的主观理解，原文信息会出现缺失。因此，在翻译《天地良知：马寅初传》时，笔者运用直译加意译的翻译方法保留成语的修辞效果，采用了音译加注和直译加注的翻译方法进行翻译文化补偿，从而实现原文和译文的平衡。

4.2.1　音译加注法

因为英汉文化存在很多差异，所以四字成语中蕴含的中国文化特有的元素难以在英语中找到对等词，形成了词义上的空缺。在这种情况下，为了保留文化因子，需要采用音译法移植文化因素，再使用加注法补充文化信息，弥补文化内涵空缺，最终达到翻译补偿效果。

例 7：中国留学生能获得如此荣誉者，**凤毛麟角**。

译文 1：It was **rare** for a Chinese student to receive such an honor.

译文 2：It **was as rare as the feathers of a phoenix and the horns of a kylin (Chinese dragon)** for a Chinese student to receive such an honor.

"凤毛麟角"出自《世说新语》，意思是凤凰的羽毛和麒麟的角，比喻珍贵而稀少的人或事物。凤凰和麒麟都是中国古代神话中的瑞兽，是中国文化特色的象征。侵入源语后可知，原文是指能够获得此荣誉的中国学生很是稀少。翻译时使用了音译加注法，由于目的语读者对"麒麟"这一动物并不了解，所以译文 2 首先通过音译保留这一意象，再通过加注法对此进行解释，从而达到形式和意义的平衡。

4.2.2　直译加意译法

根据阐释学翻译四步骤，译者可以充分发挥其主体性。直译法可以忠实传达原文信息，而意译法可以不拘泥于原文的语言形式。采用直译加意译的翻译方法既可以保留成语修辞产生的形象效果，又可以弥补文化内涵缺失，有助于目的语读者的理解。

例 8：惜乎，黄家女**天不假年**，芳龄 14 岁便不幸凋谢。

译文 1：Unfortunately, the life of the daughter **of the Huang family is really short**. She died at the age of just 14.

译文 2：It is unfortunate that the daughter **of the Huang family is short-lived as it seems that the Heaven was unwilling to grant her a longer life**. She passed away at the young age of 14.

侵入源语，"天不假年"指的是天公不借以寿命，指寿命不长。源语中采用了拟人的修辞手法，将"天"拟人化，这与道家的天命论有不可分割的联系。古时候，人们相信一个人的寿命是由天注定的，这反映了成语背后一个民族的信仰。译文 1 只通过意译侵入源语，译者将成语原本的意象完全省略。译文 2 吸收了文化差异，保留了这一意象，通过直译加意译法既保留意象，又补偿了文化差异，向目的语读者展示了本国文化，传递了文化因子。

例 9：黔驴技穷，只有老方一贴：变相软禁。

译文 1：They were **out of tricks** so that they used the old-fashioned way to put Ma Yinchu under house arrest.

译文 2：They, **like the proverbial donkey in ancient Guizhou, had exhausted all their tricks**. They were forced to restore to the old-fashioned method again — putting Ma Yinchu under house arrest.

"黔驴技穷"比喻仅有的一点本领也用完了。"黔"指今贵州省。在古代，黔地一带是没有驴的，有商人从外地带了一头驴，放养在山脚下。起初，老虎看它是个庞然大物，叫声很响，因为害怕而躲得很远。后来，老虎逐渐接近它并加以戏弄，驴大怒踢了老虎

一脚。老虎高兴地说：本领不过如此罢了！便把驴咬死吃了。这些背景知识是目的语读者所不了解的，但中西方文化中驴的形象没有太大区别，都含有愚蠢之意。译文 1 只是翻译出其比喻义，成语中所蕴含的地域和动物文化内涵无法传达给目的语读者。而译文 2 将成语中的黔驴翻译出来，与目的语读者形成文化共识，使目的语读者能明白原作者想突出其蠢笨形象。

4.2.3　直译加注法

直译法可以保留再现原文中特有的文化因素，加注法作为一种翻译补偿方法，可以弥补文化差异，跨越文化鸿沟，实现形式和意义的平衡。

例 10：步入中年的马寅初如遭**五雷轰顶**，悲痛欲绝，告假星夜回浦口奔丧。

译文 1：For the middle-aged Ma Yinchu, this devastating news, **like a thunderbolt**, made him extremely grieved. He asked for leave and set off for Pukou overnight for the funeral.

译文 2：**It was a great shock** for Ma Yinchu at his middle age. Hearing this devastating news, he felt like **being punished by the God through five thunders (Taoist magic arts)**. He was so grieved that he asked for leave and set off for Pukou overnight for the funeral.

译者侵入源语，可以发现"五雷轰顶"是指遭到了上天各种形式的惩罚，比喻遭到了巨大的打击。成语中的"雷"是名词，代表惩罚；"五"代表金、木、水、火、土五行。"五雷"分别指金雷（遭受刀砍等）、木雷（木棍打死等）、水雷（水淹等）、火雷（火烧等）、土雷（土埋等），是道家的一种法术，与中华民族的古代物质观有关。吸收译语文化之后，可以发现中西文化的差异。该成语含有英语读者难以理解的文化内涵。译文 1 只翻译出原成语的表面含义，而其比喻义并未准确传达给读者。译文 2 使用直译加注的翻译方法，先直译"五雷"，再为目的语读者加注"五雷"的文化含义，弥合了文化差异。

5. 结语

本文基于作者《天地良知：马寅初传》的英译实践，初次翻译（译文 1）发现该书中四字成语的英译很难同时弥补文化内涵缺失并保留语言特点。围绕这一难点，本文以斯坦纳的阐释学翻译理论为指导，优化了翻译（译文 2）。为有效传递《天地良知：马寅初传》中四字成语所含中西文化差异的元素，笔者使用了增译法、改写法和词类转换法处理四字成语文化内涵，保留了四字成语的意义整体性的特点；再通过

音译加注法、直译加意译法以及直译加注法弥补了四字成语文化内涵的缺失，同时保留了四字成语修辞形象性的语言特点。本研究所提出的翻译策略不仅实现了四字成语英译的文化内涵的补偿，还保留了四字成语自身的语言特点，提高人物传记译本的可读性，为人物传记中四字成语的英译提供了借鉴意义。

参考文献

［1］ Steiner, G. *After Babel: Aspects of Language and Translation*［M］. Shanghai：Shanghai Foreign Language Education Press，2001.

［2］ 贾文波. 汉英时文翻译教程［M］. 北京：中国对外翻译出版公司,2008.

［3］ 贾云鹏. 汉语四字成语翻译中的文化补偿与缺失［J］. 语文建设,2015(9)：65-66.

［4］ 靳亚铭,孙宇晴. 交际翻译理论对传记文学文本翻译的适用性探析［J］. 翻译研究与教学,2022(1)：113-118.

［5］ 李桂山,张晓燕. 谈汉语四字词组的英译［J］. 解放军外国语学院学报,2009 (6)：67-70.

［6］ 李悦. 汉语成语英译商榷——从《围城》英译本谈起［J］. 外语教学,2005(5)：76-78.

［7］ 林范武. 斯坦纳阐释学翻译理论与传记翻译的几点思考［J］. 赤子(上中旬),2016 (21)：73.

［8］ 林汝昌. 试谈成语翻译——学习《毛泽东选集》英译本成语翻译的一些体会［J］. 外语教学与研究,1963(1)：20-24+67.

［9］ 卢峰. 浅析斯坦纳的阐释学翻译理论［J］. 文教资料,2011(5)：32-33.

［10］ 莫彭龄. 成语比喻的文化透视［J］. 常州工业技术学院学报,1997(1)：25-30+11.

［11］ 乔治·斯坦纳. 通天塔——文学翻译理论研究［M］. 庄绎传,编译. 北京：中国对外翻译出版公司,1987.

［12］ 唐根金. 也谈如何翻译汉语的四字格词语——基于MTI课堂教学的观察所得［J］. 上海翻译,2020(1)：71-75+95.

［13］ 徐耀民. 成语的划界、定型和释义问题［J］. 中国语文,1997(1)：11-17.

［14］ 杨丽萍,张贯之. 翻译适应选择论视角下《红楼梦》霍译本中成语翻译策略研究［J］. 翻译研究与教学,2022(2)：130-133.

［15］ 叶子南. 谈传记文本的翻译［J］. 中国翻译,2007(3)：82-84.

［16］ 张传彪,黄荣生. 文学语境与成语翻译［J］. 解放军外国语学院学报,2007(6)：70-74.

［17］ 张坤. 传记文学的翻译策略［J］. 安徽文学(下半月),2015(2)：30-31.

［18］ 张天锁.《玛尔巴译师传》翻译刍议［J］. 西藏民族学院学报(社会科学版),1989(3)：59-71+86.

语义韵视角下网络热词"破防"的英译研究

岳洋洋　刘长江[1]

（南京航空航天大学　外国语学院，南京 210016）

摘　要：近年来，网络热词的英译研究一直是国内学者关注的热点。本研究从语义韵的视角出发，以"破防"为关键词在人民网、北京大学中国语言学研究中心（CCL）语料库、中国日报（英文版）、百度在线翻译，以及抖音短视频平台进行检索，探究该词在汉语中的使用情境和语义韵情况。本研究将防线分为具体防线和心理防线两大类。其中，具体防线分为军事领域类、体育竞赛类和疫情防控类；心理防线则根据"破防"原因分为感动式、震惊式、崩溃式和伤害式。随后，通过查询美国当代英语语料库（COCA）、词典释义和英文例句等方法探究各情境下，能够基本达到语义韵对等的英译，以期为网络热词的英译提供参考。

关键词：网络热词；破防；英译；语义韵

Title：A Study of the English Translation of the Buzzword "Pofang" from the Perspective of Semantic Prosody

Abstract：In recent years, research on the English translation of Internet buzzwords has been a popular topic for domestic scholars. Starting from the perspective of semantic prosody, this study uses "pofang" as the key word to search the network platforms, including people. cn, Center for Chinese Linguistics PKU, *China Daily*, Baidu Translation, and Douyin (Chinese version), and explores its usages and semantic prosody in Chinese. It could be divided into two categories, including the physical defense line and the psychological defense line. The former includes lines used in the military field, sports competitions, and epidemic prevention and control, while the latter refers to the break of the psychological defensive line by being moved, shocked, overwhelmed, or hurt. Finally, by searching the COCA corpus, dictionary definitions, and examples of sentences in English, we explored suitable English translations that can achieve semantic prosody equivalence in contexts to provide references for the English translation of Internet buzzwords.

Key words：buzzwords；pofang；English translation；semantic prosody

1. 引言

2021 年，国家语言监测与研究中心发布年度十大网络用语，"破防"一词排名第四。此外，之前的疫情反反复复，在"动态清零"总原则的指导下，全国各地的医生、护士、志愿者为了抗击病毒，纷纷坚守在抗疫一线。他们不计辛劳地默默付出，创造出无数生动感人的画面，令无数网友直呼"破防"。而网络上现有的对"破防"一词的英译版本不一，说话者有时并没能依据情境选择适当的翻译，甚至还存在表达的情感态度差别甚大的情况。因此，本研究从语义韵的理论视角出发，联系当代中国使用"破防"一词的实例，分析归纳合适的语境下"破防"一词的正确英译。

自王维东（2011：73）以来，网络热词一直是很多学者的关注点。以往对网络热词英译的研究，多是

1　作者简介：岳洋洋，南京航空航天大学外国语学院硕士生；研究方向：翻译、外语教学。
　　刘长江，南京航空航天大学外国语学院教授、硕士生导师；研究方向：翻译、外语教学等。

基于网络热词的"特点—翻译问题—翻译策略"的路径进行研究。研究者多采用"理论+实例"的模式对网络流行语的英译进行阐释,研究视角包括目的论(林思思,2018:369)、功能对等理论(何晓莉,2019:28-29)、语言能量观(李洁,2020:87)、关联理论(陈艳,2020:121)等。随着语料库语言学的不断发展,目前借用语料库和语义韵对网络热词的英译进行研究越来越受到重视,但数量仍然较少。现有研究包括:杨莎莎(2018:32)利用CCL和人民网自建语料库,对"套路"一词进行了语义韵分析和英译对比;任丹(2022:59)从认知语言学的视角,运用COCA和CCL语料库系统分析了"躺平"一词的概念范畴化语义转变及英译分析;等等。但目前还没有学者从语义韵的视角对"破防"一词的英译进行研究,因此本文通过搜集相关语料,拟回答如下两个研究问题:

(1)"破防"一词在汉语中呈现何种语义状态?具体使用语境有哪些?

(2)基于语义韵的视角,针对汉语中"破防"一词在不同语境中的使用情况,"破防"合适的英译版本有哪些?

2. 理论概述

目前国内对语义韵(semantic prosody)的概念界定不一,但主要的定义有三种,分别是语义传染说、内涵意义说和功能说(卫乃兴,2011:82-87)。本文选取第三种定义。自国外学者强调"语义韵处于语义-语用连续统中的语用一端"(Partington,1998:68)之后,国内学者们越来越倾向于第三种概念,也就是"功能说",将语义韵看成是节点词与搭配词在语境中构成的态度或评价意义。例如,翟萌、卫乃兴在探究学术文本语义韵时就选用了第三种概念,认为"语义韵表达的是说话者的态度意义,实现话语的语用功能"(翟萌、卫乃兴,2015:15)。语义韵可以大体上分为积极的语义韵和消极的语义韵,国内的专家在此基础上又补充了中性语义韵和错综语义韵。虽然语义韵的分类是根据其搭配词的性质和语境决定的,但是说话者所承载的情感和态度意义将直接体现在其所说的话语当中。邵斌和王文斌也曾在文章中指出,"一般认为,语义韵指的是节点词从其毗邻搭配词中所获得的某种评价意义"(邵斌、王文斌,2015:8-9)。由此看来,本文采用第三种定义具有科学性。语义韵之于翻译的应用性在于语义韵可以成为衡量翻译质量的标准之一,已有学者将语义韵纳入翻译过程的考量范围。例如,潘璠、冯跃进指出,"语义韵律研究对语用、认知语言学、翻译、文学评论和汉语语料库等相关领域的研究都有一定的启示作用"(潘璠、冯跃进,2003:365)。郭鸿杰、周芹芹通过考察翻译汉语"被"字句的语义韵特征以及在大陆与台湾译本中呈现的共性和差异,指出语义韵也是影响翻译策略的重要因素(郭鸿杰、周芹芹,2019:89)。彭庆华在文章中指出,三大语境之一的认知语境"突出交际者主体在语言交际中认知能动性",倡导关注翻译活动中说话人的认知意图(彭庆华,2019:127)。金静在分析英文广告词翻译时倡导翻译不仅应该"语言传真",更应该"文化传真"(金静,2020:25),而文化传真则需要达到语用层面的态度对应。因此,本文依据说话者使用"破防"一词表达出的情感态度以及该词的使用进行"语义韵"的分类,分为积极、消极和中性三大类,再根据相关的英译版本进行分析和对应,探究不同情境下"破防"一词合适的英译版本。

3. 研究方案

(1)以"破防"为关键词,以人民网和北京大学中国语言学研究中心(CCL)语料库为主要平台,同时检索其他网络平台,例如中国日报(英文版)(*China Daily*)、微信、微博、抖音等,总结出关于"破防"一词在汉语中的使用语境和语义韵。

(2)将"防线"按照具体化程度分为具体防线和心理防线。具体防线按照使用的领域可以分为军事领域类、体育竞赛类和疫情防控类;心理防线则按照"破防"的原因分为感动式、震惊式、崩溃式和伤害式。

(3)网络检索所有"破防"的英译版本,随后在美国当代英语语料库COCA(Corpus of Contemporary American English)中进行检索,找不到的译文则通过百度翻译英语例句和剑桥在线词典(Cambridge Online Dictionary)进行检索,确定英语母语使用者的搭配及语义韵情况后进行对比。

(4)根据语境和语义韵情况确定较为合适的英译版本。探究该译本能否达到语义韵对等,列出不同语境下"破防"一词的合适的英译。

4. "破防"的语义韵分析及其英译

根据"破防"一词的实际使用情境,总结出不同情境下的语义韵。通过语料库和在线词典对"破防"各个版本的英译使用情况及相关释义进行探讨和对比,总结出建议的英译版本,见表1。

表 1　不同情境下"破防"使用及英译

"破防"分类		语义韵	建议的英译版本
具体防线	军事领域类	中性	break/break through/pierce + (the) +defense/defensive line
	体育竞赛类	中性	
	疫情防控类	消极	break/break through + noun [barrier(s)/door/line(s)/wall(s)]
心理防线	感动式	积极	be moved to tears > sth. really got sb. > emotionally vulnerable
	震惊式	中性	be shocked
	崩溃式	消极	be overwhelmed
	伤害式	消极	be hurt

4.1　具体防线"破防"的语义韵及其英译

根据李凤兰对"破防"的语义分析,可以发现"破防"已经由突破有形的防线引申为突破抽象的防线,再进一步引申为心理防线被攻破,进而引申为实现跨认知域的映射,指内心受到触动后的情感共鸣与感动(李凤兰,2022:74)。而英译方面,检索到的语料显示,"破防"一词表示具体防线"被攻破"时可以分为军事领域类、体育竞赛类和疫情防控类。对这三类的具体分析如下。

4.1.1　军事领域中的"破防"及其英译

军事领域内的"破防"指的是军事防线被攻破,CCL 语料库中检索到的主要搭配为"突破防御""冲破防御""冲破防护"和"撕破防线"等,如例 1 和例 2 所示。

例 1：德军凭借优势兵力和精良的武器装备不断**突破防线**,在 9 月 13 日进入市区,战斗达到了白热化的程度。(CCL 语料库:《中国儿童百科全书》)

例 2：他们打算**冲破防护圈**,并做好了与美军士兵发生冲突的准备。(CCL 语料库:新华社,2002)

此处的"破防"指说话者客观地陈述某一军事行动造成的破除军事防线的事实,因此多呈现中性的语义韵。军事领域内的"突破防线"的相关英译有 break through the defensive line、pierce the defensive line 和 break the defense,即使用"break/break through/pierce + (the)+defense/defensive line"结构。网络检索到的例句使用情况如例 3 至例 5 所示。

例 3：The Allies sought to **break through the German lines**. (www.dictall.com)

例 4：By pressing the X/A button you can **break the defense of these tougher enemies** and then start hitting them with shots. (2012-BLOG-zoknowsgaming.com)

例 5：German armored divisions **pierced the Russian lines**. (《柯林斯高阶英汉双解学习词典》)

可见,在例 3 至例 5 中,军事领域中的"突破防线"可以直接用"break/break through/pierce + (the) + defense/defensive line"的结构,且例句中说话者是在客观地叙述某一事实,并没有明确的主观态度倾向,保持中性语义韵,所以使用"break/break through/pierce + (the) + defense/defensive line"的结构表示军事领域中的"破防"是合理的,基本达到语义韵对等。

4.1.2　体育竞赛中的"破防"及其英译

体育竞赛中的"破防"指攻破对方的防守阵容。在此类使用情境中,说话者一般是竞赛的解说者,持客观陈述的态度,如例 6 和例 7 所示。

例 6：能够同场上队员沟通,向他们传达指示,会使场上球员摆脱堵截,**冲破防线**。但巴西足协的"决定"破坏了他的计划。(CCL 语料库:新华社,2001)

例 7：(Football) defensive players try to **break through the offensive line**. (www.dictall.com)

由此可见,"破防"在体育竞赛中的使用多呈现中性的语义韵。例 6 和例 7 中,体育竞赛中的"突破防线"表示说话者客观陈述赛情的进展,不表现出明确的态度意义,呈现中性的语义韵。因此,在军事领域和体育竞赛中的"破防"都可以使用"break/break through/pierce + (the) + defense/defensive line"的结构进行英译,基本达到语义韵对等。

4.1.3　疫情防控中的"破防"及其英译

疫情防控中的"破防"指病毒"攻破防线"或疫情大面积地暴发。此类用法多用在政府或官方的新闻报道中,表示政府对疫情防控采取措施,努力不"破防"。由此证明这是人们极力避免发生的事情,呈现出说话者努力避免的消极态度。在前 200 条人民网相关新闻报道中,有 63 条新闻报道是关于不让疫情防控的底线"破防"。其次,检索中国日报(英文版)中的英译,发现疫情防控中,病毒"攻破防线"多用"break/break through + noun"的结构,如例 8 至例 10 所示。

例 8：在所有学生完成返乡前,要保持住严防死守的管控状态,决不能松劲懈怠、决不能出现漏防**破防**问题。(内蒙古日报,2022-10-28)

例 9：坚决斩断海上"黑色"利益链,防止疫情从海上**破防**。(闽东日报,2022-08-19)

例 10：However, the paper suggests the infectiousness of the new virus might be lower than SARS and **its structure is easier to break apart** due to some of its genetic features. (chinadaily.com.cn)

在例 10 中，使用的是"break apart +名词类宾语(its structure)"的结构。然而在 COCA 中设定左右跨距为 3，检索"break/break through + noun"后所接的高频名词类宾语，发现"break/break through + structure"并不位于前 100 高频搭配词之列，可见"break/break through + structure"搭配频度低。通过检索，发现以上两种结构中的共有高频名词类宾语中，barrier(s)、door、line(s)和 wall(s)作为名词类宾语出现频率高，具体分布如表 2 所示，示例见例 11。

表 2 "break/break through + noun"共有高频搭配词表

Collocates	break + noun	break through + noun
barrier(s)	642	59
door	346	12
line(s)	254	24
wall(s)	164	60

例 11：If the new variant is able to **break through the immune barriers** there, the world may have to change its COVID-19 vaccination mechanism. (chinadaily.com.cn, 2021-11-28)

由此可知，在疫情防控中，若我们尝试使用"break/break through + noun"的结构表示疫情防控的底线不"破防"，其后的名词类宾语可以是 barrier(s)、door、line(s)或 wall(s)。这几个词比较符合此类语境，即避免病毒攻破疫情防控的底线，也符合此时说话者极力避免此类现象发生的消极的语义韵状态。

4.2 心理防线"破防"的语义韵及其英译

人们的心理防线被攻破可能是由于各种原因，根据原因将心理防线"破防"分为感动式、震惊式、崩溃式和伤害式。通过网络检索得到大众常用的关于心理防线"破防"的 10 种英译版本，即 be moved to tears、be emotional、emotionally vulnerable、sth. really got sb.、give sb. so many feels、be shook、be overwhelmed、be hurt、sth. hit sb.和 break down one's defenses。

4.2.1 感动式破防语义韵及其英译

首先，感动式破防是指主体因接收到让自己触动感情、产生同情的事件或消息而引发共鸣，一时难以克制自己情绪的状态。例如，"那些让你'破防'的瞬间""2021 那些让人'破防'的背影"等。在人民网检索"破防"一词的相关新闻报道，截至 2022 年 10 月 31 日，在前 200 条新闻报道中共有 101 条新闻属于感动式破防，涵盖比例超过 50%，如例 12 和例 13 所示。

例 12：心疼！社区"大白"晕倒在岗位上，一个动作让人**破防**。[人民网(山西频道)，2022-04-13]

例 13：温州文成这些"战疫"的暖心画面令人"**破防**"。(文成新闻网，2021-12-18)

以上语料显示出官方媒体在抗疫期间，通过宣传社会中舍小家为大家的感人事迹和人物故事，来激励民众配合疫情防控工作并保持乐观的抗疫态度。这表达出说话者一种积极的态度，呈现出一种积极的语义韵。适用于感动式破防的英译有 be moved to tears、sth. really got sb.、emotionally vulnerable、give sb. so many feels 和 be emotional。下面将依次展开分析。

be moved to tears 是直译的结果，表达说话人因感动而热泪盈眶。在 COCA 中检索"moved to tears"，共得到 202 条检索结果，通过对其中随机 100 条样本数据的模糊分析，发现使用该词组的说话者多是对某个感人的故事、生动的场景、音乐小说或文学作品产生感动的情绪，明显表达出说话者的认可态度，呈现出积极的语义韵。因此，be moved to tears 是比较理想的适用于"感动式破防"的英译，如例 14。

例 14：He **was moved to tears** by what he saw and heard, Ray-Jones said. (COCA: NEWS USA Today, 2015)

译文 sth. really got sb.也可以表示因强烈的情感触动而热泪盈眶，在口语中比较常见，get 一词作及物动词，后接人称代词的宾格时，在剑桥在线词典(Cambridge Online Dictionary)中有相关的意思，即 to make someone feel strongly emotional and often cry，如例 15。

例 15：That part in the film when he finds out that his daughter is alive — that always **gets me**! (Cambridge Online Dictionary)

emotionally vulnerable 在 COCA 中共有 56 条索引行，表示"情感脆弱"，虽然没有一定的态度倾向，但隐含"说话人具有较强的同情心，表示说话人很容易产生共情"之意，如例 16。

例 16：It is only through our willingness to be **emotionally vulnerable**, to develop a relationship of equality and reciprocality. (COCA: ACAD, 2000)

然而，give sb. so many feels 之类的表达在

COCA 中较为少见,而且在 feel 作名词时,词典中一般有以下四种解释:(1)the way that sth. feels;(2)the action of touching sth.;(3)the character of a place or situation;(4)a natural understanding or ability, especially in a subject or activity。因此,这类表达并没有因为情感上的触动而造成心理防线"破防"的意思。

此外,emotional 在词典中的释义为:(1)relating to the emotions;(2)having and expressing strong feelings。因此,be emotional 多表示情绪激动,不能很准确地表达说话者"被感动"的情绪或共情情绪,如例 17 和例 18。

例 17:I **felt quite emotional** during the wedding ceremony.

例 18:He **became very emotional** when I told him I was pregnant.

综上所述,若要准确表达感动式破防的概念,按照语义韵的性质和情感强度选择的适当英译应该依次为 be moved to tears、sth. really got sb.和 emotionally vulnerable,不建议翻译为 give sb. so many feels 和 be emotional。

4.2.2　震惊式破防语义韵及其英译

震惊式破防指的是说话人接收到超越自身认知观念的信息,带有"难以置信"的情绪,如例 21 和例 22 所示。

例 19:这意味着 1 秒钟需检测 380 人,"郑州速度"再次令人**破防**。(河南日报,2022-05-10)

例 20:这只让人触目惊心的手,主人找到了!网友直呼"**破防**"。[人民网(上海频道),2022-03-16]

在例 19 中,说话者是对郑州突然暴发疫情,需要每秒检测 380 人的速度感到震惊,因为这一速度是超出常人所理解的范围的。在例 20 中,原新闻是报道上海抗疫期间,一位医护工作者在炎热的环境中,身穿防护服连续坚持多天进行核酸采样的优秀事迹,广大网友纷纷发表评论,表示"难以置信",让人看着触目惊心,呈现的是一种中性的态度。

部分英文例句如下。

例 21:He stops to catch his breath, to regain his composure. He **is shook** up, frustrated, but mostly saddened.(COCA:MalcolmX, 1992)

例 22:The police **were shocked** by the savagery of the attacks.(《牛津高阶英汉双解词典》)

震惊式破防的英译 be shook 在 COCA 中有 45 条有效索引行,表示受到了极大的惊吓,或发生了某件完全意料之外的事情,使说话者短时间内难以接受,大多是因为一些消极的事件而不能很好地控制

情绪。不太符合震惊式破防的中性语义韵,如例 21。但若要表示非常震惊的情绪,be shocked 要好于 be shook,如例 22,可表达出难以置信的情绪,呈现一种中性的语义韵。

4.2.3　崩溃式破防语义韵及其英译

崩溃式破防指的是说话人接收到令其心理防线瞬间瓦解的信息,多用来形容说话人忽然结束之前苦苦坚持的状态后,立刻失去自身情绪控制。与感动式破防不同的是,崩溃式破防的说话者有时是令人出现"感动式破防"的行为发出者,如例 19 和例 20 所示。

例 23:"白天再苦再累都不怕,就怕晚上跟女儿通电话……"说到这里,凉城新村街道凉六居民区党总支部书记贺馥珺彻底**破防**了,泪水喷涌而出。[人民网(上海频道),2022-04-25]

例 24:17 岁少年因暴雨滞留郑州 5 天,遇到救援消防员瞬间"**破防**"。[人民网(社会频道),2021-07-23]

在例 23 中,作为旁观者,我们会对基层抗疫人员的克己奉公、兢兢业业而出现感动式破防,而其作为崩溃式破防的说话者,其"破防"则是一瞬间的情绪崩溃式的。例 24 中,少年在见到救援人员的那一刻,自己终于承受不住多日来遭受的苦难,"破防"了。此类"破防"是由于长期的工作负担、苦难或是精神压力而导致的情绪崩溃,呈现的是消极的语义韵状态,建议使用"be overwhelmed"。

剑桥在线词典将 overwhelm 定义为:to defeat someone or something by using a lot of force(使用巨大的力量战胜某人)。在 COCA 中随机选择 100 条索引行,其中,be overwhelmed 多与 afraid、scared 等形容词搭配使用,或者以"be overwhelmed by/with"的结构出现,其后所接的宾语也多是消极的词汇,如 hopelessness、attack、crime、poverty、shame、death 等,说明战胜和击倒说话人的力量多是一些消极的事件,此短语大多呈现消极的语义韵。从语义韵的角度来看,be overwhelmed 是与崩溃式破防相符的。

4.2.4　伤害式破防语义韵及其英译

伤害式破防指的是说话人因接收到某些不想听到的内容或产生受伤、难受甚至痛苦的情绪而导致心理防线崩溃,如例 25 和例 26 所示。

例 25:她说话太刻薄了,我**破防**了。

例 26:你怎么能如此对我,我**破防**了。

此类情境下,说话者明显表现出对所获得信息的不愿意接受的态度。因此,呈现的是一种消极语义韵,可以直接译为 be hurt,表示 to cause emotional pain to someone,不建议译为 sth. hit sb. 或 break down one's defenses，如例 27 至例 29 所示。

例 27：He **was badly hurt** by the end of his marriage.（Cambridge Online Dictionary）

例 28："Oh eloquent! I was just trying to **break down her defenses**. ""But that's my job," objected the doctor.（COCA：FIC AntiochRev, 2014）

例 29：Lou really intrigues him and begins an attempt to **break down her defenses**.（COCA：BLOG openbdb.com, 2012）

hit 一词在词典中的释义为 to have an unpleasant or negative effect on a person or thing，表示对某人产生了不良的影响，具有消极的意义，因此多呈现消极的语义韵。相较于 be hurt，sth. hit sb.更强调事件造成的不利影响，重视事件本身，而不是当事人的主观情绪，因此 be hurt 要好于 sth. hit sb.。

此外，在 COCA 中，break down one's defenses 的用法在多数情况下表明希望对方身体的"物理防线"被攻破，引导对方放下戒备，并没有使对方产生较大的情绪波动或出现心理上的"破防"，没有明显的语义韵倾向，如例 28 和例 29。因此，伤害式破防的建议英译版本为 be hurt，不建议译为 sth. hit sb.或 break down one's defenses。

5. 结语

本文从语义韵的视角出发，通过检索 CCL 语料库、人民网等网络平台，分析总结出"破防"一词在汉语中的使用情境。本文将防线分为具体防线和心理防线：具体防线分为军事领域类、体育竞赛类和疫情防控类；心理防线则根据"破防"原因分为感动式、震惊式、崩溃式和伤害式。通过检索 COCA 语料库、百度英文例句和词典释义，确定各英译的使用情境及语义韵状况，最后总结出适合不同语境下"破防"语义的英译。此外，本研究也对网络热词的英译具有一定的借鉴意义。网络热词的英译应该注意热词在实际生活中的使用情境和说话者表达出的态度倾向，不能简单地凭借使用频率就完成英译的选择。因此，语义韵可以为网络热词的英译提供一个新的检验视角和翻译方法。

参考文献

［1］Partington, A. *Patterns and Meanings — Using Corpora for English Language Research and Teaching*［M］. Amsterdam：John Benjamins, 1998.

［2］陈艳.关联理论视角下网络热词的英译研究［J］.长沙航空职业技术学院学报,2020（1）：121-124.

［3］郭鸿杰,周芹芹.基于英汉科普平行语料库的翻译汉语"被"字句语义韵特征研究［J］.外语教学理论与实践,2019（2）：83-90.

［4］何晓莉.功能对等理论下谷歌翻译英译网络热词问题研究——以 2017 年中国网络热词为例［J］.海外英语,2019（2）：28-29.

［5］金静.英文广告词翻译的语言传真与文化传真——以一则百事可乐广告词的 10 种译文商榷为例［J］.翻译研究与教学,2020（1）：20-25.

［6］李凤兰.浅析"破防"的形成及语义拓展［J］.语文建设,2022（1）：71-74.

［7］李洁."语言能量"观下网络热词"人设"的英译探讨［J］.湖北第二师范学院学报,2020（12）：87-92.

［8］林思思.从目的论看翻译中的归化与异化——以网络热词"逃犯克星"的英译为例［J］.佳木斯职业学院学报,2018（11）：369.

［9］潘璠,冯跃进.语义韵律的语料库调查及应用研究［J］.当代语言学,2003（4）：359-366+380.

［10］彭庆华.语境新解及其对翻译研究的启示［J］.翻译研究与教学,2019（1）：125-130.

［11］任丹.认知语言学视角下的网络热词"躺平"及其英译研究［J］.文化创新比较研究,2022（2）：59-62.

［12］邵斌,王文斌.基于语料库的英语词缀语义韵考察［J］.外语教学,2015（4）：8-12.

［13］王维东.网络热词汉译英之探［J］.中国翻译,2011（1）：73-77.

［14］卫乃兴.词语学要义［M］.上海：上海外语教育出版社,2011.

［15］杨莎莎.基于语料库的网络热词"套路"的英译研究［J］.上海理工大学学报(社会科学版),2018（1）：30-35.

［16］翟萌,卫乃兴.学术文本语义韵研究：属性、特征与方法［J］.解放军外国语学院学报,2015（3）：14-22.

口译研究

MTI"同声传译"课程思政建设：
培养机制与路径探究

管玉华[1]

（复旦大学　外国语言文学学院，上海 200433）

摘　要：MTI 教育是新时代中国特色专业学位研究生教育体系中不可或缺的重要组成。如何面向国家与社会实际需要，科学制订翻硕人才培养方案，结合以立德树人为核心和归宿的课程思政建设目标，系统推进翻硕教育改革向纵深发展，培养高层次、应用型翻译人才是一个重要课题。本文全面梳理复旦大学翻译硕士专业学位人才培养机制的历史、定位、课程特色及培养成效，选择"同声传译"代表性课程思政建设过程，就培养目标、培养路径、培养特色和评估指标等创新理念开展案例分析，结合具体单元教学设计流程，探究建设思路，总结经验启示，以期厘清总体培养方案与微观课程思政落地之间的作用与反作用的关系，构筑全新学科思政生态体系，更好地服务于中国式现代化建设时期对高端实用型专业人才的需求。

关键词：翻硕教育；同声传译；人才培养；课程思政；模式创新

Title：Exploring Curriculum Ideology and Politics for "Simultaneous Interpreting"：Reflections on Mechanism and Pathway for MTI Talent Education

Abstract：MTI education is an indispensable part of professional degree graduate education with Chinese characteristics in the new era. It remains an important topic as to how to facilitate graduate educational reform to nurture high-calibre translation and interpreting professionals for practical purposes facing the real needs of the country and society by systematically formulating the overall degree program while ensuring value and morality education in curricular design. This paper intends to give an overview of Fudan MTI program with focus on its history, pathway, features and effects for talent cultivation before giving a case analysis of the flagship course "Simultaneous Interpreting" while citing evidence from its objectives, routes, innovative practices and evaluation methods, complete with a typical unit teaching design flow to share experiences and best practices in a bid to demonstrate the mutually-enriching relationship between the over-arching program goal and the actualization of curriculum ideology and politics, thereby constructing an enabling ecosystem for graduate value education to better meet the growing demand for professional and pragmatic talents in the new era towards fulfilling Chinese-style modernization.

Key words：MTI education；simultaneous interpreting；talent cultivation；curriculum ideology and politics；model innovation

习近平总书记在全国高校思想政治工作会议上作出重要指示：我国高等教育肩负着培养德智体美全面发展的社会主义事业建设者和接班人的重大任务，必须坚持正确的政治方向。高校立身之本在于

1　作者简介：管玉华，复旦大学外国语言文学学院副教授、硕士生导师；研究方向：口译理论与实践。

立德树人(习近平,2016)。根据指示精神,各地高校迅速掀起了课程思政建设的高潮,基本覆盖各个阶段、各种类型所有课程。而研究生教育因其处于国民教育的最高端(陈燚,2021:13),肩负着高层次人才培养和创新创造的重要使命,是国家进步与社会发展的重要压舱石。特别是近年来,针对专业技术领域高层次翻译人才培养需求应运而生的 MTI 教育更是在国民经济和社会发展进程中扮演了不可替代的重要角色。如何针对专硕培养特点,发挥课堂育人主渠道作用,进而推进课程思政体系建设向纵深发展,成为广大高教工作者必须认真面对的课题。本文将结合复旦大学翻译硕士人才培养的机制和模式,选取"同声传译"代表性课程思政建设案例,结合具体单元教学设计过程,详细分析、探讨专硕阶段如何遵循教育规律,优化人才培养格局,科学设计培养路径,以期为我国培养更多"又红又专"的"高精尖缺"(ibid.: 13)人才,为全球各国文化文明交流事业在新时期的繁荣发展添砖加瓦。

1. 复旦大学 MTI 培养机制概述

1.1 历史沿革与培养定位

进入 21 世纪以来,我国高等教育取得了长足的进步,高校入学率逐年提高,高校教学质量稳步上升,学科分类也更加科学合理和细化。尤其是随着我国对外交流和国际传播范围的不断扩大,高级翻译专业人才的培养问题也受到了各方面的高度关注。为此,教育部于 2007 年提出,为适应我国改革开放和社会主义现代化建设的需要,促进中外交流,培养高层次、应用型高级翻译专门人才,决定在我国设置翻译硕士专业学位(MTI)。与此同时,国务院学位办首批授权复旦大学等 15 所高校招收翻译硕士专业学位研究生,以适应我国国民经济的发展,加强高端翻译专业人才的培养。从 2008 年至 2022 年,越来越多的高校加入专硕翻译人才的培养行列,如今全国开设 MTI 学位点的院校已达 316 所(黄友义、王少爽,2022:12),我国翻译专业高层次、宽领域、广覆盖的培养格局基本成形。

复旦大学作为全国首批翻译硕士专业学位培养院校之一,分别于 2008 年和 2018 年开始正式招收翻译专业学位英汉笔译方向和英汉口译方向硕士研究生。根据国务院学位委员会、教育部、人力资源和社会保障部指导下的全国翻译专业学位研究生教育指导委员会(简称"全国翻译教指委")指导精神,复旦大学翻译专业硕士课程设置扎根复旦深厚人文社科传统与底蕴,旨在培养德、智、体全面发展,符合全球

经济一体化、提升国际竞争力需要及满足国家经济、文化、社会建设需要的高层次、应用型口笔译专业人才。通过两年系统口笔译专业方向学习和研究,毕业生应具备宽广的知识结构、高度的专业精神、广泛扎实的翻译能力及专业素养,熟练掌握并运用各类英汉口笔译理论、策略和实战技巧,能较好地胜任国家经济、文化、社会建设不同专业领域所需要的,以实际应用为导向的高层次、复合型口笔译任务。

1.2 课程特色与培养成效

复旦 MTI 口笔译方向培养方案均设最低总学分要求(包含课程与必修环节共 38 学分)。核心课程模块下的基础类课程和专业类课程都极为注重将技能应用能力和专业职业能力培养融入课程体系架构:笔译方向的笔译实务(翻译工作坊)、技术传播与写作、翻译实务、翻译项目基础与实践、翻译实践讨论课,以及多文体汉英互译等课程自开设以来深受学生欢迎;口译方向的同声传译、交替传译、视译、基础口译、商务口译以及演讲的艺术等课程则直接助力学生对接社会高层次、职业化口译实践需求,确保学以致用、经世济国。专业选修课程模块体系设计更为重视响应社会行业前沿发展需求,开设了颇具特色的口译理论与实践、口译实战训练、联合国会议口译专题、口译职业与伦理,以及科幻小说阅读与翻译研究等兼具研究性和实操性的专项课程,与各基础类必修课程构成有机呼应,凸显了本学位课程体系全面系统、错落有致的整体优势。

在为期两年的全日制学习期间,学生不仅接受全面、严格、系统、科学的口笔译理论与技巧的训练,而且参与由院系辅助开展的大量翻译实习与社会实践。翻译实习实践主要从客户委托业务出发,结合我国各类国际官方及民间交往中的口、笔译实务,配合以文学、文化及实用文体翻译。学习实习期满,所有学生必须通过专任教师组织的各类专业考试并对实习实践予以评分。

师资建设重在打造一支高水平口笔译实践和教学的专兼职教师队伍,不仅包括一批训练有素、具备相当实践与教学经验的中青年骨干力量,还包括更多朝气蓬勃、从事专业口笔译教学和理论研究的后起之秀,另外还有国内外译界名家不定期开设各类讲座和工作坊,构筑起丰富良好的教学生态和求学氛围。

该专业学位课程体系经过近 16 年的建设,培养规模逐年扩大、培养手段日趋成熟、育人格局日臻完善、育人成效特色鲜明。毕业生以深厚的学识素养、出色的实践能力、积极的创新精神和宽广的国际视

野,普遍受到用人单位的广泛赞誉,成为国家社会主义现代化建设各条战线上的中坚力量。

2. MTI 代表性课程思政建设探究

近年来,市场对于具备过硬专业素质且拥有丰富实践经验的优秀口译工作者的需求如饥似渴。培养大批高层次的口译专门人才,特别是适应我国方兴未艾的国际会议会展行业发展需要的"会议口译"(conference interpreting)从业者,成为进一步推动"一带一路"倡议总体建设框架指导下国家对外开放、满足社会多层次语言服务需要以及实现国家文化文明要素"走出去"和"请进来"的必然要求。高层次翻译人才不仅需要具备娴熟的翻译技能,更需要具备较强的跨文化交流能力、领导与组织能力、责任担当和使命意识,兼具家国情怀与国际视野,能够回应国家战略发展需要,具备讲好中国故事、提供中国方案、分享中国智慧、消除误解、建立互信的翻译能力。这就要求高校对翻译人才的培养理念、培养模式和教学方式进行改革,翻译课程的教学思路有待改变和突破(徐雪英、郭沼菲,2022：37-38)。基于口译方向课程和各类思政元素之间的天然联系,MTI 教学团队选择会议口译体系中极具代表性的课程"同声传译"开展教改和标杆建设,根据专业硕士学位教学工作强调实践性、应用性、专业化的特点、理念与模式,融合思政育人基本原则和方法,助力口译高端人才的培养输出,积极配合国家打造语言服务产业人才高地、文化高地的建设需求。

2.1 培养定位与教学目标

"同声传译"思政课程赓续复旦大学百年人文高地学科建设的优良传统,重点发挥复旦外院建院以来语言、文化、文学、历史等多维度跨学科特色课程的建设优势,以国家经济、社会发展的主要发展方向以及人文文化等拳头学科旗舰模块的教学需要为主体,旨在培养新时代具有"家国意识、人文情怀、科学精神、专业素养、实战经验、国际视野"的复合型口译人才,助力百年未有之大变局背景下中国外宣传播事业以及语言服务产业的繁荣发展。

作为 MTI 专硕口译方向必修重点基础课程,"同声传译"自 2017 年列入教学培养方案、2018 年正式实施以来,已顺利完成总计五轮完整授课周期,授课范围包括 2018—2022 级全部专硕研究生近 50 人。

课程内嵌于入选中宣部"四个一批"万人计划的系科学术带头人所主持的"中国国家红色思想外译国际传播项目"体系之中,在学院翻译专业学科体系

建设中处于核心地位,既与基础类课程一脉相承,又与职业发展技术要求有机融合。

课程主脉简要回顾同声传译自德国纽伦堡审判以来成为一门独立学科分支后在国内外的发展历程,结合我国自改革开放以来,尤其是进入 21 世纪和党召开十九大以来外宣传播的实践需要,着重讲授英汉、汉英同传的基本原理、特点、规律以及实用译技,重点突出影子练习(shadowing,即跟述)、概述与译述(summary & paraphrasing)、视译(sight interpreting)、带稿/无稿同传(SI with/without script)等模块的基础作用。通过带领学生开展系统专业学习和技能集中操练,初步实现以下"四位一体"的教学目标。

(1) 价值取向培养目标:了解同传宏观体系格局,把握译员综合素质及道德要求基础知识,构建职业专业素质技能初步认知与使命认同。

(2) 认知心理培养目标:具备多任务处理意识,培养分神、聚神有机协调能力(加工能量动态分配),通过大剂量练习攻坚克难、固本强基,以工匠精神对标自身、见贤思齐。

(3) 专业素质培养目标:学会灵活快速调用百科知识储备,夯实语言尤其是中文输出的表达能力,以新时代外宣传播的基本规范严格要求自己,体现自信自强的精神面貌,培养团队合作意识。

(4) 策略技能培养目标:结合实际案例,运用同传入门操作策略与应用技能,胜任基础难度的带稿入箱同传及视译(大会开、闭幕礼仪祝词,普适话题主旨发言和非技术性讨论等)工作,依托思政点位丰富的高语境主题延伸,培养家国意识与情怀,对外讲好中国故事、对内强化时代责任与担当。

2.2 培养步骤与教学评估

本课程教学重点在于如何把同传认知层面基本理念的学理讲授与职业认同、价值引领、道德规范和民族自信等思政要素有机结合、无缝连接、时刻对照、互相促进。教学成败关键在于如何把同传实操层面的宏观策略传授以及基本技能分解训练与各类高思政语境点位素材的课题剖析和自我操练紧密贯通。为有效把握重点、化解难点,培养过程采取双模块-双循环教学法(管玉华,2009：79),分步骤实施。

(1) 从纵向模块入手,综合评估教学硬件及软件参数,制订具有较强针对性的授课计划,对照职业准入要求和时代需要,遵循同传教学的客观程序与规律,分别落实同传基本素质第一模块(包括五大要求、四项主题)的训练与同传基本技能第二模块(包括六个阶段、六条经验)的分阶段教学,收集并调动

丰富的教学资源,采用科学多元的教学练习手段,凭借教师本身广博的实践经验,搭建多方互动反馈交流平台,实现并满足同传教学的核心目的与内在要求。

(2)从横向循环入手,第一循环侧重基本学科知识、专业理论和操作规律的把握,以及通用策略、基础技能和案例分析模块的系统讲授,每个单元互为因果,循环往复,层层递进;第二循环则突出大剂量有针对性练习后个人参悟与教师示范、总结、提高、归纳有机融合的教学理念,精选若干时事热点话题和经典会议论题,以多媒体演示和模拟真实国际会议场景相交错的形式,安排学生开展自习+讨论+实战+总结+分享+评价+问卷投票等活动,多次循环,强化教学效果。

教学全程运用多种手段,实现以知识迁移、技能巩固、认识提升和素质涵养为主要指征的教学目标。比如:

(1)线上线下铺垫引导法,预热教学重点,为树立正确职业认同奠定基础;

(2)小组讨论备战法,培养团队作战意识,群策群力、攻坚克难;

(3)结对入箱实操法,考查学生临场应变能力以及团队协作能力,增强职业责任感和荣誉感;

(4)知识迁移转换法,配合音视频语料组织平行训练,巩固必要技能,引发学生对社会主义核心价值观的强烈共鸣;

(5)多维评估提效法,开展自我评估及同伴互评,引入观察员和助教点评环节,运用小程序问卷投票反馈机制凝聚教学重点、提炼课堂精华。

通过以上培养步骤和教学手段,循序渐进、由浅入深,科学引导学生端正心态认知、充分发掘自我潜力,树立乐观积极的心态,正确对待在现场压力增加与个人经验欠缺的境遇下的译语加工要求,稳扎稳打的同时又富有创造性地提供危机应对方案,培育专业素质融会贯通+思政元素润物无声的预期教学成果。

课程考核评价方法形式多元但标准统一。期末成绩评定方式采用综合百分制多元计分法,适当提升平时考核分值至40%,适当降低期末考试分值至60%,旨在融合双模块+双循环思政教学理念,结合课堂操练和社会实践表现,全面客观评价学生学习效果。定期开展仿真国际论坛(模拟联合国会议或自拟主题角色扮演高峰论坛等形式),团队成员联合校内外专家担任听众评审,对学生的专业素质和业务能力开展多维、多角度评判,确保公平公正。

2.3 培养路径与教学设计

课程思政作为一种新的教育理念,是构建我国社会体系的重要组成部分。课程思政并不是要求教师将专业课变成思想政治课,而是要求教师在讲课过程中或完成教学任务时,对学生进行思想政治教育,在适当的时间向学生灌输社会主义核心价值观,提高学生的思想道德觉悟,深化育人效果(程鑫颐,2021:9)。这就需要对教学过程开展科学设计,有机融合课程思政教学要求和各类元素,以实现预期育人导向和培养目标。下文选取"同声传译"课程代表性模块"顺句驱动带稿同传"教学单元加以说明分析,该单元的阶段性教学目标是围绕汉英同传实践中以顺句驱动为主导的带稿预习模式下的视译伴随同传输出工作要求,结合思政语料点位较为丰富的经典素材,组织课堂入箱结对练习、传授文本处理技巧、解析同传策略逻辑、探讨微观实用技能的初步融合和实操规律,进而为下一阶段中高级策略技巧在难度较高的素材体系中的灵活运用奠定基础。

2.3.1 具体教案设计及实施流程

(1)教学初期首先开展理论层面铺垫(在通过慕课视频及阅读材料预习的基础上择要复习归纳+导引渲染教学重点与难点):同传加工能量(processing capacity)(Gile,1995:158)管理涉及听辨、记忆、产出和协调;多任务处理要求译员时刻监测自己的听说时滞(ear-voice span)(Setton & Dawrant,2016:178),进行动态管理。前期影子跟述、数字逻辑及非逻辑干扰练习可以用来有效训练加工能量动态分配,但由于时间紧迫,同传时需要随时管控并调用最优听说时滞,让大脑将已获取的意群模块信息及时加工输出,这时就需要开展顺句驱动主导的译语输出练习,而训练顺句驱动最有效的方法是带稿入箱视译并伴随同传练习,这是构建同传职业认同的关键一步,也是迈向专业会议口译殿堂的必由之路。该阶段由教师简要总结归纳前一阶段学习及认知单项训练要点,结合课前布置慕课视频作教学任务介绍,重点阐述工作要求、机理、难度、门槛;引入若干业内范例,以激发学生职业认同感和荣誉感。

(2)教学中后期开展实战层面讲解(按入箱练习+逐句点评分析+自评互评总结三步开展),该阶段优选适配语料素材(比如"光彩事业国际研讨会发言节选"中译英),准备预热后安排学生结对入箱,教师口头发布语料信息(掺杂局部变动文稿内容和词句结构,调整个别语段发布语速、语调等),学生实时模拟顺驱带稿译语输出,教师监听并全程录音;练习完毕随机选择学生口译音频，结合语料开展同传顺驱基础操作策略与应用技能的详细分析和讨论，指出实战得失及改进方法。这个阶段教师需要就重要思政理念作横向、纵向知识体系迁移和价值观拓展；安排学生开展自我评估及同伴评价，使学生通过反思性讨论互相取长补短，对自我的学习认知更加客观和全面，同时在展开批评和自我批评的同时能够反思学习方法与效果，促进彼此间的学习(焦丹,2018：141)。

2.3.2　代表性思政点位举例

教师可以就以下重点环节开展延展性思政强化及灵活互动。

(1) 在语段开首部分，从礼仪祝词语言结构分析和处理策略角度，带出中国新时代对外交往的仪轨规范，展开对外传播有效途径的选择和模式探讨。

(2) "光彩事业"背景配合介绍中国扶贫开发的历史沿革和最新成就，着重对 2021 年中国宣布打赢脱贫攻坚战、消除绝对贫困对于世界和人类的意义作必要展开，引述习近平总书记同题主旨发言作互文对照和知识迁移。

(3) 在中国民企主题的延伸介绍部分，结合"义利兼顾"的共富理念，对照联合国 2030 年可持续发展目标(SDG)，以若干代表性中国民企(吉利汽车、福耀玻璃、新希望、均瑶集团等)为例作深入阐释，通过中华美德、和谐共生、开放融通等主题延伸，培养家国意识与情怀、强化时代责任与担当，配合相关语篇，强化顺驱策略运用的主动性和灵活性。

(4) 针对中国国情(东西部差距问题、自然资源禀赋问题、社会融合问题和扩大生产性就业问题等)主题句式进行特殊处理，引入词义、句法、修辞、语用等旁系学科补给，将基本国情介绍和新时代经济发展任务相结合，激发民族自豪感和自信心。

(5) 阐释说明非政府组织(NGO)对于消除贫困、促进社会平等公正的作用，结合联合国大会最新提法和中国政府的相关倡议、计划拓展介绍，同时结合同传预测、转换、释义等技能难点，配套平行练习素材，通过一定剂量的练习攻坚克难、固本强基，以工匠精神对标自身、见贤思齐。

(6) 讨论交流首尾段落献花格式处理方法，凸显中译英模式下具有中国特色结构表达方式的有效转换原则，体现从"翻译世界"向"翻译中国"范式的转变，分享成语俗语顺驱操作技法，在建立大国自信表达心理的基础上熟练掌握外宣传播的基本要求。

(7) 预留接口，对接当年度"上海论坛"主旨发言有关"亚洲再出发"和中欧司法研讨会有关"君子和而不同"等思政点位的论述，埋下伏笔，通过课堂和课下巩固所学，同时坚定中国经济行稳致远、开放

包容的决心和信心。

2.3.3　作业层面巩固

教学后期的作业阶段按一比二的比例设计布置顺句驱动视译和带稿同传练习(通过学校 Elearning 平台发布)，要求消化课内文本，理顺逻辑，整理技能策略，综合运用于"2021 年上海论坛复旦校长发言节选"以及"中欧司法研讨会发言节选"两篇代表性素材，结对互练，回顾思政点位处理方法，以周记 log 形式记录得失体会并预习慕课内容；同时要求学生同步下载课堂演示视频"2021 年全国脱贫攻坚总结表彰大会——习近平主旨发言"实况录像(通过超星平台发布)，伴随逐字记录稿，自主自由结对成组开展顺驱主导训练，并列出重点难点和应对方法，供课堂分享。

2.4　培养特色与教学创新

"同声传译"课程立足育人、目的明确、导向积极、体系科学，具有以下多种鲜明创新特色。

(1) 强化价值引领，服务国家战略。教师需要积极挖掘课程教学中的"价值引领"要素，让学生有宏远的价值追求，从而更加勤奋学习，学出真本领，为服务人民、建设国家事业打下坚实的基础(崔晓丹, 2021：61)。教学全程从课程体系建构到课件选择优化、从课堂训练模式到模拟实践评估，每个环节及每项流程均贯穿价值引领，高度呼应全新时代发展需求、切实服务国家总体发展战略，在教学过程中树立民族自豪感和自信心。

(2) 融通旁系学科，打造多元平台。广泛融合多学科知识体系在内的泛知识群，不仅从语言现象层面，更从生物实证(如译员心智成熟度和焦虑度分析、口误分析及听说时滞分析等)的角度出发，将实证分析和经验回溯有机结合于跨学科平台之上，全面梳理国内外同传教学多科融合探索的历史经验，兼收并蓄、海纳百川，从而更好地指导教学实践。

(3) 创新教学模式，实践反哺课堂。将教学硬件参数设定与教学软件体系改革无缝对接，课堂引入自评、他评和实时问卷投票等互动环节，形成教学相长、双模共舞的双循环复旦特色教学法。通过带教学生定期参与线下模拟论坛和真实环境观摩实习(2020—2023 年上海论坛、2019—2021 年复旦科技创新论坛、2022—2023 浦江大师讲坛等)，将课堂和社会深度融合，以课堂习得指导社会实践，以实践体悟反哺课堂教学，实现知行合一。

(4) 凸显以赛促学，专业服务社会。指导学生多次参加国内外各类高层次重要口译、演讲、辩论等赛事并斩获佳绩(如 2017、2021 年全国口译大赛，以及

2022 年多语种接力同传大赛等),历届毕业生就业与深造直面社会高级别紧缺人才需求,所有毕业生普遍得到用人单位的一致好评。团队教师也以过硬的政治素质和专业能力多次参与国家和地方重大外交、外事活动(2019—2023 年连续五届中国国际进口博览会),成为教学和实践相结合的最佳典范,在服务沟通、奉献社会过程中讲好中国故事、传播中国声音、弘扬中国文化、弥合交流鸿沟,很好地提升了复旦口译团队在社会上的知名度。

(5)整合案例资源,积累最佳实践。案例教学法在翻译教学和人才培养中的应用可以为翻译教学内容更新提供契机,为翻译教学模式的改革指明方向(王敬民、乔海露,2021:72)。围绕课程开展 360 度教研资源学术科研创新,高度重视教学环境优化及教学资产建设,率先建立会议口译教研同传最佳案例实践共享平台及综合音视频语料库。作为口译教研室重要物质载体,截至 2023 年 11 月,该数据库已累计收集分析各类会议发言语料片段达 48 900 段,包括现场录音录像、文字图片材料、可公开演示文档以及网络素材精选等,总语料时长 41 300 小时,为课程未来可持续发展提供了不竭的动力。

3. 结语

围绕立德树人的思政目标,办好新时代中国特色社会主义研究生教育,尤其是办好面向未来、立足实际、着眼运用的 MTI 教育对于一个国家和民族的进步和发展意义深远。进一步推进 MTI 课程思政建设是坚持办学正确政治方向、培养社会主义翻译事业建设者和接班人的必然要求,也是遵循教育规律、回归教育本源的必然要求。瞄准对外宣传播前沿和社会发展需要,对标双一流大学的翻译学科高地建设标准,在专硕人才培养机制的助力下,复旦 MTI 教学团队厚植根基、守正创新,成功打造以"同声传译"课程为代表的思政实践生态新格局。通过充分发挥会议口译教学体系的组织优势和专业优势,将培养具备深厚家国情怀、崇高价值追求、广博知识体系、扎实人文素养、丰富实践经验、紧密联系实际的新时代综合型人才作为主攻方向,找到了一条具有鲜明复旦特色、根植优良传统、教学效果优异、育人成果丰硕的教研模式新路,有效践行了"润物无声、溶盐于水"的思政育人理念,树立了国内会议口译思政教学体系中的新标杆。当前,我国 MTI 教育正处在新的历史发展机遇期,广大翻硕教育工作者以更大勇气与智慧持续优化创新人才培养机制,不断凝聚团结思政育人力量,共同推动 MTI 教育的高质量发展,为中国现代化建设事业培养更多拔尖优秀人才。

参考文献

[1] Gile, D. *Basic Concepts and Models for Interpreter and Translator Training* [M]. Amsterdam/Philadelphia: John Benjamins, 1995.

[2] Setton, R. & Dawrant, A. C. *Conference Interpreting — A Complete Course* [M]. Amsterdam/Philadelphia: John Benjamins, 2016.

[3] 陈焱.当前我校研究生教育面临的新任务、新问题及改革举措[J].上海研究生教育,2021(3):13.

[4] 程鑫颐.课程思政理念下英语专业口译课堂教学改革——以西安翻译学院为例[J].陕西教育(高教),2021(9):8-9.

[5] 崔晓丹.英语专业课程思政实现途径——以《英语口译》课程为例.[J].英语广场,2021(3):60-64.

[6] 管玉华.基于教学参数综合评估的双模块同传教学法在复旦的应用[J].复旦外国语言文学论丛,2009(1):78-83.

[7] 黄友义,王少爽.新文科背景下我国翻译学科与国际传播能力建设——黄友义先生访谈录[J].语言教育,2022(3):3-21.

[8] 焦丹.多维理论关照下的口译教学动态创新模式探究.[J].翻译研究与教学,2018(1):136-144.

[9] 王敬民,乔海露.案例设计与翻译教学效能的提高.[J].翻译研究与教学,2021(1):70-75.

[10] 习近平.中国政府网:习近平在全国高校思想政治工作会议上的重要指示[EB/OL].(2016-12-08)[2023-02-12].http://www.gov.cn/xinwen/2016-12/08/content_5145253.htm#1.

[11] 徐雪英,郭洺菲."课程思政"视角下学生文化自信提升路径探究——以浙江大学翻译硕士专业学位课"基础英汉笔译"课程为例[J].北京第二外国语学院学报,2022(4):36-49.

多模态视角下远程心理咨询口译应对策略

彭科明　莫爱屏[1]

（广东外语外贸大学　高级翻译学院，广州 510420）

摘　要：新冠疫情在全球的蔓延促使远程跨文化心理咨询和相关口译需求日渐增长。本研究探索远程心理咨询场域中的关系语用学的新动态，即从传统的"交际者—语言—语境"转向"交际者—模态—语境"的小三元互动模式。研究发现，口译员应当关注交际模态带来的影响，进而采取符合关系语用学的应对策略，即不仅承担信息传导工作，还作为积极的交际方参与咨询过程，形成交际者、语境和模态语用生态，促成心理咨询场景中交际者之间的相互信任，从而达到良好的心理咨询交际效果。本研究有助于口译从业者了解心理咨询口译面临的独特问题，也可为医疗口译人才培养、口译实践和教学提供跨学科视角。

关键词：关系语用学；"交际者—模态—语境"；远程心理咨询；口译应对策略

Title：Coping Tactics in Remote Psychotherapy Interpreting from a Multimodal Perspective

Abstract：The COVID-19 outbreak rampant across the globe leads to increasing remote psychotherapy sessions and demand for interpreters. This study explores the new momentum of relational pragmatics in the remote psychotherapy settings, in which the traditional "interactants-language-context" dynamics shifts towards an "interactants-modalities-context" system. It is revealed that interpreters should pay attention to the influences brought by various modalities, and adopt relevant coping tactics. An interpreter is not merely a channel of information flow, but also an active interactant in the therapeutic alliance, helping to foster an "interactants-modalities-context" ecosystem, and promoting mutual trust in the setting for a better therapeutic result. The study offers an interdisciplinary perspective for medical interpreting talent training, practice and pedagogy into the unique challenges in the psychotherapy settings, and constitutes a part of medical interpreting as a whole.

Key words：relational pragmatics；"interactants-modalities-context"；remote psychotherapy；coping tactics of interpreting

1. 引言

后疫情时代，远程沟通已成为人与人之间沟通的必要手段，口译员面临交际者之间的距离、技术使用、多模态信息等因素的挑战。众所周知，口译员需

要"根据一次性的源语表达，一次性地输出另一种语言"（Pöchhacker，2022：11），其所面临的认知负荷较大。随着口译研究的不断深入，学界普遍认为口译不仅关涉语言转换，更涉及模式、媒介和文化的交际活动（Kress & van Leeuwen，2001），即跨文化多模态交际。

在传统跨文化心理咨询口译场域，咨询师需使

1　**作者简介**：彭科明，广东外语外贸大学高级翻译学院博士生，广东国际战略研究院专职译员；研究方向：翻译学、口译研究。
莫爱屏，广东外语外贸大学高级翻译学院教授、博士生导师；研究方向：翻译学、语用学。
基金项目：本文系广东外语外贸大学语言与人工智能重点实验室科研项目"人机竞译——MTI 学生和 CHATGPT 翻译质量对比研究"（项目编号：LAI202309）、教育部产学合作协同育人项目"基于智慧教育的大学英语教师课程思政能力提升路径与实践研究"（项目编号：220601130062059）的阶段性成果。

用大量非言语行为来引导来访者表达情感(詹成、彭科明,2017),故口译员需结合语境和语言促成交际效果。新冠疫情防控政策致使许多心理咨询活动转为线上远程开展。与传统的面对面心理咨询相比,远程心理咨询具有"非在现场性"的特征(刘春伟、魏立,2017),因而心理咨询场合下的交际者,尤其是口译员要克服非语言信息缺失的问题,如遇到交际各方缺乏肢体语言、副语言等动态元素来辅助理解,口译员很难仅通过语言静态元素获得完整的交流信息。在这种情况下,口译员需要依靠所出现的各种模态来完善交际语境,保持交际者间的有效互动。

数字化背景下,传统的"交际者—语言—语境"三元互动逐渐演化为"交际者—模态—语境"新三元形态(莫爱屏、李蜜,2021)。鉴于此,本文采用多模态语用分析方法,以新冠疫情期间的跨文化远程心理督导为素材①,描写在远程心理咨询中咨询师、来访者和口译员的交际场景,探究语用三元关系新动态导致的口译负荷,描述"交际者—模态—语境"形态在口译交际中的动态关系,运用案例阐述口译应对策略及其交际效果。

2. 口译活动中的语用三元关系

口译是一种交际行为,在跨文化交往中起着桥梁作用。关系语用学认为交际者、语言和语境三者在口译中存在互动关系(Kopytko,1998;莫爱屏,2010)。口译员把握三者的动态转换才能更好地处理交际认知过程中各方面的因素,从而处理口译中语言间的转换问题(莫爱屏、蒋清凤,2006),学界对此广泛关注。

近年来,针对口译交际者的研究主要集中在口译员交际者角色、交际行为等方面。口译活动中,口译员与讲者和听众同在交际现场,因此口译员的协调(mediation)作用直接影响讲者、口译员和听众三方在这种特殊的人际和跨文化交际行为中的有效互动。口译员是交际活动中的主要参与者,在话轮转换中起关键作用,甚至能影响交际方向和效果,因而口译员不仅承担信息传递工作,还直接影响交际(Roy,2000)。社区口译中口译员角色更为凸显,除翻译外还充当协调者(mediator)(Wadensjö,2014)。学界一般将医疗口译纳入社区口译的研究范畴,分析语言准确度、完整度及口译员的交际者角色。医疗、法务和社会服务场合中,面对面对话是口译的动态机制,口译的对话是由对话异语双方和口译员参与的"三方交际活动"(Wadensjö,1999)。有学者整合了医疗口译员、医生对口译员角色的看法,并结合

话语转写分析刻画了口译员的交际特征,认为译员需要扮演机构代理人、社区代理人、融合代理人等多重角色(Leanza,2005)。国内学者以个案为例分析了口译员在医疗口译中如何作为交际者促成交流,并给口译教学提供建议(苏伟,2010)。

对于口译语言的研究历来是学者关注的重点,涉及多个层面,包括口译过程中的语言认知、口译双语加工转换等。口译过程中语言的理解和表达阶段之间存在一个意义与语言外壳分离的阶段(Seleskovitch,1962),因而学者认为口译不是从源语到目标语的直接转换,而是要综合各种背景知识,在理解说话人意图的基础之上来表达。也有学者认为口译是极为复杂的过程,口译员必须在短时间内完成对语言的听辨理解、意义分析、信息整合和目的语输出等一系列过程(Gerver,1975)。对于会议口译语言的研究主要探讨口译员的语言认知和处理,对于社区口译的语言研究则更多关注语言带来的交际效果。例如在医疗口译中,医生与病人作为单语交际者互相不能理解对方的语言,如无口译员作为居间交际者,或口译员未能实现交际效果,则医患双方无法有效明示交际意图,难以达成有效交际,诊疗过程和结果均会受到很大影响。口译员应对场域内交际者特点有充分了解,从而传递交际双方的话语信息,并维持或协调交际者的对话,实现"传译和协调"的目的(王斌华,2019:80)。

口译语境研究表明,口译员、发言人和听众处于同一交际现场,因而口译相较于笔译有显著的"在场性",即口译员可以利用与现场的交际语境帮助理解表达。虽然新冠疫情使大部分会议转为线上,但借助当代信息科技,口译的"在场性"并未改变,现场语境对口译效果的重要性不容忽视。因此,不应仅将口译视为大脑的思维操作,而应将其作为跨语言、跨文化的交际活动。不管是社区口译还是会议口译,研究的对象应涵盖口译活动的场景和语境(Stenzl,1983),因为口译语境植根于场合和文化情境中,研究者应关注口译语境的结构、信息、功能以及文化等多个维度(Pöchhacker,2020)。

3. 心理咨询口译与小三元互动

3.1 多模态口译研究

近年来,越来越多学者关注口译中的"多模态",这已成为语用关系研究的新动向。模态指人类通过视觉、听觉等感官系统形成的与外部环境之间的互动依据(顾曰国,2007)。人们在交际中依赖多种信息符号资源来完成意义建构,大到图像、视频,小到

表情、手势,这些符号资源构成交际的多模态。人们以多种模式来表达和建构交际场景,每种模式都从修辞层面有其交际潜力(Kress,2009)。交际活动中若涉及两种或两种以上模态,则称为多模态。多模态方法提出的初期较多运用于电影字幕翻译研究,学者从多个层面探讨模态与翻译的相互作用,比如文本、声音和音乐(van Leeuwen,1999),动作和肢体语言(Martinec,2000)等。随着研究不断进展,多模态方法逐渐应用于口译研究。如今口译研究不局限于研究语音层面达到的交际,而是将口译作为一个整合视频、音频、图像和非言语行为的跨文化多模态交际行为(Kress & van Leeuwen,2001)。

有学者发现新手同声传译员面对不同模态组合且有两种模态辅助时,对于句子的认知能力更强,但暂未发现模态对于同传整体表现的显著影响(Jesse et al.,2000)。也有研究指出,远程同声传译中口译员如果无法接触足够的模态信息,可能导致口译质量下降,而且远程同声传译使口译员更容易疲劳(Moser-Mercer,2005)。因此,多模态输入对口译的影响还未有定论。口译时视觉信息会干扰听觉信息的加工,但也存在视觉信息与听觉信息相互补充的情况,进而多渠道信息输入有助于口译员进行翻译(Seeber,2017)。此外,一般认为口译员能接收到的发言人副语言信息越多,口译产出越好;口译员给予发言人的短时间注视越多,口译中的交际效果就越好(Ouyang & Fu,2020)。虽然前人已经对多模态口译开展了一定研究,包括理论探讨(Seeber,2017)、副语言(Galvão,2009)、注意力分配(Li & Fan,2020)等,但主要还是基于面对面口译交际场景,对于远程口译交际中的语用关系尚待进一步考察。

3.2 "交际者—模态—语境"互动模型

远程心理咨询场域对传统的语用关系有不同解读,故建议口译员采取独特应对策略。具体来说,口译员在远程心理咨询交际过程中受到主观、客观因素限制,口译负荷增加,因而应当主动与咨询师构建"工作同盟"(working alliance)(Bordin,1979:252),这要求口译员除了承担口译的职责,还在一定程度上作为引导者主动补充交际信息,其目的是完善"单语交际者—口译员—单语交际者"的交际链,从而加强单语交际者双方之间的交流效果,进而促进患者与治疗师之间的信任并提高患者接受治疗的可能性(Whitehead et al.,2019)。心理咨询口译有别于一般医疗口译,大多不涉及诊断、开药、手术等专业操作术语,但对于理解意图、获得信任和有效交际方面有着非常高的要求,因而对译员提出独特挑战。分析

现有的心理诊疗口译文献,大多从咨询师角度出发"探讨和规约如何与口译员合作"(詹成、彭科明,2017),如口译员和咨询师直接对话(Searight & Searight,2009)、口译员参与治疗过程(Miller et al.,2005)等。学者也根据美国医疗口译兴起,展望中国医疗口译职业化问题和挑战(侯阗,2011),但对口译员在医疗场域中的交际者角色研究尚有空间,且从口译专业学生需求出发的医疗口译教育培训研究数量较少(刘宇波、张威,2021)。在新冠疫情期间,远程医疗口译有了较快发展,远程心理咨询口译中出现的各种模态交互及其对口译员的影响值得关注。

结合语用关系论相关研究的"大三元关系"(Kopykto,1998;莫爱屏、蒋清凤,2006;莫爱屏,2010),本文勾勒远程心理咨询口译中"交际者—模态—语境"小三元互动模型,刻画该领域呈现的语用及交际特点,并结合实战案例解读该场域下的口译应对策略。首先,跨文化远程心理咨询中,来访者、咨询师和口译员均作为交际方通过多种言语和非言语模态(如凝视、头部动作、肢体语言、体势和脸部表情)开展交际,而远程心理咨询需要借助屏幕开展交际,进一步增加了模态复杂性和交际动态性。其次,心理咨询强调对话疗法,极度依赖前后文语境。来访者和咨询师需要借助口译员居中传递的信息构建对彼此身份的认知,口译员则需要具备心理咨询背景知识,方能还原语境。最后,来访者、咨询师和口译员都是交际者,是构成心理咨询场域的要素,口译员能够直接影响交际进程和效果。可以说,"交际者—模态—语境"互动主导心理咨询交际,三者相互依存,构建出"交际者—模态""交际者—语境""模态—语境"语用生态,为该场域下口译策略提供依据。

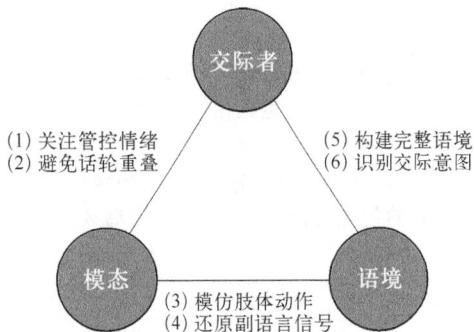

图1　小三元互动及口译策略生态

首先,"交际者—模态"互动以辅助实现交际意图。作为单语交际者的来访者和咨询师都有着明确的交际意图,目的是将自己的意图告知对方,并得知

对方的意图。限于交际者只能使用自己的母语,需依靠口译员居中传达意思,并与另一交际方达成间接交际效果。在远程口译中则需要借助图像、视频等模态辅助说明意图。口译员借助视觉(表情、手势)、听觉(语气、话轮转换)等多种模态与两个单语交际方保持主动交际,在完成口译文本信息互递基础上,还需敏锐把握交际动向,承担引导、协调的工作,目的是保持心理咨询过程顺利开展。据此,口译员应采取的应对策略包括:(1)关注管控情绪——口译员不仅要关注其他单语交际者的情绪变化,还要控制自己的情绪不受影响但又能传递情绪;(2)避免话轮重叠——面对短时间沉默,不要急于口译,实时观察交际动向,若出现话轮重叠,要及时引导并做出解释。

其次,"模态—语境"互动以还原充实理解过程。交际者依赖多种模态来构建有意义的语境。在面对面对话口译交际中,动作和手势有重要意义,交际方通过凝视、姿势或问候来展示相互尊重和兴趣,为交际者提供更广泛的交际资源。肢体动作、副语言作为交际中常见的模态,在帮助口译员构建语境、理解前后文方面起到重要作用。言语和非言语信息和交际中的各种模态相结合既是障碍也是辅助,把握不好则干扰认知,善于利用则能加强源语理解。此外,口译员要充分传达模态和语境信息,在产出译文时也要传递语言信息,同时关注非言语表达(节奏、声调、眼神接触、面部表情、肢体动作等),帮助其他单语交际者理解,使交际效果最大化。因而,口译员可采取的策略包括:(3)模仿肢体动作;(4)还原副语言信号。前者是指在可观测范围内捕捉到的肢体动作能仿尽仿,力求让其他单语交际者理解对方交际时的多模态信息。后者是指语速、节奏、音量等副语言会影响交际者对信息的接受程度,口译员应力求还原副语言信息。

最后,"交际者—语境"互动以完善补充交际效果。口译员依赖语境达到信息交换效果。来访者、咨询师为达到交际目的,会明示意图(莫爱屏,2003)。口译员需要通过分析语言、构建语境,推理出说话人的信息意图和交际意图,随后还要以直接明确的方式将交际者的意图表达出来,进而帮助另一位交际者最大限度地理解交际意图。反之,如果口译员对于语言和语境的分析偏离交际者实际意图,则会导致交际双方误解,并可能随着交际过程持续不断加深,因而要保持信息沟通准确、透明,务求所有交际者身处同一语境,方能构建互信,促进咨询效果。据此口译员应采取如下策略:(5)构建完整语境——在可操作范围内,主动提问以构建完整语

境,如遇情绪剧烈波动时借助多种途径完善语境;(6)识别交际意图——与交际者私下对话明确其意图,再向另一交际方解释对话内容,力求维持咨询场域的张力,构建三方互信。鉴于篇幅,本文集中探讨前四个应对策略。

4. 远程心理咨询场域的多模态口译应对策略

基于对远程心理咨询"模态—语境—交际者"生态的认识,本文依据疫情间多场远程心理咨询督导构建多模态口译语料库,分析出该场域下促成交际效果的口译应对策略。为便于理解,笔者参考当前主流口译语料库标注方法(Santorini, 1990; Xia, 2000;胡开宝、陶庆,2010),并根据远程心理咨询口译场域的独特性转写进行标注[②]。

4.1 关注管控情绪

远程心理咨询口译有时缺乏有效交际的组成部分,例如语音、文字、图像、副语言、手势语和面部表情等符号资源,在交际者之间产生一定程度的不确定性。其中,口译员的交际行为受交际者情绪(包括语调和表情)干扰较明显。这一"交际不确定性"(Braun,2015)对口译员有显著影响,因而口译员往往需要承担口译之外的职能来确保成功的交流,这会给口译员带来额外负荷。

案例1

T:Is it OK if I turn the camera a little bit, cause I like to face you a bit more.

I:我想调整一下我的摄像头[2s]。

C:随便,随便[疑惑]。

I:Sure. Sure.

T:What do you feel [...] [=]

I:[=] Do what ever you like.

I:Oh please go on.

T:[抿嘴、深呼吸][2s] What do you feel when I look more into your face?

I:这样盯着你看[1s],我这样看着你,你有什么感觉?

C:我感觉有压力。

I:I feel pressure.

T:What is the pressure?

I:有什么压力呢?

C:我不喜欢有人一直盯着我。

I:I don't like being stared [en] watched.

从交际场景分析,案例1是咨询师和来访者刚开

始对话的场景。在首次心理咨询时,因为来访者和咨询师相互缺乏了解,且有口译员在场,交际场景气氛较紧张。咨询师开始使用一些技巧(调整摄像头、凝视),企图与来访者建立互动。从交际内容分析,咨询师和来访者交流的内容较简单,但是口译员的产出存在较多问题。虽然学者认为"在自然会话中,绝对流利的语流是不存在的"(郑文博,2022:22),但该案例中的停顿、重复、自我修正值得细究。首先,出现漏译。一开始,咨询师原意应该是"我想调整一下我的摄像头,这样更能跟你面对面",但口译员并未完整传达,导致来访者表现出质疑,言语上有所停顿,对口译员造成影响。其次,出现话轮重叠。这是因为上一轮交际不充分,导致口译员想补充说明而打断咨询师。此时咨询过程中断,咨询师有抿嘴、深呼吸的动作,口译员受到交际场合的张力影响,在口译时出现一些修改和有声停顿。造成口译员出现问题的原因在于,心理咨询的交际效果会直接体现在单语交际方的表情上。当交际出现障碍,且无论障碍是从哪个交际方产生,都需要经由口译员来传递,进而对口译员产生压力,因为口译员知道如果双方无法有效交际,咨询"过程和结果均会受到很大影响"(王斌华,2019:80)。由此可见,交际者和交际模态(表情)之间存在互动,能够直接影响交际进程和交际效果。为应对模态(表情)和交际者互动带来的影响,口译员应关注他人情绪但不受影响,善于捕捉交际变化,但同时妥善管控自身负面情绪。例如,案例中译员打断咨询师后,马上通过言语主动引导咨询师完成提问,随后加以重述,完成交际。因而,当出现交际障碍,口译员需要主动协调,保证交际顺利开展,但有时会因主观或客观因素导致口译员的协调失败。一旦口译员未能很好地促成交际,其他单语交际方会把不良情绪直接体现在表情和语调上,这进一步会影响口译员的产出,容易导致来访者产生阻抗(resistance)。

4.2　避免话轮重叠

口译员作为第三方加入心理咨询场域后,改变了交际的节奏和顺序。远程心理咨询口译中的话轮转换方式和常规的面对面交际有较大区别,导致对话流畅度不及传统咨询的一半(Wadensjö,1999)。对口译员来说,话轮转换会带来额外认知负荷,因为远程场合中口译员无法直接和其他交际者进行眼神交流,且由于网络延迟,无法准确判断其他交际者是否已完成一轮发言。这种交际中的不确定性促使口译员完成除了口译之外的行为,如控制交际节奏,这会带来额外负荷。此时,口译员的角色不仅是中继

者(relayer),也是协调员(coordinator)或看门人(gatekeeper)(Braun,2015),并通过交际策略直接或间接影响话轮转换。

案例2

T: Some people say to me sometimes that my gaze is piercing, and [2s][...]

I: [=]那么。

T: And I don't know how to change that.[=] Maybe [2s][...]

I: [=]有人说……[对咨询师]Oh yes, continue.

T: Yeah, I was saying maybe that's part of who I am.

I: 好,嗯,对,就是有人也告诉我说我凝视别人的目光很有穿透性,但是[2s]我也不知道怎么去改变,也许这就是我自己。

C: 我[2s]可以接受[↑]。

T: Hmm … I think about [2s] from what I heard, and I believe there is theme I kept hearing [2s].

I: 从你的讲述,我隐约听出一个主题。[对咨询师]Yes please.

T: I kept hearing your curiosity about your life.

I: 就是对于你生命的好奇。

C: [4s]我不是太确定。我其实[3s][……]

I: I am not sure. [对来访者]好,你继续讲。

心理咨询中经常会有沉默和长时间停顿,这时一般是咨询师或来访者在处理对方刚才说的话。但口译员所受训练一般要求他们避免话语中断(Tissi,2000),因而当口译员遇到交际者沉默时,倾向于认为上一个交际方已说完,进而开始口译来完成交际任务。这不免造成单语交际者和口译员话轮重叠,导致交际过程不顺利。案例2中,咨询师尝试用句子和句子之间的停顿吸引来访者,但口译员多次误以为沉默代表咨询师已说完,无意中打断了咨询师刻意营造的沉默氛围。此外,口译员打断他人发言的可能原因是网络传输信号不稳定。在远程咨询时,有时出现网络延迟且咨询师或来访者在说话,而口译员却认为某一交际方已说完并开始口译,因而打断了其发言。在这种情况下,口译员及时采取策略主动引导(Oh yes, continue; Yes please;好,你继续讲),以促成交际。话轮转换虽是较少被人关注的交际模态,但在远程心理咨询口译中会对口译员造成额外负荷,意味着口译员不仅要充当交际的桥梁,自身还需要掌握一定的心理咨询技巧,从而更好地理解心理咨询场合的动态,采取必要措施控制交际节奏。如在另一些场合,口译采取主动协调策略,目的是促进交际效果。

案例 3

C：我是说我其实是想回答你的问题，但是又有点抓不到方向。有点，怎么说呢［2s］［＝］

I：［＝］［对来访者］不舒服？不适应？

C：对，不适应吧。

I：I want to answer your questions, but sometimes I cannot catch your drift. I feel a little uncomfortable.

I：［对咨询师］Well, he had some trouble describing the feeling so I asked him if he was trying to say uncomfortable.

在这个案例中，口译员打断来访者，是因为注意到来访者当下无法准确表述，而口译员根据上下文猜测到了来访者想说的话，所以通过插入话轮的方式辅助交际，而且最后向咨询师解释了这一行为。在有口译员在场的心理咨询中，口译员要尽可能避免与咨询师或来访者单方面交流，而且一旦出现单方面交流应当及时告知另一方刚才私下交流的内容，因为"所有说过的话都要译出来"（Everything said in this room will be interpreted）（Searight & Searight, 2009）。在远程对话口译中，由于诸多主客观因素（如信号延迟、传输和连接中断等）导致交际方无法依据视觉获取交际信息，因而口译员的主动交际策略更显重要。

4.3　模仿肢体动作

在面对面对话口译交际中，动作和手势有重要意义，交际方通过凝视、姿势或问候来展示相互尊重和兴趣，为交际者提供更广泛的交际资源。肢体动作、副语言作为交际中常见的模态，在帮助口译员构建语境、理解前后文方面起到重要作用。当非语言和言语交流发生冲突时，肢体语言可以流露出交流的真正含义（Fast, 1970）。此外，译员在口译过程中需要进行双语语码转换（康志峰，2018：84），这涉及体验实践和认知过程（ibid., 2022）。作为心理咨询的技巧之一，咨询师会使用肢体动作来引导学员，鼓励其表达自己的情感。但在远程心理咨询时，肢体语言和情绪不能像面对面交际那样有效地传递。此时，口译员尝试模仿来访者和咨询师的动作，一方面更好地体会肢体动作中蕴含的非言语含义，另一方面则强调交际方的肢体动作，以更好地传达非言语信息，最终是为了更好地达到咨询效果。

案例 4

T：［身体前倾］Can you tell me a little bit about that discomfort?

I：［身体前倾］你能讲讲是怎样的不舒服吗？

C：［低头］就是你的问题让我想很多，我不愿意想很多。

I：Your questions will lead to so many thoughts in my mind, and I do not like that. I feel pressure.

T：Pressure［en］. Can you take a deep breadth?

I：如果觉得有压力，那你想不想试试深呼吸？

C：［摇头］噴，不要。

I：［摇头］Well, no.

T：What would happen if you did?

I：试一下也没关系吧？

C：［深呼吸］［2s］好了。

I：［深呼吸］OK.

4.4　还原副语言信号

除了肢体语言，交际中的副语言（音量、语调、语速等）也会影响心理咨询交际效果。咨询师为了让来访者感到放松，会使用比较温和的声音和语气；也会强调某些词语来暗示、引导来访者加入与咨询师的交际。因此，口译员除了传达交际者字面意义，还要注意解读其副语言信息（音量大小、音调高低、强调等），因为这些副语言信息可能对成功咨询至关重要（Rudvin & Tomassini, 2011）。对于远程咨询而言，除了语言交流可能带来的问题，远程视频的沟通方式会影响副语言交际信息。最显著的影响在于交际时的迟疑、尴尬、重复以及凝视和对视无法得到有效呈现，一定程度上干扰交际各方相互理解。

案例 5

C：我的老师让我来看心理医生，因为我和同学关系［**很不好**］。

I：My teacher asked me to come to a therapist, because I am in a [**bad**] relationship with my classmates.

C：［皱眉］他们每天晚上吵得我［**睡不着觉**］。

I：They［＝］

C：［＝］我就想换一个宿舍，就想一个人住。

I：My roommates are so noise. I just could not sleep well. I want to move out of［…］［＝］

C：［＝］我都［**快疯了**］！

I：I want to move out of my dorm. It is driving me [**mad**]!

T：I am sorry to hear your roommates and you are not getting well with each other. Did you do anything to improve?

I：看到您和舍友相处不好，我替你觉得难过。那你有尝试过去改善一下吗？

C：昨天晚上他们吵了一晚上，不让我睡。［**那我也不让他们睡**］，我敲了一晚上的床。

I：They were very noisy last night. I can't sleep.

Well, I won't let them sleep [either]. I slammed the bed very loudly, all night.

　　案例 5 中出现了大量副语言内容,隐含重要交际信息,能直接影响咨询师和来访者的交际效果。口译员应当识别明显的副语言特征,且在译文中还原呈现,从而使心理咨询交际双方明白彼此交流的重点(如来访者说[快疯了],口译员在相应的信息上还原副语言[mad])。远程心理咨询口译中声音变为信息的主要来源,口译员应当充分认知发言人音调、着重、声线模糊等特征,以推测其精神状态。对此类韵律和非言语变化有越好的把握,就越能避免口译中出现的失误(如打断、话轮重叠)。在本案例中,口译员模仿来访者着重说明的部分加以表现,能够帮助咨询师和来访者更快进入交际轨道。

5. 结语

　　本文采用咨询师和来访者授权使用的心理咨询真实语料建立多模态语料库,描写咨询师、来访者和口译员的动态交际场景,分析远程心理咨询中的口译负荷,并总结口译员在"交际者—语境—模态"互动下的口译应对策略。分析发现:口译员的交际行为主要受多种模态影响,如交际者情绪(包括语调和表情)、话轮转换、肢体动作、副语言等。作为交际中常见的模态,上述因素在交际者构建语境、理解前后文方面起到重要作用。口译员应当关注交际语境,合理使用技巧来加强心理咨询场景中的相互信任,降低来访者的阻抗。本文通过案例描写还原远程心理咨询场景,分析出口译员可以采取多种口译策略,包括关注控制情绪、避免话轮重叠、模仿肢体动作和还原副语言信号。虽然由于涉及隐私保护,本文能获取授权使用的语料规模较小,但依然有相当大的借鉴意义。疫情蔓延导致人们更易受心理问题滋扰,加上实施隔离政策,远程跨文化心理咨询备受关注,口译需求也相应增长。在此背景下,本文有助于口译从业者深入了解心理咨询口译面临的独特问题,为多模态口译研究理论创建提供实例,也是对医疗口译人才培养的有益补充。

注释

① 心理督导是指心理健康服务从业者在有经验、有资质的督导师指导帮助下实践咨询技巧,监控咨询服务质量,改进咨询工作,提高自身专业水平的过程(梁毅等,2009:686)。本文所使用素材已获得授权。

② 案例中使用的标注符号解释:T 代表咨询师(Therapist),I 代表口译员(Interpreter),C 代表来访者(Client)。中括号[　]表示出现的非言语(多模态)信息,并在中括号内标注特征,如[2s]指停顿 2 秒,[en]指有声停顿,[↑]表示结尾升调,[……]或[...]表示还没说完一整句话,而[**黑体着重号**]则指着重强调,[下划线]表示声音无法辨识,[=]表示话轮重叠。

参考文献

[1] Bordin, E. S. The Generalizability of the Psychoanalytic Concept of the Working Alliance [J]. *Psychotherapy: Theory, Research & Practice*, 1979, 16(3): 252.

[2] Braun, S. *Remote Interpreting*[M]. New York: Routledge, 2015.

[3] Fast, J. *Body Language*[M]. New York: Simon and Schuster, 1970.

[4] Galvão, E. Z. Speech and Gesture in the Booth — A Descriptive Approach to Multimodality in Simultaneous Interpreting [J]. *International Scientific Journal*, 2009: 27.

[5] Gerver, D. A. Psychological Approach to Simultaneous Interpretation [J]. *Meta: Journal des traducteurs*, 1975, 20(2): 119.

[6] Jesse, A., Vrignaud, N. & Cohen, M. M. et al. The Processing of Information from Multiple Sources in Simultaneous Interpreting [J]. *Interpreting*, 2000, 5(2): 95-115.

[7] Kopytko, R. Relational Pragmatics: Towards a Holistic View of Pragmatic Phenomena[J]. *Studia Anglica Posnaniensia: International Review of English Studies*, 1998.

[8] Kress, G. *Multimodality: A Social Semiotic Approach to Contemporary Communication*[M]. London: Routledge, 2009.

[9] Kress, G. & van Leeuwen, T. *Multimodal Discourse: The Modes and Media of Contemporary Communication* [M]. London: Bloomsbury Academic, 2001.

[10] Leanza, Y. Roles of Community Interpreters in Pediatrics as Seen by Interpreters, Physicians and Researchers[J]. *Interpreting*, 2005, 7(2): 167-192.

[11] Leeuwen, T. V. *Speech, Music, Sound* [M]. London: Macmillan Education, 1999.

[12] Li, T. & Fan, B. Attention-Sharing Initiative of Multimodal Processing in Simultaneous Interpreting [J]. *International Journal of Translation, Interpretation, and Applied Linguistics (IJTIAL)*, 2020, 2(2): 42-53.

[13] Lijun, W. Relational Dimension of Psychotherapy: Conceptualization, Theoretical Model and Measurement of Therapeutic Alliance[J]. *Theory and Practice of Psychological Counseling*, 2019, 1(9): 429-446.

[14] Martinec, R. Rhythm in Multimodal Texts [J]. *Leonardo*, 2000, 33(4): 289-297.

[15] Miller, K. E, Martell, Z. L. & Pazdirek, L. The Role of Interpreters in Psychotherapy with Refugees: An Exploratory Study[J]. *American Journal of Orthopsychiatry*, 2005, 75(1): 27-39.

[16] Moser-Mercer, B. Remote Interpreting: Issues of Multi-sensory Integration in a Multilingual Task [J]. *Meta: Journal des traducteurs/Meta: Translators' Journal*, 2005, 50(2): 727-738.

[17] Ouyang, Q. & Fu, A. Effects of Non-verbal Paralanguage Capturing on Meaning Transfer in Consecutive Interpreting[A]. In M. F. Zhang & D. Z. Feng (Eds.), *Multimodal Approaches to Chinese-English Translation and Interpreting* [C]. London/New York: Routledge, 2020.

[18] Pöchhacker, F. "Going Video": Mediality and Multimodality in Interpreting [A]. In H. Salaets & G. Brône (Eds.), *Translation Library* [C]. Amsterdam: John Benjamins, 2020: 13-45.

[19] Pöchhacker, F. *Introducing Interpreting Studies* [M]. London/New York: Routledge, 2022.

[20] Roy, B. C. *Interpreting as a Discourse Process* [M]. Oxford: Oxford University Press, 2000.

[21] Rudvin, M. & Tomassini, E. *Interpreting in the Community and Workplace: A Practical Teaching Guide*[M]. London: Palgrave Macmillan UK, 2011.

[22] Searight, H. R. & Searight, B. K. Working with Foreign Language Interpreters: Recommendations for Psychological Practice [J]. *Professional Psychology: Research and Practice*, 2009, 40(5): 444-451.

[23] Seeber, K. G. Multimodal Processing in Simultaneous Interpreting [A]. In J. W. Schwieter & A. Ferreira (Eds.), *The Handbook of Translation and Cognition* (1st ed.) [M]. New York: Wiley, 2017: 461-475.

[24] Seleskovitch, D. L'interprétation de conférence [J]. *Babel*, 1962, 8(1): 13-18.

[25] Stenzl, C. *Simultaneous Interpretation — Groundwork Towards a Comprehensive Model* [D]. London: University of London, 1983.

[26] Tissi, B. *Silent Pauses and Disfluencies in Simultaneous Interpretation: A Descriptive Analysis*[J]. *The Interpreters' Newsletter*, 2000, 10(4): 103-127.

[27] Wadensjö, C. Telephone Interpreting & the Synchronization of Talk in Social Interaction[J]. *The Translator*, 1999, 5(2): 247-264.

[28] Wadensjö, C. *Interpreting as Interaction* [M]. New York: Routledge, 2014.

[29] Whitehead, M., Jones, A. & Bilms, J. et al. Child Social and Emotion Functioning as Predictors of Therapeutic Alliance in Cognitive-Behavioral Therapy for Anxiety[J]. *Journal of Clinical Psychology*, 2019, 75(1): 7-20.

[30] Xia, F. The Part-of-Speech Tagging Guidelines for the Penn Chinese Treebank (3.0) [R]. University of Pennsylvania Institute for Research in Cognitive Science Technical, 2000: 38.

[31] 顾曰国. 多媒体、多模态学习剖析[J]. 外语电化教学, 2007(2): 3-12.

[32] 侯阗. 美国医疗口译的发展及对中国的借鉴 [J]. 中国科技翻译, 2011 (1): 24-28+48.

[33] 胡开宝,陶庆. 汉英会议口译语料库的创建与应用研究[J]. 中国翻译,2010(5): 49-56+95.

[34] 康志峰. 体认口译学: PTR 模型理论建构[J]. 翻译研究与教学,2022 (1): 1-6.

[35] 梁毅、陈红, 王泉川等. 中国心理健康服务从业者的督导现状及相关因素[J]. 中国心理卫生杂志, 2009 (10): 685-689.

[36] 刘春伟,魏立. 欧美远程口译发展对我国口译人才培养模式的启示[J]. 语言教育, 2017 (4): 15-19.

[37] 刘宇波,张威. 新世纪以来的医疗口译研究: 回顾与展望[J]. 上海翻译, 2021(2): 70-75+95.

[38] 莫爱屏. 口译中译员主体性意识的语用研究 [J]. 中国外语,2010(3): 103-107+111.

[39] 莫爱屏, 蒋清凤. 关系语用学的三元关系在口

译中的互动研究[J]. 外语教学，2006（6）：
93-96.

[40] 莫爱屏，李蜜. 数字化背景下中华文化外译的
多模态语用策略[J]. 外语电化教学，2021
（6）：68-74+11.

[41] 苏伟. 从"传声筒"到"医患关系的协调者"——
一项针对医疗译员角色的实证研究[J]. 外语
研究，2010（5）：84-88.

[42] 王斌华. 口译的交际协调论——兼论"口译只

是认知处理技能吗?"[J]. 外语教学，2019
（1）：78-83.

[43] 詹成，彭科明. 心理诊疗口译的特点与策
略——基于"存在主义心理咨询工作坊"口译
语料的实证研究[J]. 广东外语外贸大学学报，
2017（1）：57-62.

[44] 郑文博. 视译非流利现象及对教学的启示——
以填充语为例[J]. 翻译研究与教学，2022（2）：
21-29.

纵横论译

认知诗学视域下诗性隐喻的翻译研究

——以卞之琳《断章》的翻译为例

车明明[1]

（西安理工大学 人文与外国语学院,西安 710054）

摘 要：作为一种文学批评理论,认知诗学旨在探索文学对象内在的思维机制和运作机理,因而与具有认知特性的诗性隐喻研究形成理论与实践的合宜性。本文首先阐述了认知诗学的本质、哲学基础及其对诗性隐喻的解释力,然后以认知诗学为理论基础,以诗歌《断章》为研究对象,论证了认知诗学在诗性隐喻翻译中的作用,提出了诗歌翻译中"诗性坚守"和"诗性考据"的主张。基于认知诗学视域进行翻译研究不仅有利于拓展翻译研究的视野和维度,而且对于认知诗学的本土化也大有裨益。

关键词：认知诗学；诗性隐喻；图形-背景理论；可能世界理论

Title：Translation Studies of Poetic Metaphors in the Light of Cognitive Poetics：Exemplified by Bian Zhilin's Poem "Fragment"

Abstract：As a theory of literary criticism, cognitive poetics, which is focused on the study of the internal thinking and working mechanisms of a literary object, constitutes the conformance of theory and practice in the study of the cognitive metaphor which in itself possesses cognitive features. The present paper first expounds on the nature and the philosophical basis of cognitive poetics and its explanatory power for poetic metaphors. Then, by means of basing itself on cognitive poetics and using the poem "Fragment" as the research object, this paper demonstrates the effects of cognitive poetics on the translational reproduction of poetic metaphors, and it also postulates the propositions of "poetic persistence" and "poetic textology" in poetry translation. The translation research approach based on cognitive poetics is expected to broaden the horizons and dimensions of translation studies on the one hand; on the other hand, it is hoped to facilitate the localization of cognitive poetics.

Key words：cognitive poetics；poetic metaphor；figure-ground theory；possible worlds theory

1. 引言

认知诗学(cognitive poetics)从西方学界传入我国。它是建立在认知语言学和认知心理学基础上的一种新的诗学。认知诗学是一种创新性的文学作品解读模式,它依靠认知语言学与文学评论相结合的手段研究文学与认知的关系,重在从心理认知过程和规律阐释文学作品的结构、语言选择和文学效果之间的关系(Stockwell, 2002；Semino & Culpeper, 2002；Gavins & Steen, 2003)。认知诗学研究在我国得到了重视,形成了一定的研究规模。从事认知诗学在语言与文学应用方面研究的学者有苏晓军(2005/2006/2009)、蓝纯(2005/2011)、刘立华等

---

1 作者简介：车明明,硕士,西安理工大学人文与外国语学院教授、硕士生导师；研究方向：诗学与翻译。
 基金项目：本文受到教育部人文社科规划基金项目"比较诗学视域下中西译学核心话语对比分析"(项目编号：21YJA740003)的资助。

（2006）、刘文（2007）、蒋勇军（2009）、庞玉厚等（2009）、尚必武（2011）、熊沐清（2008/2011a/2011b/2012/2018）、封宗信（2018），等等。从事认知诗学与翻译研究相结合的学者有侯林平（2012）、文永超（2016）、赵彦春等（2017），等等。

然而，目前我国的认知诗学研究还基本停留在"概览""现状""前景"等基本层面，或者限于将认知诗学运用于文学作品的阅读、鉴赏和认知当中。为了挖掘和实现"认知诗学方法的创造性运用"（熊沐清，2011b：12），本文采取集语言学、文学及翻译学为一体的、综合的认知诗学研究视域，对诗性隐喻的翻译再现进行研究。

认知诗学视域下诗性隐喻的翻译研究具有两方面的研究意义。首先，对以往语言学与文学相结合的研究是一次本体论意义上的提升，能丰富和细化诗性隐喻的研究；其次，为翻译研究提供了新的维度，能有力推动"认知诗学的本土化"（熊沐清，2011a：33-38）进程。

2. 认知诗学与隐喻

隐喻是人类最基本的思维方式。在中西文化和思维中，隐喻一直都属于重要的研究范畴。在我国，隐喻实际上就是古代诗论家所说的"赋比兴"三体中的"兴"，即隐喻最早是以"兴"的形式存在的。"兴"是一种形象思维，是一种原始的隐喻（朱光潜，1979：342）。西方认知语言学认为，隐喻不仅仅是通常意义上的修辞手段，而且在日常生活中无处不在，我们平常的概念系统在本质上都是隐喻性质的（Lakoff & Johnson，2003：3），此为认知语言学上"隐喻无处不在"的革命性论断。

隐喻与诗歌关系密切。隐喻与诗人的形象思维有密切联系，诗歌往往运用隐喻的意象和意境来表达思想和感情，隐喻"是诗人的主要文本和荣耀"（束定芳，2000：120）。在某种程度上，诗歌就是隐喻，隐喻是微型诗歌（poem in miniature），"隐喻与诗歌同源"（束定芳、汤本庆，2002：6）。隐喻不仅是诗人表情达意的武器，也是诗人传递其对世界认知的媒介，诗人一方面使用隐喻性语言来表达其抽象的内心情感世界和深奥的哲理，另一方面利用隐喻来赋予诗歌更多的意义与内涵，使抽象的感觉具体化，从而激起读者的思考和想象。因此，用莱柯夫和约翰逊（Lakoff & Johnson）的话来说，"隐喻不单是一个纯语言的问题，而是我们认知能力的扩展，即从基本经验到非基本经验范畴的扩展"（转引自刘立华、刘世生，2006：74）。因而，作为诗歌重要元素的隐喻既具有

诗性特征，又具有认知属性。

诗学和认知的结合孕育了认知诗学，"跨学科是认知诗学的基本属性"（熊沐清，2008：299），其"最大的长处是它把文学的哲学探讨与批评实践两个方面结合起来，从哲学层面提供了批评的理论基础，这个基础从现代意义上说是比较科学的"（Stockwell，2002：59）。得益于认知科学和认知心理学等领域的研究成果，认知诗学被赋予多面性和丰富性。认知诗学业已具有广泛的范畴，它不特指一个理论或学科，而指的是认知转向下文学研究的理论和方法。认知诗学是"运用认知科学的成果研究诗学，（是）一种认知框架下的新文艺理论"（蒋勇军，2009：24）。认知诗学以研究文学阅读为主要任务，涉及"文学阅读中的问题"（Stockwell，2002：165）以及"读者在阅读过程中的现实感受"（Stockwell，2002：167），力图回答历来文学研究所关心的重大问题，建立自己的文学理论与批评理论体系。具体来讲，认知诗学研究建立在认知语言学和认知心理学基础上，"运用图形-背景、脚本图式、文本世界理论、可能世界理论、原型理论、认知语法、心智空间、隐喻等认知方式探讨如何精确解读文学文本，达到对文本的准确理解，同时强调阅读的体验性、互动性和文学语境性"（蒋勇军，2009：25）。与此同时，认知诗学在隐喻的研究方面也借鉴吸收了认知语言学中概念隐喻、概念整合理论的精华。故此，隐喻是认知诗学一个非常重要的方面。

3. 认知诗学与诗性隐喻的翻译

正如隐喻，诗性隐喻缘起于人类最基本、最普遍的认知经验与过程，但诗性隐喻是以艺术的形式呈现的，因而是一种特殊的认知和交际形式，其特殊性使得它对于运用、发展和启迪人的认知能力具有特殊作用。为了实现艺术性创作目的，诗人往往创造出一个别具一格的隐喻，这就是"诗性隐喻"。因而，诗性隐喻的突出特征是其艺术性、新颖性和独特性，"凡是在本学科中一个不落俗套的，从其他学科或义域引入的，具有创新意义的表达，都被视为诗性隐喻"（胡壮麟，2003：6）。诗性隐喻是作家或诗人寄予作品思想感情和人生哲理的重要手段，它不仅仅是用语言来表述本体和喻体之间的联系，而是人类为了了解不可捉摸的世界和探索世界万物存在着的自然辩证关系，通过诗的情感、诗性言说及诗性表达来探讨相关现象。概言之，人类的思维是隐喻性的，语言本身也具有隐喻性，在诗歌等文学作品中，诗性隐喻表达了常规语言和叙事视角难以言说的文学母题。

诗性隐喻是诗歌不可或缺的华丽外衣,它赋予诗歌独特的哲思和内在的美感,具有"言近意远"的表意功能和"托物言志"的诗学功用(车明明,2020:71)。"好的诗性隐喻是智力维度、感觉维度、感情维度和想象维度的多角度投射,是文本与环境、语境、时代、读者的想象空间共同作用的结果,是动态的,是变化的,需要读者用心去感悟、用情去体验,用理性去重建。"(徐健,2014:45)因而,诗性隐喻的认知需要读者的诗性思维。

相应地,在翻译过程中,诗性隐喻在译文中的再现也需要译者的诗性思维。"诗性"是一个抽象的概念和范畴,它是作家对现实世界的文学化和艺术化处理,是文学作品主题的依附和风格的外衣。如何在译文中再现诗歌意味隽永的诗性,对于诗性隐喻的把握至关重要。译者在翻译中应注重诗性隐喻的创造性,不能将其淡化、弱化或泛化,而要用认知的框架去诠释和考量其诗性特征,而集认知与诗学特性于一体的认知诗学为诗性隐喻的再现提供了适宜的视角。

伴随着文学研究的"认知转向"(封宗信,2018:1-14),认知诗学成为一门后经典文学科学——"文学学"(封宗信,2018:2),它将文学看作认知和交流的一种形式。认知诗学强调文学审美过程中,文本的审美对象与读者认知之间的互动性,其关注点是读者如何从认知的角度来理解文学作品。它既着眼于发掘规律特征,又着意于对这些特征的阐释。认知诗学的这种认知性和体验性特征为文学翻译研究打开了新的视域。借此观点,文学作品的翻译过程可被看作译者的认知思维与原文作者和目标语读者的交流过程。综上,认知诗学的本质在于阐释原文本的语言和形式如何受人类信息处理方式的限制(Tsur,1992:Ⅷ),涉及诗歌的元语言和元认知特性(康志峰、徐佳朋,2020:2-3);同时,"诗学,以诗为学,是诗之学问"(封宗信,2018:2)。故此,认知诗学对于诗歌翻译在学理上也形成契合。

4.《断章》中诗性隐喻的翻译分析

卞之琳(1910—2000)是我国"新文化运动"时期"新月派"的代表诗人,其小诗《断章》写于1935年,原为一首长诗中的片段,后独立成章,故名《断章》。《断章》是中国现代文学史上文字简短而意蕴丰富、意境朦胧的著名短诗。一如其题目,该小诗形成有关人生主题的耐人寻味的片段。《断章》既是哲理诗,又是言情诗,其匠心独运和精致微妙的构思得以使其化作不朽的诗篇。《断章》中质朴清新的意象、

浪漫如画的意境、淡然悠远的情思、独出机杼的母题令人回味无穷。

原文:

断　章

卞之琳

你站在桥上看风景,
看风景人在楼上看你。
明月装饰了你的窗子,
你装饰了别人的梦。

译文1:

Fragment

You stand upon the bridge to look at the landscape.
A landscape viewer upon the tower looks at you.
The moon decorates your window.
You decorate other people's dreams.

(叶维廉 译)

译文2:

Fragment

When you watch the scenery from the bridge,
The sightseer watches you from the balcony.
The bright moon adorns your window,
While you adorn another's dream.

(杨宪益、戴乃迭 译)

译文3:

Fragment

You stand on a bridge watching scenery,
And the scenery watchers watch you from their balconies.
The bright moon adorns your window,
And you adorn their dreams.

(唐正秋 译)

诗性隐喻赋予《断章》强烈的隐喻性和暗示性,使得其文学语境和艺术图景中喻示着深刻的哲学内涵。基于认知诗学的视角,可充分挖掘和再现该诗中诗性隐喻的精髓。本研究拟采用认知诗学的"图形-背景"(figure-ground)和"可能世界理论"(possible worlds theory)两种理论范式,以卞之琳诗歌《断章》中的诗性隐喻为研究对象,旨在从认知诗学角度研究诗性隐喻在作品中的作用,在体悟作者之隐喻哲思的同时,开发和建立译者的诗性思维,探索认知诗学框架下诗性隐喻翻译再现的理念和机制。

4.1 基于"图形-背景"理论的翻译再现

"图形-背景"理论是认知诗学的重要理论之一。认知诗学的代表人 P. 斯托克韦尔(P. Stockwell)对其进行了深入研究,他"主要是通过对影像[①](figure)

和背景(ground)的研究来探讨文体突出,其语料为超现实主义诗歌。他认为,阅读是影像和背景不断形成的过程,是不断产生令人震撼的形象(image)和回声(resonance)的过程,文学的语篇特征、含义和联想意义正是建立在这一动态过程之上"(刘立华、刘世生,2006:73)。在"图形-背景"关系中,"图形"和"背景"互为依存,相得益彰,但"图形"是产生文本意义的核心。

下文首先探讨翻译过程中对于《断章》中"图形"的理解与再现。

诗歌的审美张力源自诗歌独特的形式,即"前景化的形态"(foregrounded shape)(Boase-Beier,2011),而诗歌的翻译则相应地受制于诗歌独特的形式。将文体学与翻译结合起来的领军人物、英国学者博厄斯-贝耶尔指出,诗歌的"诗眼"即为诗歌中的文体手法集中之处,它能引起读者的注意力和再次阅读,是使得读者认知过程产生巨变的地方(Boase-Beier,2011;见侯林平,2012:47)。在《断章》中,"图形-背景"关系作为一种独特的"前景化"形态可以借由博厄斯-贝耶尔所谓的"诗眼"表现得非常清晰。

在翻译过程中,译者需找出诗歌的"诗眼",亦即"图形",并且要确保其形态在译文中的合宜性。在《断章》中,"装饰"一词因其恰到好处的比喻和夸张而产生了生动逼真的情感效果,因而形成"诗眼"。"装饰"这个意象的重复使用,使其诗性隐喻的意义获得了前景化效果,与其所在的"可能世界"(见下文论述)形成了"图形-背景"关系。在"图形-背景"的框架内,翻译这篇短小精悍、意味隽永的诗歌的成败系于"诗眼"的把握,或曰其"图形-背景"关系在译文中的合理再现。

杨宪益和唐正秋的《断章》翻译版本均选用"adorn"一词,体现了意象的新颖性和美学性,读者能感受到一片明月映照窗棂的意境,也似乎能体会明月抚触窗格的感觉。该词的选用能体现出"隐喻认知的联想方式,即感性的和理性的联想"(吴本虎,2007:7)。"身外的客观景物转化为心中的神思和顿悟,进而至形而上的层面"(徐健,2014:43),此所谓诗性隐喻的"以我观物":"把不可见之物变为可见之物","带来抒情的哲理化"(徐健,2014:43),引发读者的哲学冥想。"adorn"形成的意象在译文读者心中唤起的意象胜过千言万语,为"象外之象""境外之境"和"心灵构型"(余松,2006:77)。这样,"adorn"构成视觉和触觉的综合通感效果,极大地丰富了此意境的审美价值,增加了表现力和艺术魅力,也使人生的"无心"和"无奈"得以再现。对于该意象的翻译再现,叶维廉选用了"decorate"一词,该词具有表示

主动性的内涵,故不能很好地体现人生那种"身不由己"、无奈的感伤之情。此外,"adorn"本义为"装饰"和"使生色",《牛津字典》对其的解释是"to make sth./sb. look more attractive by decorating",该释义说明"decorate"只是"装饰"的具体手段,而"adorn"才是抽象的和具有诗性效果的终极目的。换言之,"adorn"一词更富有诗意。就此来说,杨宪益、戴乃迭的版本和唐正秋的版本似乎优于叶维廉的版本,因为杨译和唐译选用了富有诗意的词汇,秉持了诗歌翻译中诗性的坚守。所谓"诗性的坚守",就是"译诗像诗""以诗译诗"的理念和思路。

其次,下文探讨翻译过程中对于"背景"的理解与再现。

前文说"装饰"是《断章》的"诗眼",那么,"你站在桥上看风景,/看风景人在楼上看你"则形成诗歌的"背景"。"明月"(主体意象)和"你"(客体意象)的互换增强了诗画意境的效果,也产生了一种视觉上的美感,诗性隐喻在此表现出的相对关联的哲理性也从意象上变得更加具体而深邃。

诗歌前两句和后两句分别形成一组,构成不同的意境和图景。两幅图景分别通过"看"和"装饰"把不相关的事物联系在一起,充分发挥了意象并置的艺术功能,使得单个隐喻难以实现的抽象主题和隐旨能在这种类比的结构里得以表现,并形成复合意象空间构筑的诗性隐喻(徐健,2014:44),即"复合的诗性隐喻"(群喻,extensive metaphor)。复合诗性隐喻往往是在一个隐喻的基础上再进一步形成隐喻,将双重或多重隐喻套叠在一起,使意象与意象之间构成修饰、限定、并列等关系,同时又相互映照和渗透。以"图形-背景"的逻辑关系来看,前两句充当着诗歌的"背景",后两句是具有重心地位的"图形",即前两句是诗歌主题的铺垫,后两句是诗歌主题的高潮。这种"割裂"的意境虽没有完足性的故事情节,但反倒构成一种独特的"情境美学"。从内容与时序上,两个意境在意象的选择上使用类比(analogy)的修辞,使得两个意境之间各自独立而又互相映衬,在哲思阐释上也产生类比的效果,从而与作者产生思想与情感的共鸣。据此观之,诗性隐喻不仅是一种修辞技巧,更体现了一种思维、经验和行为方式,它属于认知的范畴,翻译过程中要着意于再现这种类比效果所提供的"背景"。

叶维廉将"你站在桥上看风景"译为"You stand upon the bridge **to** look at the landscape"。"你站在桥上"这个诗性隐喻赋予诗歌生动丰满、让人如临其境的意境,叶维廉选用的"to look at the landscape"蕴含着"目的性",似乎主人公"you"要急着去完成一项任

务,因而这样的翻译使得主人公"站在桥上看风景"的流畅画面被打破,其意境也就俨然沦为毫无生趣的日常动作。而唐正秋版本的译文"You stand on a bridge **watching** scenery"使用了具有伴随意义的现在分词"watching",体现了原诗中的状态,因而更好地再现了诗性隐喻所隐含的意境。但美中不足的是,叶译和唐译的句子谓语都用了一般现在时而非现在进行时来翻译"你站在桥上看风景,/看风景人在楼上看你"。从"语境性"来说,使用一般现在时这样非人格化(impersonal)的翻译方法无法有效地为读者营造身临其境之感,无法充分反衬出原诗中栩栩如生的对比性母题。本文认为,为了充分体现后两行中的主题,反映其意境中的对比含义,将其翻译成进行时态似为妥当些:You are standing on a bridge watching scenery, / And the scenery watchers are watching you … 如此一来,前两行便会营造出与原文一样惟妙惟肖、如真亦幻的"背景"。可见,唯有前两行合理再现,才能铺就诗歌的诗意"背景",才能为后两行"图形"的再现做好铺垫。毋宁说,后两行灵动的"图形"来源于前两行丰满的"背景"。从"图形-背景"角度讲,"背景"的合理再现会使得诗歌"图形"所承载的含义和母题得以凸显。由是观之,本文主张翻译过程中"背景"的刻画和再现应基于译者的"诗性考据",方能梳理出蕴含于原诗的"图形-背景"关系中那种复杂时空和繁复情绪。

通过诗性隐喻,艺术家以作品阐释了生命哲学,思想者以哲学重建了世界。"诗性隐喻充分发挥了(诗)人的想象力、创造力、认知力"(胡壮麟,2003:6),它"可让作者的创造力奔腾,使他的作品具有个人的烙印和独特的风格"(胡壮麟,2003:5)。诗人正是从诗性隐喻角度,通过个体思维的纵横驰骋,对直觉感知的现实关系进行概念上或经验上的构建。在翻译过程中,译者也必须基于认知诗学视角,以艺术的眼光、思想者的角色从认知层面再现诗人所创造的艺术境界和文学世界。

4.2 基于"可能世界理论"的翻译再现

诗性语言不仅具有意指功能,更具有审美功能,这是由其诗学特征决定的。对于诗歌来说,首先是它的形式之美,其次是由意指功能和审美功能的完美结合而达到的美学效果。诗性语言经过了陌生化处理,从言到意进行了艺术的阻隔和延宕,需要读者用心去感悟,用情去体验。在审美过程中,"读者在阅读文学语篇时会走进虚构的文学世界(fictional literary worlds),构建、维持和发展读者与语篇之间的喜恶(empathies and antipathies)并表达他们的移情"

(苏晓军,2009:9)。由于审美和情感所赋予诗性隐喻的审美张力,译者在翻译过程中便要努力用艺术才思去解构和再现其美感世界。斯托克韦尔在《认知诗学导论》最后一章中指出,情感和审美是认知诗学的研究方向(Stockwell,2002)。所以,认知诗学视角下诗性隐喻翻译的另一个维度就是基于"可能世界理论"(possible worlds theory)的审美和情感翻译再现。

认知诗学的"可能世界理论"来自逻辑学和哲学(熊沐清,2018:74),它是一种可以想象的事物状态的总和,既可以指我们生活在其中的现实世界,也可以指与现实世界不同但可以思议的其他世界。"Elena Semino 的可能世界理论首先是哲学家和逻辑学家提出的,用以解决一些逻辑问题,后来叙事学家和符号学家对其进行了发展,用来解释小说语篇的特征。Ryan 把语篇世界中现实存在的内容称为语篇现实世界,把非现实存在的内容称为语篇可能世界。这一理论模式把语篇世界看成是语篇现实世界和语篇非现实世界的互动过程,又把语篇非现实世界看成是语篇现实世界的不同版本。"(Stockwell,2002:93;转引自刘立华、刘世生,2006:76)诗歌正是通过诗性隐喻为读者构筑了一个神秘的、引人入胜的"可能世界"。

诗歌是一幅连绵不断的意象图,或者说诗歌是能够拼出许多意象图形的魔方。英国诗人及文学批评家约翰·德莱顿(John Dryden,1631—1700)说过,"意象本身就是诗歌的生命,是诗歌的最高境界"(Parini,1987:27)。意境是意象与情感融合而引发人联想和想象的艺术世界,是情景交融的美的世界。通过意象和意境的结合,诗人旨在托物言志,使得"意寓象外",情景相生。意象和意境结合构成的具有诗学特征的诗性隐喻使得诗歌具有隽永的理趣和无穷的韵味,因而诗歌中的诗性隐喻是诗人智慧与美感体验的凝聚。《断章》中有"人""桥""风景""楼""窗子""明月""梦"等意象,经过作者精心而巧妙地选择和安排,将这些意象组织在两幅图景中,产生了一种内在的关联性,动态地勾画出它们的内在联系与关系,形成一个整体,塑造出一种诗性隐喻,引发人们去构建一种心理表征,感知和想象一个全新的"可能的世界"。的确,从表面看,诗歌中的各个意象本身是独立的,但意象并置和巧妙结合为读者提供了一个"可能的世界",使得"明月""你的窗子"和"别人的梦"这三个逻辑上并无必然联系的事物被串联起来,把感伤、朦胧、飘忽、空寂与凄清的复杂情绪表达得淋漓尽致。诗性隐喻的母题是通过意象得以表达的,意象是诗人"附托外物"(朱光潜,1979:342)表达诗性情感的具体方式。因而在翻译过程中,只有把握好意象和意境促成的诗性隐喻的审美和情感要素,诗歌中似隐似现、难以名状的情愫和诗性思维才能得以再现。

从审美和情感角度来讲,诗性隐喻的翻译应本着两个着眼点进行。

首先,要从隐喻的"相似性"特性出发。作为隐喻的一种特殊类型,诗性隐喻享有隐喻的本质特性,即本体与喻体之间喻底的相似性、系统性、多重性和语境性(程琪龙,2002:48)。在汉语中,词语"楼上"有登高望远的含义,可指"高处",并不一定指具体的"tower"或者"balcony"。叶维廉将"楼上"译为"tower",杨宪益、戴乃迭和唐正秋将其译为"balcony"。这两种译法都将原文模糊的意象明朗化了,因而未能再现原诗的诗性隐喻中意象的模糊美,这从"相似性"角度来说有所欠缺。从译文与原文的"喻体公知性一致"(刘法公,2007:49)角度来讲,译文与原文的喻源域的映射意象必须一致。因此,本文认为将"楼上"译为具有模糊性意义的"aloft"(高处)更恰当些。由于时空的间隔性、始源域与目标域之间的映射所呈现出的开放性以及读者认知经验的差异性,诗性隐喻也会呈现开放性特征。正如"楼上"引发了不同的翻译,原诗中的"风景"也引发"landscape"(景观;风景画)和"scenery"(盛景;佳境;风光)两种译法。从"系统性"来看,原诗中的"看风景人"虽然在英文中可以有"a landscape viewer""the sightseer""the scenery watchers"等形式,但为了照应最后一行中的"别人",译文最好选取"the scenery watchers"。从以上分析可以看出,在翻译过程中,若欲挖掘文本的内涵、美感及灵动的气质,必须充分把握诗性隐喻的主题和内涵,"只有掌握了作者的隐喻主题,才能与作品达成相即相合的认知"(徐健,2014:45)。

其次,本文主张诗性隐喻的翻译应着意于"诗性的坚守",即"诗味的保全"。诚然,翻译需兼顾英汉语言"形合"与"意合"的特性,但在诗歌的翻译中,用词经济(economy of expression)(Booz,1982:12)是保存"诗味"的重要理念,因而必须是一个重要的考虑因素,即应避免使用不能直接产生意象的词汇。从该意义上讲,杨宪益、戴乃迭的版本选用连词"while"和"when",形成了语法的"显化",虽然注重了英语语言特征,但让诗歌整体稍有突兀感,缺少顺畅性,终使其"诗味"缺失。"诗味"是一种审美感觉,这里便不得不提上文所谓的"诗性坚守",即"译诗像诗"的诗性坚持。在认知诗学框架内,"可能的世界"(possible worlds)对于译者的翻译操作会产生辩证的影响。一方面,"隐喻认知阐释的核心是语言材料和

概念结构间的联系"(孙毅、李全,2019:46),而认知和经验的基本结构与过程植根于人类的认知和经验的基本结构与过程,通过不断激活相关的框架知识并进行推理,便有可能破解文本所提供的"可能的世界",实现诗性母题构建和成功交际的目的。与此同时,在"诗性考据"和翻译过程中,虽然文本提供了话语产生的情景,但译者只有和译语读者处在同样的时空维度而非对原文亦步亦趋,才能在译语中有机地再现语言的本体特征以及文本结构的整体形态学、结构规律、文体特征,否则便有可能导致译文诗性美感的缺失。

故而矛盾的是,认知诗学之"可能的世界"在为读者(译者)提供了认知性思维的同时,也构成了对诗歌诗性隐喻母题之"确定性"的消解。译者的职责便是以实现诗性目的为诉求来对原文进行"诗性考据",以便捕捉诗人的"视点"(point of view)和诗性隐喻所拟传递的内涵。译者作为特殊身份的读者,应打开自己的心灵,将人类的精神世界和思维认知浸入文本,在与文本的敞开、交织和圆融中"诗化"出基于文本的经验世界、意蕴世界及情感世界。

5. 结语

认知诗学将诗性隐喻置于认知的框架下,强调文学阅读过程中诗性隐喻等文本意象与读者认知之间的互动性,可有效阐释诗性隐喻的诗性思维和隐喻哲思。作为一种认知手段,认知诗学在翻译过程中有助于译者穿透诗性隐喻的语言面纱而探析其思维屏障,达到诗歌之诗旨解读的升华,从而深刻感悟诗歌的诗性魅力,更好地在译文中再现诗性隐喻的母题。本文采用认知诗学与翻译研究相结合的方法对诗性隐喻的翻译进行研究,提出了诗歌翻译之"诗性坚守"和"诗性考据"的思路和主张,对于我国的认知诗学研究具有拓展性的学术价值。

《断章》文约词练,意旨深远,其中的诗性隐喻构成了诗歌玄妙而抽象的诗性母题,使人思而咀之,感而契之。通过对《断章》中诗性隐喻之翻译理念和机制的分析,本研究一方面证明了认知诗学可以为诗性隐喻的翻译提供解释力,另一方面旨在抛砖引玉,以期促发学界对于认知诗学视角下的翻译理念和模式进行更加深入的思考和研究。

注释

① 斯托克韦尔所谓的"影像"意指"图形-背景"中的"图形"(figure)。

参考文献

[1] Boase-Beier, J. *A Critical Introduction to Translation Studies* [M]. London：Continuum, 2011.

[2] Booz, B. E. *A Brief Introduction to Modern American Literature* [M]. 上海：上海外语教育出版社,1982.

[3] Gavins, J. & Steen, G. *Cognitive Poetics in Practice* [M]. London/ New York：Routledge, 2003.

[4] Lakoff, G. & Johnson, M. *Metaphors We Live By* [M]. Chicago：The University of Chicago Press, 2003.

[5] Parini, J. *An Invitation to Poetry* [M]. Englewood：Prentice Hall Inc., 1987.

[6] Semino, E. & Culpeper, J. *Cognitive Stylistics: Language and Cognition in Text Analysis* [M]. Amsterdam/Philaddoh：John Benjamins, 2002.

[7] Stockwell, P. *Cognitive Poetics: An Introduction* [M]. London/New York：Routledge, 2002.

[8] Tsur, R. *Toward a Theory of Cognitive Poetics* [M]. Amsterdam：North-Holland, 1992.

[9] 车明明. 纪伯伦《沙与沫》中诗性隐喻的母题言说[J]. 广东外语外贸大学学报,2020(6)：70-80+91.

[10] 程琪龙. 语言认知和隐喻[J]. 外国语(上海外国语大学学报),2002(1)：46-51.

[11] 封宗信. 认知诗学：认知转向下的后经典"文学学"[A]. 熊沐清,主编. 认知诗学(第四辑)[C]. 北京：外文出版社,2018.

[12] 侯林平. 翻译学：一个认知诗学的视角：《翻译学批判性导论》评介[J]. 中国翻译,2012(3)：46-48.

[13] 胡壮麟. 诗性隐喻[J]. 山东外语教学,2003(1)：3-8.

[14] 蒋勇军. 试论认知诗学研究的演进、现状与前景[J]. 外国语文,2009(2)：23-27.

[15] 康志峰,徐佳朋. 认知口译学：要素、路径及策略[J]. 翻译研究与教学,2020(1)：1-8.

[16] 蓝纯. 认知语言学与隐喻研究[M]. 北京：外语教学与研究出版社,2005.

[17] 蓝纯. 从认知诗学的角度解读唐诗宋词[J]. 外国语文,2011(1)：39-43.

[18] 刘立华,刘世生.《语言·认知·诗学：认知诗学实践》评介[J]. 外语教学与研究,2006(1)：73-77.

[19] 刘文. 认知诗学：认知科学在文学研究中的运用[J]. 求索,2007(10)：189-191.

[20] 庞玉厚,刘世生. 认知诗学与生态诗学[J]. 外国语文,2009(1)：16-22.

[21] 尚必武.《认知诗学：目标、成就与空白》评介[J]. 现代外语,2011(1)：105-107.

[22] 束定芳. 隐喻的诗歌功能[J]. 解放军外国语学院学报,2000(6)：12-16.

[23] 束定芳,汤本庆. 隐喻研究中的若干问题与研究课题[J]. 外语研究,2002(2)：1-6.

[24] 苏晓军. 文学的认知研究史探[J]. 苏州大学学报(哲学社会科学版),2005(3)：78-82.

[25] 苏晓军. 认知科学背景上的文学研究概览[J]. 外国语言文学研究,2006(3)：13-18.

[26] 苏晓军. 国外认知诗学研究概观[J]. 外国语文,2009(2)：6-9.

[27] 孙毅,李全. 政治隐喻与隐喻政治[J]. 山东外语教学,2019(5)：35-47.

[28] 文永超. 诗学与效果：简·贝尔认知诗学翻译观述评[J]. 英语研究,2016(4)：124-130.

[29] 吴本虎. 隐喻认知的联想方式分析[J]. 西安外国语学院学报,2007(3)：6-9.

[30] 熊沐清. 语言学与文学研究的新接面：两本认知诗学著作述评[J]. 外语教学与研究,2008(4)：299-305.

[31] 熊沐清. 多样与统一：认知诗学学科理论的难题与解答[J]. 外国语文,2011a(1)：33-38.

[32] 熊沐清. 认知诗学的"可能世界理论"与《慈悲》的多重主题[J]. 当代外国文学,2011b(4)：11-23.

[33] 熊沐清. "从解释到发现"的认知诗学分析方法：以 The Eagle 为例[J]. 外语教学与研究,2012(3)：448-459.

[34] 熊沐清,主编. 认知诗学(第四辑)[C]. 北京：外文出版社,2018.

[35] 徐健. 诗性隐喻的认知视角解读[J]. 文艺评论,2014(11)：42-45.

[36] 余松. 隐喻与诗性言说[J]. 当代文坛,2006(2)：76-78.

[37] 张维鼎. 隐喻与诗性思维[J]. 南开语言学刊,2005(2)：128-134.

[38] 赵彦春,吴浩浩. 从认知诗学视角考察文学性的翻译[J]. 外语研究,2017(3)：65-71.

[39] 朱光潜. 西方美学史(上卷)[M]. 北京：人民文学出版社,1979.

多重跨学科视角下的
翻译意义再生与变异问题再思

王洪林[1]

（浙江万里学院　外语学院，宁波 315100）

摘　要：数字化时代，翻译形态日渐多元。鉴于此，本文以意义为主线，从语言学、符号学、翻译研究与变异学等多重跨学科理论视角切入，全面考察翻译中意义再生与变异问题，以规避单一理论视角导致的学术盲点，进而为进一步推进跨学科翻译研究提供新视角。

关键词：翻译；意义再生与变异；跨学科视角

Title：Reflection on Meaning Regeneration and Variation in Translation from Interdisciplinary Perspectives

Abstract：In the digital age, the forms of translation have gradually become diversified. In view of this, this paper takes meaning as the main thread, and comprehensively examines meaning regeneration and variation in translation from the perspective of multiple interdisciplinary theories including linguistics, semiotics, translation studies and the variation theory, so as to avoid the academic blind spots caused by a single theoretical perspective, and further provide a new perspective for interdisciplinary studies on translation.

Key words：translation；meaning regeneration and variation；interdisciplinary perspectives

1. 引言

数字化时代，"纸质页面向数字化网页的转移引发大量变化，不仅影响信息与消息传播的方式，而且给新的动态环境中的使用者和消费者带来影响"（Cintas & Nikolić，2018：1）；翻译与口译的内容、方式、本质、内涵、外延及疆界均发生变化（任文，2018；Dam et al.，2019）。近年来，关于语内、语际和符际三类翻译形态，口译和笔译以及翻译和改编之间的边界问题逐步引起学界关注（王洪林、任文，2019；王洪林，2020）。有学者从翻译内外双重边界切入，对翻译边界的流变问题展开了深入探讨，并提出如下观点：就内部边界而言，口译、笔译、译写、改写、本地化等边界日渐模糊；就外部边界而言，翻译与其他相邻学科之间的跨学科翻译研究进一步模糊甚至消解了翻译的外部边界（Dam et al.，2019）。

符号转换与意义再生问题始终是翻译研究关注的焦点所在。根据许钧（2014：51）的定义，"翻译是以符号转换为手段、意义再生为任务的一项跨文化交际活动"。近期也有学者提出，在翻译的诸多属性中，"符号转换性是翻译的唯一本质属性，其他属性，如社会属性、语言属性、文化属性、交流属性、创造属性、审美属性、历史属性、经济属性、认知心理属性等，则是翻译的衍生属性"（冯全功，2022：11）。诚如上述观点，符号转换被看作翻译的本质属性，符号转换的目的是在译文中实现原文意义的再生。换言之，符号转换是翻译的手段，而意义再生才是翻译的核心目的。符号转换观点的提出是对传统语言转换翻译观的深化与拓展。学界将符际转换看作翻译本

1　**作者简介**：王洪林，博士，浙江万里学院外语学院教授、硕士生导师；研究方向：翻译学、符号学、应用语言学。
　基金项目：本文系浙江省教育厅重大人文攻关课题（项目编号：2023QN114）和2023年度浙江省社科联研究项目（项目编号：2023B026）的阶段性研究成果，受到浙江省属高校基本科研业务费资助。

质属性,将翻译研究从语言符号之间的转换拓展到包括语言符号和非语言符号在内的广义符号之间的转换,无疑拓展了翻译研究的视域和视角。既然翻译的本质属性是符号转换,从符号学视角审视翻译活动就变得顺理成章。

翻译活动的符际转换问题在受到翻译界学者关注的同时,也引起符号学研究学者的注意。比如,马雷(Marais,2019:57)从生物符号学视角审视翻译问题,提出"如果从更高层级进行分析的话,任何形式的翻译都是符际翻译,都发生在符号系统之间,尽管可能是发生在同一符号系统之间"。不难看出,如果从符号及符号之外审视翻译活动的话,雅克布森所提出的语内、语际和符际翻译活动均可看作是发生在符号系统内部的不同符号之间或者不同符号系统之间的符际转换行为。这一观点,无疑进一步拓展了翻译活动的范畴,更为翻译研究提供了全新的理论视角。不过,翻译符号学取得大幅进展的同时,符号学视角的翻译研究或符号翻译学研究相对薄弱,对涉及翻译本质的一些核心问题探讨不够。鉴于此,下文着重分析并介绍不同学科范式对翻译中的意义再生和变异问题的考察。

2. 翻译中意义再生与变异问题的跨学科再思

意义作为诸多学科关注的核心命题之一,同样引起翻译界关注。符号学又称意义学,是意义研究集大成的学科。符号学关注"意义产生、传送、解释"等(赵毅衡,2017a:1)。此外,意义也是功能系统语言学、翻译学以及比较文学变异学等诸多人文学科关注的焦点所在。下文将从这几个理论视角切入,对翻译中意义再生与变异问题的研究展开讨论。

2.1 功能系统语言学的意义进化视角

英国翻译研究学者蒙娜·贝克(Mona Baker)认为,语言学关注语音、语义、词汇、句法、语篇、语用等不同层面语言意义的生成问题(Baker,2018)。多年来,翻译中的语言对等问题一直是不同语言学分支关注的焦点所在。"翻译学研究者最初从语言学的分支学科获得灵感,借鉴结构主义语言学、形式语言学、系统功能语言学等较为成熟的理论和方法论成果,从词汇、句段、篇章层面探讨翻译中的语言对等问题。"(邹兵、穆雷,2020:77)不同语言学流派分别从不同视角对语言意义问题展开讨论。其中结构主义语言学与后结构主义语言学对翻译研究的影响较为深远。近年来,韩礼德提出的功能系统语言学理

论,尤其是之后提出的语言进化论观点对翻译研究有重要启示。

学界从语言学视角对翻译问题的探讨已彰显了语言学视角下翻译研究的生命力。张冬梅(2012)从哲学层面对翻译的描述与规约关系展开富有成效的元理论反思。特别值得一提的是,蒙娜·贝克提出的符号对等围绕语言符号与非语言符号在翻译意义再生中的配合展开富有成效的讨论(Baker,2018)。方仪力(2020)从翻译、语言与历史语境多重视角切入,聚焦直译与意译的元理论反思,深入探讨了洪堡的翻译观。贝克认为,"语言学,尤其是语篇语言学与语用学等现代语言学,为翻译研究提供了一个突破口,为笔译员与口译员提供认识语言本质与功能的可贵视角"(Baker,2018:4)。可见,语言学范式下的翻译研究至今仍拥有持久的生命力。

对于翻译研究而言,功能系统语言学对意义问题的研究具有重要启示作用。朱永生和严世清(2011:1)提出,意义并非是先存的,而是"语法系统建构的结果"。系统功能语言学的代表人物韩礼德(Halliday)研究后期提出的意义进化论观点对翻译意义研究具有重要启示。朱永生和严世清(2011:14)对韩礼德提出的意义进化论进行了较为系统、全面的评介。具体从种系进化(phylogeny)、个体进化(ontogeny)和语篇进化(logogeny)三个维度对意义进化问题提出创新性见解。该研究指出,个体作为三类进化的中间环节,身处种系进化环境之中,为语篇进化提供环境,而语篇为个体进化提供语言或意义材料,进而通过个人进化为种系进化提供材料。可见,种系进化、个体进化和语篇进化三者之间是自上而下、相互影响与相互促成的关系。

意义进化论概念的提出主要受生物科学理论,尤其是达尔文进化论的影响,其中种系进化、个体进化概念借自生物科学(朱永生、严世清,2011:15)。从意义进化论视角审视意义的话,可以看出意义并非固定不变的,而是由语言使用者社群以及语言使用者个体在具体社会、文化语境中建构而来的。无论种系语言还是个体语言都涉及变化,或称进化。根据意义进化论观点,意义在建构与传播过程中逐步进化,从而导致意义变异。朱永生与严世清(2011)对意义进化论进行了系统引介。意义进化论的核心观点之一就是不存在固定的、唯一的意义。这与翻译研究学者探讨的翻译中意义问题有相通之处。比如,彻斯特曼(Chesterman,2016)提出的翻译模因论观点就认为,翻译中的意义转换并非如同盖房子一般简单地将砖块从一个地方转移到另一个地方。切斯特曼(ibid.)指出,意义并非固定不变。可

见，意义进化论和翻译模因论对意义问题的观点一致。而这两者均与雅克·德里达（Jacques Derrida）所提出的意义延异的观点有相通之处。无论是意义建构观还是意义解构观，都否定意义固定不变的观点，而看重意义的建构、生成以及进化中的变异。

功能语言学的意义进化论从语篇、个体和种系三个维度来阐释意义的进化问题，自下而上涉及文本、个体和族群三个层面的意义问题。这里讨论的个体和族群均指向文本使用者。该研究为理解翻译活动的意义再生及变异问题提供了一个元理论分析视角。就翻译而言，不仅涉及文本内部不同符号系统间的意义转换，也涉及不同个体对文本意义的阐释，更关乎特定文化空间内解释社群就文本阐释而达成的共识。

2.2　符号学的符号表意视角

符号学作为研究意义的学问，始终围绕意义问题展开。作为符号学两大开山鼻祖，美国学者查尔斯·皮尔斯（Charles Peirce）与瑞士学者费尔迪南·德·索绪尔（Ferdinand de Saussure）曾不约而同地对意义问题展开了系统理论思考。百余年来，两位学者不仅对西方文化思潮产生了深远影响，对中国的语言学与文化研究也间接产生了重要影响。就翻译研究而言，无论是语言学视角还是符号学视角，终逃不脱索绪尔和皮尔斯两位学者的影响。

近年来，皮尔斯解释符号学视角下的翻译研究渐受学界关注。自1959年罗曼·雅各布森（Roman Jakobson）从符号学视角提出翻译三分法以来，符号学与翻译研究的联姻正式拉开帷幕。随后符号学与翻译研究之间的跨学科研究一直延续至今。若从路德维希·约瑟夫·约翰·维特根斯坦（Ludwig Josef Johann Wittgenstein）的图像理论和语言游戏算起，符号学与翻译"联姻"历史已百余年，若从皮尔斯对翻译问题的探讨算起，也已近百年。即便从雅各布森提出语内、语际和符际翻译三分算起，也已半个多世纪（王铭玉，2015：23）。

罗伯特·霍奇（Robert Hodge）和冈瑟·克雷斯（Gunther Kress）在《社会符号学》一书的序言中强调，意义普遍地存在于视觉、听觉、行为及其他符码之中，因而对意义问题的研究仅仅关注语词远远不够（罗伯特·霍奇、冈瑟·克雷斯，2012：总序）。根据社会符号学的观点，符号系统作为社会系统的组成部分，对符号的审视离不开社会实践。换言之，社会实践是社会符号学研究的出发点与归属所在。

有学者指出，符号学本身就是意义科学（王铭玉，2016）。而根据赵毅衡（2016：1）的定义，符号是

"携带意义的感知"。关于符号和意义的关系，该研究指出，没有意义可以脱离符号而单独存在，也没符号不表达意义（赵毅衡，2016：2）。可见，符号与意义不可分割，两者共生互存。总体而言，以索绪尔代表的语言符号学和以皮尔斯为代表的逻辑符号学两大源头均在意义研究方面做出过重大贡献。特别值得指出的是，皮尔斯提出的符号、对象与解释项三分法，为解释翻译中的符际转换问题提供重要理论视角。

过去一个多世纪以来，学界多聚焦索绪尔的结构主义符号学，对皮尔斯的解释符号学关注相对不足（苏珊·佩特丽莉，2014）。从解释符号学的观点来看，并不存在先在的、固定的、唯一的意义。意义生成与再生的关键在于符号解释者的解释。解释项是意义生成与再生的关键，同时也是造成意义生成的同时必然伴随意义变异的原因所在。一方面由于解释者之间存在差异，不同解释者对同一符号的解释会有所不同，出现差异，进而导致符号表意过程中出现无限衍义；另一方面，即便同一个解释者面对同一个符号，由于解释动机不同，也可能带来不同的解释。正因如此，才会出现同一原文有不同译文的现象，进而解释复译现象存在的合理性。就符际翻译而言，属于多模态、多符号以及跨模态和跨符号表意行为。由于解释项的存在，跨模态与跨媒介的符号表意活动中意义处于动态、变化之中，符号表意过程中必然伴随无限衍义，从而导致意义变异。

就其本质而言，解构视角下的意义延异观点，与解释符号学视角下的符号表意和无限衍义的观点有相通之处。德里达提出的意义延异观强调意义在时间上的延迟与空间上的延宕，而符号表意活动伴随的无限衍义强调解释者对符号解释带来的差异，并重视符号表意行为的持续性与延续性。解构视角下的意义观和符号表意视角下的无限衍义观均强调符号表意活动中意义的动态流变与变动不居。因而，从这个角度来看，从解释符号学的符号表意活动可以看到解构的影子。或者说，解构思潮受到符号学，尤其是皮尔斯符号学思想的影响。更确切地说，德里达的解构观与皮尔斯符号学视角的意义观一脉相承，前者是对后者符号解释项观点的延展和开拓。

根据符号学观点，不同符码存在于整体符号系统之中，符号系统存在于社会语境之中。鉴于此，有必要将对符码的解释置于整体符号系统之内，进而将符号系统当作社会实践进行考察。韩礼德（2015：2）提出：既然"语言是一种社会符号"，就需要"在社会文化语境中解释语言"。社会符号学将符号置于

社会语境中考察，凸显符号意义的生成与符号置身其中的社会语境之间的密切关系。

格雷（Gorlée，1994/2004/2005）在符号学理论基础上提出符号翻译学的设想，并对符号翻译问题展开过系统性讨论。意大利学者苏珊·佩特丽莉（2014）从皮尔斯提出的符号解释项视角出发，对翻译问题，尤其是翻译中的符号关系进行了富有创见的阐发，从译文出发回望原文，进而重新界定两者关系，并提出译文是解释项，而原文是被解释项的观点。该观点不仅颠覆了传统翻译观关照下原文与译文的主从关系或者说译文对原文的附属关系，也为厘清翻译本质打开了新的研究空间，提供了新的研究视角。

就符号意义、解释者和文化空间三者关系而言，符号意义的实现受制于解释者，而解释者又受到所在的文化空间内的解释社群（interpretive community）的制约。解释社群也称解释群体。有研究指出，"作品意义的解读是群体的产物"，尽管是由"读者自己合成的"意义，但反过来，读者"也受到他所在的释义群体规范的制约"。根据接受理论的观点，译者是"理想化的读者""成熟的读者""合适的读者"。也就是说，"译者在理解原文时都会依照所有说话者共用的规则体系进行"（谢天振，2018：198）。这里讨论的解释社群与语言哲学家普特南（Putnam，1998）在讨论"语言外在论"与"劳动分工论"时提出的观点有相通之处。根据该研究，普特南（ibid.）对意义的界定和解释依赖于权威专家，也就是他提出的黄金鉴定专家。而权威专家的解释必然受到解释社群的规约，且要符合解释社群的规范。可见，解释社群一方面为权威解释提供依据，另一方面对解释起到一定的规约作用。

2.3 翻译学的符号转换视角

语言与符号意义转换及其意义再生始终是翻译本体研究的核心所在。许钧（2014：98）提出："意义问题，可以说是翻译的核心问题。"也有学者提出翻译是"一种符号转换活动"（冯全功，2022：11）。事实上，无论中国文化语境中关于翻译问题的文质之争，还是西方学者关注的直译、意译与对等问题，争论的焦点均在意义转换。中国自古将翻译与转换、改变等观点融合在一起，"译即易"的观点就是一个例证。表面上看，"易"的对象是语言符号。而本质上而言，转换的真正对象是意义。至于翻译中的意义到底是转移、再现还是再生，尚需细致梳理与深入发掘。

彻斯特曼（Chesterman，2016）从翻译模因论视角反驳了翻译中的意义固定观。传统翻译观将翻译活动看作是造房子。译者的任务是将从旧房子（原文）拆下的石头搬到别处盖一栋新房子（译文）。该观点是典型的结构主义观点，前提是承认存在固定、永恒不变的意义。对此，彻斯特曼（Chesterman，2016：19）提出不同观点，并质疑道："对于隶属于不同语言的词汇，其意义真的能相同吗？所有词语和词语在所有语境和时间中还能保持意义不变吗？"关于翻译中意义转换的"同""异"问题，即意义再生与变异问题，有学者指出，"异"是翻译"生成性建构机制运转的核心推动力"（过婧、刘云虹，2020：7）。

综上可见，学界一方面认识到符号转换性是翻译的本质特征之一，另一方面意识到符号转换的目的和结果是实现意义再生，但同时必然伴随意义变异。翻译通过符号转换既实现了意义再生，又带来了一定程度的意义变异。意义再生和意义变异之于翻译，如同符号表意和无限衍义之于符号意义生成。

2.4 比较文学变异学视角的意义变异

意义的变异不只发生在符号内部，在符号传播过程中，符号所处的文化空间同样会导致意义的变异。对此，我们暂且称之为翻译中符号意义的再度变异。

曹顺庆针对当前西方比较文学理论存在的弊端提出变异学理论，进而从理论和实践两个层面对跨语言、跨文化和跨文明的意义变异问题展开了系统研究（Cao，2013；曹顺庆，2014）。变异学对翻译文学中的变异问题进行了系统梳理，聚焦异质性与变异两个方面。根据变异学理论，翻译作为一种语言转换活动，意义再生过程中必然出现意义变异。

变异学研究的重点是翻译文学离开母语文化后在异域文化空间内的传播过程中，在语言、文化等方面发生的变化、变形与变异。该观点同谢天振（2007/2018）提出的译介学理论所讨论的译作与原作在语言、文化方面的失落、变形的观点有相通之处。不过，比较文学变异学和译介学均关注翻译产品即译作在他国文化中的传播、接受过程中发生的变异及其对他国文化产生的影响。

鉴于不同文化间存在的异质性、译者的主体性以及读者的期待视野，翻译过程中很难实现源语文本与目的语文本之间的意义对等。不过，难以实现意义对等并非意味着不可译。可译与不可译问题是理论层面的翻译限度问题。翻译活动在实践层面一直进行着。就译者而言，翻译活动始终是在可译与不可译之间寻找出路。而谢天振（2018）提出的创造性叛逆，正是译者面对不可译现象而做出的绝处逢生的努力，通过创造性叛逆将翻译中的不可译逆转为可译。

创造性叛逆作为一种翻译行为或翻译策略,是译者针对不可译或者接近不可译的情况所作出的积极应对。事实上,出发语文化与目的语文化之间,即便是看似完全对应的两个概念,也很难实现真正意义上的完全等同。即便近义词甚至同义词之间,比如中西方关于父母的概念,内涵意义与外延意义都存在一定差异。打一个不一定恰当的比方,爸爸妈妈(爸妈)与父亲母亲(父母)等概念尽管意义基本一致,但却在语域、亲密度等情感意义方面存在差异。前者折射出更为亲近或更为平等的亲子关系,而后者既表达晚辈对长辈的尊重,也体现长辈的尊严与权威。

曹顺庆(2018:128-129)对译文在跨语言、跨文化、跨国界及跨文明几个层面的讨论为理解翻译中的意义变异问题提供理论借鉴。关于翻译中的变异与创造性叛逆问题,曹顺庆(2018:127)认为:"翻译中的变异不可避免。"作者对翻译中的阐释或解释行为的讨论,一方面说明译者个体在意义阐释与表达过程中的主观能动性导致的意义流变与变异,另一方面说明译者个体因受到阐释社群的规约而决定了意义变异与流变的限度。相比较而言,语言学和符号学视角下的翻译研究关注翻译过程中的意义再生与变异问题,而变异学更加关注翻译活动之后,译文作为新文本在目标语文化空间内的传播、接受过程中,在语言、文本、文化等不同层面所发生的意义变异及其对目标语文化产生的影响。

综述如上,从不同意义观视角审视翻译意义再生问题会带来不同的翻译观。比如,根据结构主义语言学视角下的固定、恒定意义观,翻译中的意义可以准确转移或"移译",因而也就出现了忠实、意义对等翻译观。根据翻译模因论与意义进化论,翻译活动的目的是实现意义再生,而非意义对等。意义对等代表的是静态意义观,而意义再生映射的是动态意义进化与变异观。意义对等观强调的是意义的转移与再现,聚焦空间上的位移,而意义再生观侧重的是意义的再生,聚焦意义的动态流变。

就翻译活动的本质而言,既涉及文化内和文化间的语言符号和非语言符号内部的意义转换,又涉及跨模态、跨媒介和跨符号意义转换。不同符号间、模态间、媒介间、文化间的符号表意势必受到更多因素的影响,符号表意中的意义变异在所难免。不同语言和非语言符号间的跨符号表意活动由于跨越文化屏障,符号变形在所难免,意义变异也难以规避。只是文化间差异和符号间差异程度不同带来的意义变异程度不同而已。

3. 结语

意义问题作为翻译学、符号学、语言学、变异学共同关注的焦点,相关研究近年来取得重要进展。语言学对翻译中的语言符号转换问题阐释力强,而对于语言和非语言符号之间及非语言符号内部转换的翻译问题阐释力度不够。符号学关注符号表意行为,可以更有效地解释翻译的意义生成、再生与变异问题。变异学从作为意义生成机制的文本以及符号域和文化空间视角出发,对解释翻译文本在新的文化空间内传播、接受及符号域之间交互影响中的意义变异问题优势明显。鉴于不同理论对翻译意义再生与变异问题阐释力度与效果存在差异,从语言学、符号学、翻译学和变异学等多重跨学科理论视角切入,全面审视翻译中的意义再生与变异问题,有助于避免单一学科视角研究导致的学术盲点。本文以意义问题为主线,从多重跨学科理论视角切入,通过厘清翻译中的符号表意问题,以期对推进跨学科视角的翻译研究提供一定启示。

参考文献

[1] Baker, M. *In Other Words: A Coursebook on Translation* (3rd ed.)[M]. London/New York: Routledge, 2018.

[2] Bassnett, S. Variations on Translation[A]. In S. Bermann & C. Porter (Eds.), *A Companion to Translation Studies*[C]. West Sussex: Wiley Blackwell, 2014: 54-66.

[3] Cao, S. Q. *The Variation Theory of Comparative Literature*[M]. Heidelberg: Springer, 2013.

[4] Chesterman, A. *Memes of Translation: The Spread of Ideas in Translation Theory* (revised ed.)[M]. Amsterdam: John Benjamins, 2016.

[5] Cintas, D. J. & Nikolić, K. *Fast-Forwarding with Audiovisual Translation*[M]. Bristol: Multilingual Matters, 2018.

[6] Dam, H. V., Brøgger, M. N. & Zethsen, K. K. *Moving Boundaries in Translation Studies*[M]. New York/London: Routledge, 2019.

[7] Gorlée, D. L. *Semiotics and the Problem of Translation: With Special Reference to the Semiotics of Charles S. Peirce* (*Approaches to Translation Studies 12*)[M]. Amsterdam/Atlanta: Rodopi, 1994.

［8］Gorlée, D. L. *On Translating Signs: Exploring Text and Semio-translation* (*Approaches to Translation Studies 24*) ［M］. Amsterdam/New York: Rodopi, 2004.

［9］Gorlée, D. L. *Song and Significance: Virtues and Vices of Vocal Translation* (*Approaches to Translation Studies 25*) ［C］. Amsterdam/New York: Rodopi, 2005.

［10］Marais, K. *A* (*Bio*)*semiotic Theory of Translation: The Emergence of Social-Cultural Reality* ［M］. New York/London: Routledge, 2019.

［11］Putnam, H. The Meaning of Meaning［A］. In M. Baghramian (Ed.), *Modern Philosophy of Language*［C］. London: J. M. Dent, 1998: 222-244.

［12］曹顺庆. 南橘北枳［M］. 北京: 中央编译出版社, 2014.

［13］曹顺庆. 翻译的变异与世界文学的形成［J］. 外语与外语教学, 2018(1): 126-129.

［14］方仪力. 论洪堡特语言和翻译思想中的普遍主义向度［J］. 外语学刊, 2020(2): 102-107.

［15］冯全功. 翻译是一种符号转换活动——关于翻译定义的若干思考［J］. 中国翻译, 2022(3): 11-19.

［16］过婧, 刘云虹. "异"与翻译的建构性［J］. 上海翻译, 2020(4): 7-11.

［17］韩礼德. 作为社会符号的语言: 语言与意义的社会诠释［M］. 苗兴伟等, 译. 北京: 北京大学出版社, 2015.

［18］刘文霞, 李松颖. 进化中的翻译模因［J］. 上海翻译, 2020(5): 48-52.

［19］罗伯特·霍奇, 冈瑟·克雷斯. 社会符号学［M］. 周劲松, 张碧, 译. 成都: 四川教育出版社, 2012.

［20］潘文国. 界面研究四论［J］. 中国外语, 2012(3): 1+110-111.

［21］任文. 新时代语境下翻译人才培养模式再探究: 问题与出路［J］. 当代外语研究, 2018(6):

92-98.

［22］苏珊·佩特丽莉. 符号疆界: 从总体符号学到伦理符号学［M］. 周劲松, 译. 成都: 四川大学出版社, 2014.

［23］王洪林. 符际翻译意义再生与变异之跨学科元理论反思［J］. 翻译跨学科研究, 2021a(1): 17-30.

［24］王洪林. AI 时代口译教学改革的进路: 从单模态到多模态再到跨模态［J］. 翻译研究与教学, 2021b(2): 76-81.

［25］王洪林. 翻译之"异"的三重跨学科元理论解读［J］. 中外文化与文论, 2022(3): 323-332.

［26］王洪林, 任文. 语言学与符号学双重视角的翻译研究——评 Mona Baker 的《换言之》(第三版)［J］. 翻译研究与教学, 2019(1): 142-146.

［27］王铭玉. 翻译符号学刍议［J］. 中国外语, 2015(3): 1+22-23.

［28］王铭玉. 翻译符号学的学科内涵［J］. 解放军外国语学院学报, 2016(5): 1-10+18.

［29］谢天振. 译介学导论(第 2 版)［M］. 北京: 北京大学出版社, 2018.

［30］许钧. 翻译论［M］. 南京: 南京大学出版社, 2014.

［31］张冬梅. 在事实与价值之间——翻译研究中描述与规约之关系的哲学阐释［J］. 外语学刊, 2012(1): 121-124.

［32］赵毅衡. 符号学: 原理与推演(修订本)［M］. 南京: 南京大学出版社, 2016.

［33］赵毅衡. 哲学符号学: 意义世界的形成［M］. 成都: 四川大学出版社, 2017a.

［34］赵毅衡. "表征"还是"再现"? 一个不能再"姑且"下去的重要概念区分［J］. 国际新闻界, 2017b(8): 23-37.

［35］朱永生, 严世清. 系统功能语言学再思考［M］. 上海: 复旦大学出版社, 2011.

［36］邹兵, 穆雷. 语言学对翻译学的方法论贡献——特征、问题与前景［J］. 中国外语, 2020(3): 77-84.

生态翻译学视角下《老生》的"不可译性"研究

易　翔　　刘军平[1]

（中国民航大学　外国语学院，天津 300300；
武汉大学　外国语言文学学院，武汉 430072）

摘　要：本文以生态翻译学为理论框架，以贾平凹《老生》英译本为研究对象，从"语言""文化"和"交际"三个维度出发，考察译者在面临"不可译性"问题时采取的应对策略及效果。研究发现，《老生》英译者分别使用了"顺应式平衡""依归式补偿"和"能动式重构"的策略来应对语言、文化及交际维度的不可译，目的是调整与重建两套语言生态系统间的平衡与和谐，保证译本在译语生态中的"生存"与"生长"。本文厘清了生态翻译学对"不可译性"问题的阐释机制，以期对后者展开更为深刻、全面的研究。

关键词：生态翻译学；不可译性；《老生》；文化能力

Title：Untranslatability of *The Mountain Whisperer* and Translation Strategies in Its English Version：From the Perspective of Eco-translatology

Abstract：Based on the theoretical framework of eco-translatology, this paper uses the English version of Jia Pingwa's *The Mountain Whisperer* as an example, so as to examine how translators cope with "untranslatability" in language, culture and communication. It is found that the translator of Jia's novel adopted the strategies of "adaptive balance", "submissive compensation" and "active reconstruction" to deal with untranslatable elements in language, culture, and communication respectively, with the purpose of adjusting and reestablishing the balance and harmony between source and target language ecosystems, so as to improve the readability and acceptance of the translated text. On the basis of clarifying the explanatory mechanism of eco-translatology for "untranslatability", this paper proposes a more profound and comprehensive research on this long-vexed issue.

Key words：eco-translatology；untranslatability；*The Mountain Whisperer*；culture competence

1. 引言

生态翻译学以世纪初的"翻译适应选择论"为源头，历经 20 余年的"自我创建、自我确证、自我发展与自我完善"（胡庚申、罗迪江，2021：11），"新论迭出，学理精进"（方梦之，2020：20），逐渐成为翻译研究领域中一个"非常有价值的源泉"（罗迪江，2019：34），践行者众，被誉为"当代中国翻译理论话语的典型代表"（刘军平，2022：1）。本质上，生态翻译学属于一种"后现代语境下的翻译理论形态"，其本体论基础为生态整体主义和东方生态智慧，以翻译生态、文本生态、"翻译群落"生态及其相互关系为研究对象，从生态视角对翻译生态整体和翻译理论本体进行综观和描述（胡庚申，2013：11-13）。作为一套系统的翻译理论话语，"生态翻译学对翻译活动中的许

1　作者简介：易翔，博士，中国民航大学外国语学院讲师；研究方向：翻译批评、翻译教学。
　　刘军平，博士，武汉大学外国语言文学学院教授、博士生导师；研究方向：中西翻译理论、中西比较文化。
　基金项目：本文为国家社科基金项目"复合间性视阈下的中国近代间接翻译研究（1898—1937）"（项目编号：19BYY118）的阶段性成果。

多关键问题有独特的观察视角"(宋志平、胡庚申，2016：107)，并对这些问题的本质、流变及对策具备较强的解释力。

"可译/不可译"的矛盾历来是翻译研究领域的核心问题。几千年晓晓不休地论辩却共识寥寥[①]，部分学者出于实用主义的立场对其避而不谈，其他人则在徒劳的理论焦虑后无奈地顺从与接受(Duncan et al.，2019：3)。"不可译性"既关乎技术层面的操作，亦涉及文本意义的终极所指，是一个涵盖认识论、本体论、语言哲学及科学哲学等多个向度的问题域，囊括语言、文化、哲学及政治等多重维度(Apter，2013)。生态翻译学对"不可译性"的诠释带有强烈的平衡与和谐色彩，体现出"生态整体主义"的理念。在其理论视域内，"不可译性"源自原语生态与译语生态间不同程度的"不符""失衡"及"差异"，涉及语言、文化和交际三个维度。"可译性/不可译性"的生态理据在于文本生态的差异度：差异度越高，可译性越低。在文本移植伊始，译者携带自己的"先有""先见"与"先把握"进入原语生态，继而理解文本。为了消解生态对立，维持、协调、平衡并重构与原语生态相适应的生态环境，译者往往需要先将自己头脑里原有的"生态"尽量地"变换"，乃至"掏空"，这样才有可能植入新的、与原语生态相适应的生态环境(胡庚申，2013：343-346)。

以生态翻译学视之，当代文学"走出去"的实质即文学文本(包括其中的语言与文化异质因子)从本土生态向差异度很高的异域生态旅行、传播乃至渗透的过程。而当源语文本具备鲜明的"地方色彩"，展现出同译语生态迥异的"风俗画面"与"审美品格"时，"不可译性"作为"翻译如何可能"这一终极问题的实践表征，对身为"生态平衡维持人"的译者提出了在语言、文化、交际等维度上不断协调、建构与重组的挑战。本文以《老生》及其英译本为研究个案，以生态翻译学对"不可译性"的阐释为观照，尝试回答三个问题：一、文学作品的"不可译性"主要体现在哪些维度？二、译者在文本移植中使用了哪些手段来维持或重构原语生态，效果如何？三、生态翻译学如何诠释译者对"不可译性"问题的认识及对策？

2.《老生》的"不可译性"

《老生》是贾平凹2014年推出的长篇小说。小说以古籍《山海经》引入，借一位阴歌唱师的视角，记录了陕西南部一座县城的沧桑往事，投射出中国农村社会形态和人民生活的重大变化，可视为"对中国近百年历史沧桑的碎片化点氘"(陈众议，

2018：31)。2021年4月，该书英文版 *The Mountain Whisperer* 由英国查思出版(亚洲)有限公司(ACA Publishing Ltd.)出版，译者为加拿大籍翻译家庞夔夫(Christopher Payne)。

借由四个时代背景不同，既相对独立又相互关联的故事，同时置入混沌苍茫的《山海经》文本，贾平凹在《老生》中建构起一种"板块式的互文性叙事结构"(韩鲁华，2015：55)。从20世纪30年代的革命斗争，到40年代的土地改革，再到50年代的人民公社化，直至改革开放后的市场经济，书中呈现的"乡土中国"同当代英美国家间的社会形态可谓天壤之别，"生态差异度"极强，"不可译性"很高。具体说来，《老生》的"不可译性"主要体现在语言、文化和交际三个维度。

语言维上，贾平凹使用了大量汉语，尤其是关中方言所独有的语音质素、词汇搭配和修辞手法，突出表现在多处日常民谣及阴歌唱词中，如例1所示。

例1：姐在喲园中呃搞的黄瓜喲，郎在那个外边打土巴，打掉了黄瓜儿花喲，哎呀依子喲，打掉喲公花呃犹的小可喲，打掉那个母花少结瓜，回去的爹娘骂喲，哎呀依子喲。(贾平凹，2014：223)

文化维上，《老生》根植于贾平凹对商洛的故乡记忆及生活经验，当中蕴含丰富的陕南风土人情意象，"絮絮叨叨、拉拉杂杂的乡野闲话"(李遇春，2015：31)同本土特色鲜明的时代话语一道，"造就了对秦岭别具一格的史志书写"(徐翔，2019：84)。仅例2中就包含方言、生态、物质、制度等多个"不可译"的文化子维度。

例2：单就说尘世，他能讲秦岭里的驿站栈道，响马土匪，也懂得各处婚嫁丧葬衣食住行以及方言土语，各种飞禽走兽树木花草的形状、习性、声音和颜色，甚至能详细说出秦岭里最大人物匡三的家族史：匡三是从县兵役局长到军分区参谋长到省军区政委再到大军区司令，真正的西北王。(贾平凹，2014：3)

交际维上，《老生》充分体现了贾平凹"小说是一种说话，说一段故事"(邰元宝、张冉冉，2005：80)的创作理念，"琐细、密实、笨拙"(谢有顺，2015：18)的平铺直叙中缀入大量的独白、对话及心理描写，人物的交际意图、信息意图及个性特征等在当中如萤火般交错显现，对中文读者都构成一定的阅读与理解障碍，遑论言辞殊隔的译语读者。因此，如何定位"中英两种语言之间的异同点、两种文化的契合点，并结合语境由此出发，找到适用于源语和目的语环境的翻译"(杨丽萍、张贯之，2022：130-133)，最终维持、协调乃至重建两套生态系统间的平衡，是译者必须思考与解决的问题。

3. 语言维不可译：顺应式平衡

生态翻译学将翻译视为不同语言生态系统间的文本移植行为，移植方法是"多维"转换，主要落实在语言、文化和交际三个相互交错、互联互动的维度上。语言维转换是基础，指代译者在翻译过程中对语言形式的适应性选择与转换，包括在词性、形意合及人称物称等方面的调整。《老生》中包含大量关中方言所特有的语音标记、文字结构和修辞手法，涉及拟声词、民谣唱词及阴歌唱词等多种语言现象。译者也表示"翻译《老生》最大的困难之一就是书中的方言问题"②。

例3：九八七六五四三，说起远古年代远，铺天盖地全黑暗，无天无地更无山，无风无云无水潭。黑暗到了混沌纪，天地何时有缝隙？先是无极生太极，再是太极生双仪，双仪可又生四象，四象还把八卦立。开天辟地胡乱唱，许多事情都忘光。（贾平凹，2014：202）

译文：Nine, eight, seven, six, five, four, three …
The ancient world lies far off in the past.
All is darkness, no sky, no earth, no mountains …
No wind, no clouds, no lakes of crystal clear water …
This is the record of bedlam,
Of chaos …
When, may I ask, will there be a crack for the light of Heaven and Earth to shine through?
In the beginning there was the primordial universe,
The Taiji …
Yin and yang emerges from the supreme ultimate,
The Four Guardian Beasts from yin and yang …
The Beasts beget the bagua …
I sing now of Pangu's reckless splitting of Earth from Heaven,
So much has been forgotten … （Jia, 2021：368）

以语言维审视，原文至少在四方面蕴含"不可译"因子：形式上的对仗、语音上的押韵、短句中的自体式重复（"无……无……无……"）以及上下句间的呼应式重复（"太极""双仪""四象"的递进出现）。此外，为追求句式工整而省略了逻辑词及施事主语，连同多个上古时代的文化专有项，构建出同译语差异度很高、可译性很低的原语文本生态。

译文体现出译者顺应及平衡语言生态环境的努力：语音及形式层面上，以译语生态中读者的阅读习惯为考量，归化倾向明显，如采用自由体歌谣形式、舍弃对仗及韵脚、简化重复、添加显性逻辑词/短语（"This is""when"）以及补充施事主语（"I"）等；词

汇层面高度异化，刻意保留原语生态中的异质因子，如将"太极"音译为"Taiji"而非"Tai Chi"，"八卦"音译为"bagua"，体现出依归原语生态的倾向；文化层面侧重阐释，如将"双仪"和"开天辟地"分别释译为"yin and yang"和"Pangu's reckless splitting of Earth from Heaven"，力求"原文的基因和血液在译文里依然流淌并得到体现"（宋志平、胡庚申，2016：108）。

除贯穿全书的唱词以外，《老生》中还存在多个在语音、符号、语义层面"不可译"的人名。这些名字在"揭示人物的个性或身体特征乃至时代背景或人物的命运"（胡伟华、郭继荣，2017：56）方面作用明显。译者在翻译过程中也趋于在依归原语生态和依归译语生态的连续统（continuum）上做灵活移动。

例4：我说：你是谁？他说：我叫墓生。我说：什么，墓生？老皮说：他爹他娘被枪决时，他娘已经一头窝在沙坑里却生出了他。（贾平凹，2014：145）

译文："So, my dear fellow," I asked, "who might you be?"
"I'm Mu Sheng."
"I beg your pardon, did you say Mu Sheng?"
"Both of his parents were executed, shot," Lao Pi explained. "He was born at that moment, in the pit his mother fell into." （Jia, 2021：267）

例5：游击队员都叫他摆摆，因为他走路一摆一摆的。（贾平凹，2014：211）

译文：It wasn't long before everyone started calling him "uncle" for his willingness to carry out mundane tasks. （Jia, 2021：386）

例4中"墓生"意为"生于坟墓"，阐明了人物的凄苦出身，也预示着他的悲惨宿命。译者音译了"墓生"，保留了原语生态的语音异质性，但并未传达姓名承载的特殊意义，译语生态中的读者也不会明白"Mu Sheng"和"born at that moment, in the pit his mother fell into"之间有什么关系。例5中的"摆摆"因其身形奇特，走路姿势怪异而得名。译者对"摆摆"则进行了彻底改写，将其泛化为一个不带任何体型暗示，亦不会激发读者任何联想的"uncle"，即为了顺应译语生态舍弃了原语中的不可译因素。

4. 文化维不可译：依归式补偿

"不可译的核心是文化因素"（孙艺风，2004：71），其根源是文化范式间的不可通约，同各民族的认知、伦理及审美惯习相关。以生态视角视之，即两套生态系统在文化维度存在级差，出现"文化符号缺失""文化意象不符""文化负载失衡"以及"文化立

场偏差"等问题。译者在文化维适应性选择的核心是"文化意识",即认识到翻译是跨语言、跨文化的交流,从而能动地克服文化差异造成的障碍,保卫、维持甚至重构两种文化生态的平衡与和谐(胡庚申,2013:237)。

例6:那些年月,共产党占据了陕北延安,山外的平原上到处闹红。(贾平凹,2014:12)

译文:At this time, the Communist Party had occupied Yan'an in the northern province of Shaanxi and was busily sending out cadres and troops to make revolution, implement some degree of land reform, attack warlords and resist the repeated attempts by the Kuomintang to encircle them. (Jia, 2021:24)

例7:比如刘邦称帝时不是流传他睡熟之后就是一条龙吗?陈胜揭竿而起时不也是在鱼腹里装上他要成王的字条吗?(贾平凹,2014:69)

译文:I mean, aren't there stories about the former bandit Liu Bang, about how his father had seen a dragon hovering over his wife one evening and that, soon after, she'd become pregnant with Liu Bang? Didn't they also say that, after becoming the first emperor of the Han dynasty, Liu Bang would take on the form of a dragon while asleep? And what about Chen Sheng and his uprising against the Qin dynasty, the first true peasant revolt against an elitist court … didn't they say he carved the word for "prince" on the belly of a fish? (Jia, 2021:131–132)

以上两例显示出译者强烈的"文化意识",当然这种"文化意识"是以明显的原语生态依归倾向为前提的。具体说来,译者保留了原语生态中所有的"他者"特质,使用大量的文内注释补偿文化缺省,力图将颇具"异国情调"的生态因子全盘移植至译语生态。综观《老生》英译本,译者几乎保留了原作所有的生态异质性,耐心地对每一处文化不可译现象实施补偿式释译,更在译作结尾对汉语独有的计量单位(如"担""里""亩")等文化意象加以注解,最终译本的长度几乎达到原作的两倍。这在当前的中国文学英译实践中尤为少见,毕竟"中文小说在外译过程中遭遇大规模改写和删减已是不争的事实"(易翔、刘军平,2021:4)。

生态翻译学要求译者具备"文化意识",这是从事翻译活动的前提。不过,具备"文化意识"不代表有顺利完成翻译任务的"文化能力"。前者侧重主体,关乎译者对"他者"文化生态的认知与体悟;后者指涉客体,突出"他者"翻译生态群落(包括译作出版社、编辑、读者及评价机构等)对译者跨语言、

跨文化交际水准的界定与评判。"文化能力"既包括译者的双语(或多语)转换水平,还涵盖其对两套(或多套)文化生态间差异度的感知力,亦关涉其在"译者责任""平衡和谐"的伦理约束下对翻译生态环境的适应、平衡与重构能力。《老生》英译者庞夔夫在"贾平凹翻译文学国际研讨会"上表示,"要读懂中国小说,必须了解中国文化,了解中国历史,了解中国社会正在发生的深刻变革"(陆航,2021)。由此视之,译者已基本具备作为生态"平衡者"与"协调人"的文化意识。然而,囿于主体文化视域同原作文化生态的巨大差异,庞夔夫的"文化能力"稍显不足,在同作者视域融合的过程中出现数次维度偏离,主观性省译或无意识的漏译及误译时有发生。

例8:[……]褡裢里装着媳妇给他烙的盘缠,三个三指厚的大锅盔[……](贾平凹,2014:71)

译文:[...] in his cloth pouch he carried the string of coins his young wife had prepared for him, as well as a wok the depth of three fingers [...] (Jia, 2021:135)

例9:戏生亲手给他爹他娘在棺材里铺柏朵,铺灰包,铺寿褥[……](贾平凹,2014:216)

译文:Xi Sheng placed ritual white flowers in their casket, as well as a lycoperdon, a greyish puff mushroom, and a ceremonial mat meant to symbolise the extension of life into the afterworld. (Jia, 2021:396)

例8中,译者的"文化能力"不足表现在两个方面:语言维上,未把握中文"重意合,常省略逻辑词"的特点,添加的显性介词"as well as"导致意义偏差;文化维上,"盘缠"原指"古代的路费",但在原作语境中和"烙"搭配后则代指赶路时携带的干粮,即后文的"锅盔",而非译文中的"string of coins",对陕西饮食"文化能力"的缺乏更导致译者将"大锅盔"误译为"wok"。

例9是对陕南地区丧葬习俗的描写:"柏朵"是商洛民间对柏枝的惯称,因柏树"干若圆锥、冠似伞朵"而得名,取其"万古长青"之意;"灰包"即包入草木灰的毛边纸包,具有吸附尸体血水和防腐的作用;"寿褥"指垫于亡者身下的褥子。这些地方色彩鲜明的文化异质因子在译语生态中是缺失的,即出现了"文化符号真空"。译者"文化能力"的不足影响了译文的准确性:"柏朵"被归化为西式葬礼中宾客佩戴在胸前表达哀思的"白花";"灰包"被误解为一种菌类植物;"寿褥"的译法亦值得商榷,根据《牛津英汉双解词典》的定义,"mat"意为"垫子、席子,尤指擦鞋垫、踏脚垫等",同"褥"的意思——"用布、棉絮、兽皮等制成的床上铺垫物"仍有差别。

5. 交际维不可译：能动式重构

交际维关注翻译过程中交际意图的适应性选择转换，强调作者总体交际意图、原文语言/文化形式和内涵的交际意图是否传递给了读者（胡庚申，2013：237-238）。交际维不可译源自原语交际生态和译语交际生态间的差异度，是语言、文化不可译在交际层面的投射。总体看来，庞夔夫在翻译《老生》的过程中，针对原作交际维的不可译现象实施了主观能动性较强的重构：译者一方面对原作"讲古拙、重鬼神、尚雄浑"（刘宁，2014：194）的美学风格进行适度改写，避免译作在译语交际生态中的"水土不服"；另一方面则注重句式、词语，乃至标点的多样化应用，对原作细密的行文节奏及奇诡的语言风格进行重塑，使原作交际意图在译语生态中直接化、表象化、明晰化，以符合目标读者的认知特征、阅读习惯与审美期待。

例 10：一进空房，姓严的对老黑说：快放了我，咱们一块拉杆子。老黑说：要不是我在场，你也会供了我的，你说，是挂在梁上死呀还是在老虎凳上死？姓严的说：你饶了我的命。老黑说：饶了你的命我就没命了！揪住姓严的领口把头往墙上撞，撞得血在墙上喷溅出个扇面，撞死了。（贾平凹，2014：28）

译文：As soon as they stepped inside, Yan tried to appease Lao Hei："Come on, let me go, we're brothers in arms, aren't we？"

Lao Hei's voice dripped with rage："If I hadn't've been there, you'd've given me up, you prick. Tell me, do you wanna hang from the rafters, or shall I get out the tiger bench？"

Fear was evident in Yan's voice："Please, spare me …"

"Spare you！You fuck！If I did that, I'd be guaranteeing my own death！" He grabbed the other man's collar and slammed his head into the wall, over and over until there was nothing left but a bloody stump and the stain of blood and flesh pulverised into the stone.（Jia，2021：54）

《老生》除了开头和结尾采用全知全能的叙述人称外，主体的四个故事均以唱师承担叙述人。作者没有用自己的声音说话，而仅仅是一个事件的记录者，形成一种被讲述的故事不是任何主观判断或具体个人的读者感受（曹刚，2016：71）。例 10 中，"老黑"的暴虐脾性和决绝作风寓于问答之间，虽未出现任何刻画其个性的形容词，原语生态中的读者依然可以领会到作者在交际维的真正意图，在自己心中塑造出鲜活的人物形象。

然而，译语生态同原语生态在交际维上差异度较高，仅靠"维持""平衡"与"协调"不足以完整传递作者的交际意图，译者需要能动地"重构"原语生态。语言上的"重构"旨在消弭文字差异引发的字面理解障碍，涵盖语词、句法、行文等多个子维度；文化上的"重构"意在降低"自我"与"他者"文化间的"不可通约性"，采用释译、替换或删减等方法应对原语生态内的文化异质因子。两者在翻译过程中交叠出现，目的都是将作者整体交际意图、原文语言/文化形式和内涵的交际意图准确、完整地引入译语生态，尽量趋近译语读者的接受视域及审美期待。就例 10 来说，译者至少进行了三方面的"重构"。

第一，形式层面的明晰化重构。原文采用了一种"闲笔白话"式记录模式，言语内容及行为描写被随意铺陈至同一段落。这种模式意在"宕开节奏"，由此"增加了语言的顽劲与皮劲，也增加了整个小说的弹性"（樊娟，2016：99）。这一贾平凹惯用的写作手法在译语生态中比较少见。考虑到译语读者的阅读习惯，译者将原文拆分为多个句段，补充表示言语内容的引号，明晰原文的对话形式特征。

第二，语词层面的多样化重构。原文中"说"这一动作反复出现，每次都暗含着言语者不同的心理活动和情绪状态，蕴含不同的交际意图。译者将其分别译为"tried to appease"（缓颊之求）、"voice dripped with rage"（狂怒之言）、"Tell me"（威胁之词）以及"Fear was evident in Yan's voice"（惊惧之语），由此显化"说"字隐含之意，"老黑"的残暴、冷血及"姓严的"怯懦、绝望跃然纸上。

第三，风格层面的渲染化重构。原文笔触练达，情感克制，基本点到为止。读者需要调动自己的日常经验和思维能力，自行构建人物形象。这对于知识结构、心智特征及交际经验迥异的译语读者来说较为困难。为辅助读者建构"老黑"的形象，译者添加了"you prick""Spare you！"以及"You fuck！"三组詈语，并用"nothing left but a bloody stump"和"the stain of blood and flesh pulverised into the stone"两个词组刻意渲染了死者惨相，对"老黑"的性格描写更为直白，风格较之原文更具煽动性，可视作对原语生态的"前景化偏离"。

6. "不可译性"的生态翻译学诠释

生态翻译学"充分强调了翻译过程中译者和翻译生态环境的整体关系，为翻译研究提供了一个全新的视角"（程凯文、邓棋方、邓颜蕙，2020：107）。作为"翻译群落"的代表,当译者面对"不可译性"突出的异域文本时,无论采用何种策略,目的都是经由"维持"与"协调"达到两套生态系统间的"平衡"。然而,原语文本植根于原语生态,从中汲取了大量地域特色鲜明的语言、文化及交际元素,同译语生态间命定地"不可通约"着,呈现出多维度、混合性、复杂化的"不可译性"。这意味着"绝对平衡"是如巴别塔般无法达成的终极目标。

译者是翻译行为的主体,是"文本移植"的践行者,尽全力促成原语文本中各类不可译质素(语言形式、文化内涵、交际意图、行文风格、美学追求等)在译语生态中的"再生",追求"译文生命"在"译境生态"中的"复活"与"生存",体现出一种以"转生再生、生生与共"为标志性特征的生命形态视角(胡庚申,2020:8)。"文本移植"的手段不局限于上文提到的三种,只要有利于在译语生态中保留原语基因、"复活"原语生态,译者可在"完全性依归于原语生态"(高度异化)和"完全性依归于译语生态"(高度归化)的连续统上灵活移动。

总体说来,《老生》英译者在此连续统上能动地实施了"干涉""补偿"与"重构"等行为,于语言、文化及交际等维度的"文本移植"达成了"乡土中国生态"同"当代英美生态"间的基本平衡。此外,《老生》在人物设置(整本小说没有一位一以贯之的主人公)、叙述模式(平淡克制的"反抒情式"话语)以及叙事艺术(《山海经》与故事情节及人物命运的隐秘互文)等方面也存在不少同译语生态迥异,即"不可译性"很高的因子。译者在这些方面的适应、调整与重构行为也同语言、文化及交际维度类似。总之,《老生》译者以"整合适应选择度"的最大化为目的,以原作在译语生态中的成功移植为追求,采用"顺应""归依"及"重构"等多种策略,灵活应对原文的"不可译性",虽囿于"文化能力"的不足数次出现误译,但总体仍维持了两套语言生态间的和谐与平衡,体现出"生态整体主义"的理念。

最后,在本个案研究的启发下,可将生态翻译学对文学翻译"不可译性"问题的诠释机制归纳为图1。

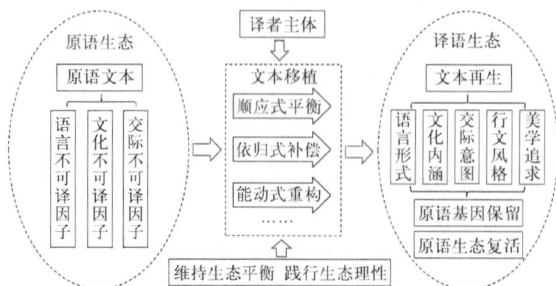

图1　生态翻译学对文学翻译"不可译性"问题的诠释

7. 结语

在形而上层面,可译/不可译在很大程度上取决于可说/不可说;在形而下层面,可译之度不仅关涉不可译,同时也关涉可译(高宁,2015:156)。生态翻译学对"不可译性"的诠释更趋近于该问题域的形而下,即文本转换层面。它要求译者"既要对所译文本进行细读以发掘其可译性,在翻译的过程中也要尽可能地保存原文本在目标语中的生态平衡"(王宁,2011:10),本质上是呼吁译者在"文本移植"中积极显身,"主动改变翻译生态环境,促使文本生命在译语生态中诞生、延续、成长与发展"(胡庚申、罗迪江,2021:13)。本文即是在生态翻译学理论体系内对文学翻译实践中"不可译性"问题之具象、对策及效果的个案研究。具体说来,译者分别使用了"顺应式平衡""依归式补偿"和"能动式重构"的手法来应对语言、文化及交际维度的不可译:语言层面忠诚于作者,积极顺应、保留原语特征;交际层面忠实于读者,注重原语意图传达的准确与完整;文化层面则兼顾双方,在接纳原作异质性的基础上积极补偿文化缺省,帮助译语读者了解并欣赏"他者"文化。

质言之,"不可译性"不是否定一切翻译/沟通的可能性,而是探测和勘定一切可能的翻译/沟通之边界线(王宾,2004:82),译者在其中的中心地位毋庸置疑。生态翻译学以不同语言生态间的"和谐关系"为本质精神内核(罗迪江,2020:18),对"不可译性"问题,尤其是作为"生态人"的译者面对该问题时的协调、平衡与重构行为进行了多视角、层级式、明晰化的诠释。鉴于"理解是一个无止境的过程并且始终对不同的可能性开放"(张隆溪,2006:215),我们对"不可译性"的认识与解读也会更为具体与深入。

注释

① 国内对"不可译性"问题的探讨可追溯至东汉末年佛经翻译家支谦的《法句经序》;西方则是意大利诗人但丁在《飨宴》(*Convivio*)中对翻译问题发表的见解。
② 参见"贾平凹文化艺术研究院"微信公众号2021年4月13日推文《"在英国重新发现中国:贾平凹翻译文学研讨会"成功举办》。网址:https://mp.weixin.qq.com/s/ceaWPJfq67JOOMHhLVEm2g。

参考文献

[1] Apter, E. *Against World Literature: On the*

Politics of Untranslatability [M]. London/New York：Verso, 2013.

［2］Jia, P. W. *The Mountain Whisperer* [M]. C. Payne (Trans.). London：ACA Publishing Ltd., 2021.

［3］Large, D., Akashi, M., Józwikowska, W. & Rose, E. Introduction [A]. In D. Large, M. Akashi, W. Józwikowska & E. Rose (Eds.), *Untranslatability: Interdisciplinary Perspectives* [C]. New York/London：Routledge, 2019.

［4］曹刚. 论新世纪以来贾平凹的乡土叙述和修辞美学——以《秦腔》《古炉》和《老生》为考察对象[J]. 小说评论, 2016(3)：67-73.

［5］陈众议. 贾平凹的通感——以《老生》为个案[J]. 比较文学与跨文化研究, 2018(1)：31-35+151.

［6］程凯文,邓棋方,邓颜蕙. "和而不同"——生态翻译理论下《月亮与六便士》两种中译本的对比研究[J]. 翻译研究与教学,2020(1)：106-111.

［7］樊娟. 影响中的创造：贾平凹小说的独异生成[M]. 北京：中国社会科学出版社, 2016.

［8］方梦之. 再论翻译生态环境[J]. 中国翻译, 2020(5)：20-27.

［9］高宁. 关于"可译/不可译"的形而上与形而下思考[J]. 华东师范大学学报(哲学社会科学版), 2015(2)：149-156+173.

［10］郜元宝,张冉冉. 贾平凹研究资料[M]. 天津：天津人民出版社, 2005.

［11］韩鲁华.《老生》叙事艺术三题[J]. 小说评论, 2015(2)：54-59.

［12］胡庚申. 生态翻译学：建构与诠释[M]. 北京：商务印书馆, 2013.

［13］胡庚申. 文本移植的生命存续——"生生之谓译"的生态翻译学新解[J]. 中国翻译, 2020(5)：5-12+190.

［14］胡庚申,罗迪江. 生态翻译学话语体系构建的问题意识与理论自觉[J]. 上海翻译, 2021(5)：11-16.

［15］胡伟华,郭继荣. 生态翻译学视域下葛浩文的译者主体性探析[J]. 外语电化教学, 2017(3)：52-57.

［16］贾平凹. 老生[M]. 北京：人民文学出版社, 2014.

［17］李遇春. 贾平凹长篇小说文体美学的新探索——以《老生》为中心[J]. 文艺研究, 2015(6)：28-37.

［18］刘军平. 生态翻译学之三大哲学价值功能[J]. 上海翻译, 2022(1)：1-8.

［19］刘宁. 当代陕西作家与秦地传统文化研究：以柳青、陈忠实和贾平凹为中心[M]. 北京：中国社会科学出版社,2014.

［20］陆航. 文学翻译助力讲好中国故事：《老生》英文版全球发布[EB/OL]. (2021-04-10)[2022-09-25]. http://ex.cssn.cn/zx/bwyc/202104/t20210410_5325485.shtml.

［21］罗迪江. 翻译研究中的问题域转换：生态翻译学视角[J]. 中国翻译, 2019(4)：34-41.

［22］罗迪江. 译者研究的问题转换与生态定位：生态翻译学视角[J]. 中国翻译, 2020(5)：13-19.

［23］宋志平,胡庚申. 翻译研究若干关键问题的生态翻译学解释[J]. 外语教学, 2016(1)：107-110.

［24］孙艺风. 视角·阐释·文化——文学翻译与翻译理论[M]. 北京：清华大学出版社,2004.

［25］王宾. "不可译性"面面观[J]. 现代哲学, 2004(1)：81-87.

［26］王宁. 生态文学与生态翻译学：解构与建构[J]. 中国翻译, 2011(2)：10-15.

［27］谢有顺. 乡土的哀歌——关于《老生》及贾平凹的乡土文学精神[J]. 文学评论, 2015(1)：18-26.

［28］徐翔. 从《老生》到《山本》：贾平凹的秦岭史志书写[J]. 西安建筑科技大学学报(社会科学版), 2019(2)：84-88.

［29］杨丽萍,张贯之. 翻译适应选择论视角下《红楼梦》霍译本中成语翻译策略研究[J]. 翻译研究与教学,2022(2)：130-133.

［30］易翔,刘军平. 当代小说外译中的误译、改写及删减——以《天行者》英译本为例[J]. 外语与翻译, 2021(1)：1-8.

［31］张隆溪. 道与逻各斯：东西方文学阐释学[M]. 冯川,译. 南京：江苏教育出版社, 2006.

飞白"风格译"翻译思想探源

高淑贤[1]

（山西师范大学　外国语学院，太原　030032）

摘　要：翻译家飞白的"风格译"学说独具特色，值得探究。但目前对"风格译"的认识较为有限，探讨该学说的源头有助于加深认知。针对"风格译"的思想源头，已有研究多为扼要的观点提炼，鲜有较为系统的分析。飞白多变且特殊的社会轨迹使他成为一个较为典型的社会翻译学研究案例。据此，通过考察其学缘源、学养经历和职业惯习等因素在"风格译"的形成与衍进过程中的作用，可以发现，飞白的翻译思想既植根于诗歌世家的文艺传统，又受到鲁迅和本雅明等中外译家学术思想的滋养，同时更离不开自身军事生活的濡染，三者合力形成了"风格译"的源头。

关键词：飞白；风格译；翻译思想；源头

Title：The Origins of Fei Bai's Theory of Style Translation

Abstract：Fei Bai's theory of style translation is worthy of further analysis. Through a closer examination of various factors in Fei Bai's life, such as the family origin, life experience and career development, this paper aims to uncover the specific roles of those factors in the development of his translation thoughts. The analysis reveals that traditional Chinese literary theories and various academic ideas at home and abroad as well as experience in the army all contribute to the evolvement of the theory of style translation.

Key words：Fei Bai; style translation; translation thoughts; origins

1. 引言

翻译家研究是"中国翻译研究的一大特色"（韩子满，2018：109），而对浙江籍翻译家的研究又在中国翻译家研究中占据重要位置。浙籍译者飞白不仅译介了大量外国诗歌，他提出的"风格译"学说更是被赞为译诗理论上的"独特的建树"（郭建中，2017：67），具有重要的研究价值。但这一学说却在很大程度上被忽略，对风格译的理论意义，学界尚且"没有足够的认识。他［指飞白，笔者注］的译诗论文，往往被误读"（ibid.：68），这反映出目前学界对飞白翻译思想的认知仍然停留在较浅层次。刘宓庆（2019：23）认为译学研究中如能沿波讨源，便可加深认知，克服浅薄之弊。从这个意义而言，探讨"风格译"的思想源头或有助于我们深入理解飞白译学思想的真

精神，很有必要。对于这一问题，目前已有学者提出了一些重要的观点，如吴笛（2009）、郭建中（2017）和邰菊（2019）就分别提到了飞白的翻译实践、中外译论发展的普遍规律以及本雅明的翻译思想在"风格译"衍进过程中的作用，但三位学者对这些因素多是一笔带过，未就这一问题展开进一步的详细探讨。本文尝试在已有研究的基础上，对"风格译"翻译思想的源头做一较为系统的分析。

作为社会翻译学的核心概念，译者惯习常用于描写、分析与阐释翻译现象。译者惯习"关注译者的、个体的选择［……］它体现译者的社会阶层、教育背景、职业经历等社会轨迹及早期翻译活动中形成的认知结构"（徐敏慧，2017：11-12）。翻译思想的形成与衍进在很大程度上体现了译者的认知活动。这为我们从译者在教育和职业等社会经历中习得的惯习出发，探寻其翻译思想形成过程中的因素提供了

1　作者简介：高淑贤，博士，山西师范大学外国语学院讲师；研究方向：文学翻译、翻译家研究。

理据。飞白的社会轨迹丰富多样,诗人世家的出身以及先从军再从文的职业经历使他身上具有了军人、翻译家、学者和诗评家等多重身份的叠合。这些经历使他成为一个较为典型的社会翻译学研究案例。鉴于此,本文尝试从诗人世家的家学传统、中西译论的学术启发和军事生活的点滴濡染三个方面对"风格译"的源头进行考证与梳理,旨在加深对飞白译学思想的认识,并期望为我国本土翻译理论的建构提供可资借鉴的经验。

2. 家庭的哺育:诗歌世家的文艺传统

飞白的父亲是著名的"湖畔诗人"汪静之,母亲符竹因也是写诗和小说的才女。出身于诗人家庭的先天条件使得飞白从小就接受了中国诗歌的教育,而汪静之本人的《诗歌原理》和《李杜研究》等专著则成为飞白接受我国古典文艺理论熏陶的第一手资料。通过汪静之这座桥梁[①],幼年时期的飞白与我国的传统文论结下了不解之缘,而后者则对他本人的诗学观与翻译观产生了潜移默化的影响。

这种影响首先体现为飞白"以人论文",以风格为中心的译诗与评诗思路。早在魏晋南北朝时期,随着门阀制度的确立,九品论人之风逐渐兴起,士大夫阶层常用"风格"衡量人的品格和风度,如晋葛洪《抱朴子·行品篇》便有"士有行己高简,风格俊俏"的说法。这种对人的品评后来逐渐引申至文章评论。曹丕在《典论·论文》中所讲的"气"和"体"、刘勰在《文心雕龙·体性》中对作品风格与作家个性的关系等问题的探讨等,都反映了中国古典文艺理论中对风格的思考。在大致经历了曹丕、陆机、刘勰与钟嵘的发展历程之后,这种"以人论文"的批评思路逐步确立,成为我国古代文学批评的传统,对后世众多学者产生了深远的影响。

飞白的父亲汪静之便是其中一位。《李杜研究》中有专章论述李白的颓废和抒情以及杜甫的博爱与写实,显示出明显的以人论诗的传统思路。《诗歌原理》更是以大篇幅介绍了司空图《二十四诗品》中的二十四种风格以及《文心雕龙》的部分内容,并将风格定义为"个性的表现"(转引自飞白、方素平,2006:56-58)。上文提到,汪静之经常对孩子进行文学教育,而他这种将人与风格对应的传统风格观也随着日常启蒙渗入了飞白的思想中,成为"风格译"生发的重要基础并贯穿于该思想的不同发展阶段。在译诗初期,飞白就有意感受并归纳所译诗人的风格,其处女作《瓦西里·焦耳金》的翻译正是因为不认同翻译家梦海的译风。及至在《论风格译》中明确提出

"风格译"时,飞白虽然将"风格"扩展为文体风格、类型风格和个人风格三类,但"他特别强调的是个人风格,即诗人的风格[……]译者应该努力把诗人的个性风格呈现出来"(郭建中,2017:70)。他的诗评更是以入选诗人的风格为纲领,真正实践了严羽所谓的"辨家数如辨苍白,方可言诗"。这种将创作主体的个性和气质同艺术的审美风格密切联系的做法与我国古典风格论可谓一脉相承,也契合了"风格译"译诗理念。

由此看来,诗歌世家的耳濡目染,尤其是父亲汪静之的言传身教,使得飞白从小便接触我国传统的文艺理论,这为他后来吸收、承袭我国古典文艺学的成说并移用于翻译奠定了基础。换言之,以家庭教育为中介,我国传统的风格论对飞白注重风格的翻译惯习的形成也产生了一定的模塑作用。但同时也应该指出,上述影响更多是从诗论的角度切入,风格译作为翻译专论,其产生仍然离不开中西翻译思想的润泽。

3. 学养的润泽:中西学术思想

出生于1929年的飞白,其学龄期正值抗日战争,连年的逃难使得飞白的全部学校教育只有"在安徽上过三个月的小学(三年级)"和"在贵州上过三个月的中学(初一)",其余全靠"自然这本大书,以及图书馆的杂书"(飞白、赵四,2014:65),这种别样的教育经历在无形中培养了他超凡的自学能力。正是得益于这种自学能力,他才能在与古今中外众多翻译(理论)家的"交流"中受益匪浅。20世纪80年代辞去军职之后,飞白进入高校任教,讲授"比较诗学和文化"与"翻译学"等课程,期间他系统阅读了包括罗曼·雅各布森(Roman Jakobson)、瓦尔特·本雅明(Walter Benjamin)、彼得·纽马克(Peter Newmark)和鲁迅等在内的众多翻译(理论)家的翻译思想并将它们运用于"风格译"的建构之中,其中对他影响较大的当推鲁迅和本雅明。

鲁迅的翻译思想在"风格译"的衍进过程中占有重要地位,是后者最为重要的来源之一。这种影响主要体现为翻译方法上的异曲同工。从表层来看,鲁迅的直译与飞白的"风格译"似乎并不相称,但笔者认为,二者看似殊途,实则同归于异化。

为了说明这一问题,首先需要厘清鲁迅直译说的内涵。在经历了初期类似林纾的意译风尚之后,以《域外小说集》为标志,鲁迅(2005:168)发出了"逐译亦期弗失文情。异域文术新宗,自此始入华土"的呼声,开始标举直译的大旗。从这段文字来

看，鲁迅希望通过直译将异域文化引入，同时恰当表达原作的内容与情感，以便做到"弗失文情"，这在本质上其实是一种异化策略。在《关于翻译的通信》中，鲁迅再次为"异化"辩解："这样的译本，不但在输入新的内容，也在输入新的表现法[……]我以为只好陆续吃一点苦，装进异样的句法去，古的，外省外府的，外国的，后来便可据为己有。"（转引自罗新璋，2009：346）在《"题未定"草（二）》中更是明确指出："[翻译]和旅行外国，是很相像的：它必须有异国情调，就是所谓洋气。"（ibid.：373）由此看来，"鲁迅的'直译'，具有'异化翻译'（foreignizing translation）的特性"（吴笛，2009：99-100）。

这种对异化的重视在"风格译"中尤为凸显且很大程度上直接来源于鲁迅。飞白在论及"风格译"时，曾多次表明对异化的偏重："我译诗从来不会为'顺'而牺牲陌生化，不会为归化而牺牲洋化。就洋化/归化关系而论，我对文化意象的处理方针是偏洋化的。"（飞白，2016：97）"我在总体上是较为倾向'异化'的[……]它必须有异国情调，就是所谓洋气，因为既然他是洋人，就'不该削低他的鼻子，剜掉他的眼睛。'"（ibid.：364）在这段话中，飞白直接引用了鲁迅的鼻子和眼睛的隐喻来表明自己对翻译的认识和主张，甚至沿用了鲁迅"洋化"的说法，这不仅表明了他对鲁迅异化策略的认可，更说明在飞白看来，"直译"与"风格译"虽措辞不同，二者的内核却具有相当程度的一致性。以上均表明，鲁迅确实为"风格译"的衍进提供了重要的思想资源。

确立了这一点，再由此推开来看便会发现，无论是直译还是"风格译"，二者追求的翻译效果也有所重合。鲁迅主张翻译应该"保存着原作的丰姿"。罗国林（1996：23）认为，这一说法"应可理解为'保存原作的风格'，至少包含了这层意思"。这与飞白所坚持的体现原诗风格，不遮蔽原诗光芒的理念已经非常接近。事实上，早在1978年，在长诗《谁在俄罗斯能过好日子》的译者序中，飞白便明确将"保存着原作的丰姿"作为自己的译诗依据（飞白，1979：XIV）。这种在译诗生涯早期便援引鲁迅来说明自己翻译观的行为不仅体现了飞白对鲁迅的推崇，从更深层次来看，更是从某种程度上流露了"风格译"的奠基力量。直到2012年，在访谈中提到自己的异化策略时，飞白仍表示："其目的正是'逼近原作的形式'，或如鲁迅所说'保存着原作的丰姿'"（飞白、熊辉，2012：13）。这里飞白将"逼近原作的形式"与鲁迅的主张画上了等号，说明他认为两者虽表述不同，却在精神实质上遥相呼应。

合而观之，直译与"风格译"看似理念有别，但无论是从其共同的异化策略来看，还是就保存原作风采的翻译追求而言，二者都具有相当程度的一致性，且这种一致性很大程度上来源于有意的学习与推崇，而非偶然的不谋而合。换言之，鲁迅的翻译思想确实对飞白注重风格的翻译惯习的形成产生了重要影响。另外，应该指出，除上文所述之外，飞白在选材中对弱小民族的关注也体现了他在翻译伦理层面对鲁迅正义与责任伦理观的追随与继承。

不过也应该看到，由于两人各自所处的不同的历史环境，鲁迅与飞白的翻译观也是同中存异。作为"精神界之战士"，鲁迅坚持异化和保存原作风格当然不排除文学性的考量，但从整体而言，在"为人生"而展开文艺创作的思想前提下，鲁迅的翻译观强调文以载道，更关注翻译的语言价值和社会价值。而"诗海水手"飞白则更加聚焦翻译中文学性的保留和转存，追求的是艺术的审美价值。

飞白这种对艺术美的追求在本雅明那里得到了最大限度的回响。西方诸多翻译家中，对飞白影响最大者非本雅明莫属，这一判断并非言过其实。飞白在《译诗漫笔》中曾将鲁迅和本雅明的翻译观归为一类，还多次引用本雅明的观点，如"试问一件文学作品'说'的是什么？[……]它的本质不是信息传递，不是陈述。然而负担传递功能的翻译却不传递别的，单单传递信息，因此就单单传递非本质的东西。这是拙劣翻译的一种标志"（飞白，2016：110）。在这段文字中，本雅明以一种反叛的姿态将一直以来在翻译中备受关注的"信息"视为非本质内容，进而将仅传递信息的翻译视为蹩脚翻译的标志。这一"反传统"观点起初并未引起太多反响，多年之后却在一位东方诗译者的心中荡起了阵阵涟漪。飞白在评述这段话时认为，"他所说的第一种拙劣翻译（抛弃艺术维度而单单传递信息），指的是信息译方式的直译"（ibid.），这种专注于指称信息的翻译也正是"风格译"竭力反对的。

飞白不仅在译诗理念上受到了本雅明的影响，甚至"风格译"中的某些术语也直接受惠于本雅明，较为明显的有"译者透明度"（transparency of the translator）和"光晕"（aura）。

在《译者的任务》（"The Translator's Task"）中本雅明提道："真正的翻译是透明的；它不遮蔽原文，不阻挡它的光，而是让纯语言，仿佛经由这个媒介而得以强化，更加全面地映照在原文上。"（Benjamin，2000：81）而飞白在对"译者透明度"这一概念的内涵进行界定时直接引用了本雅明的话："我主张的'译者的透明度'与本雅明主张的'不遮蔽原作，不挡住原作的光'一样，是要求译者努力显现原作的个性风格和诗艺的样式，不要把它遮蔽或过滤掉。"（飞白，2016：323）这一论述与本雅明的相关表述如出一辙，可见本雅明对"风格译"形成的直接影响。

不过从概念的指向来看，二者也并非毫无二致。飞白受济慈的诗人的"消极的才能"（negative capability）启发，提出了译者的消极才能这一说法。他认为，济慈的"消极的才能"强调诗人的创作并不是自我表现，而是应融入所写角色，而"这种消极才能对诗译者比对诗人更显得重要。译者的透明度，也就是译者的消极的才能"（飞白，1995：13）。可见，所谓的"译者透明度"是从译者这一翻译主体出发，关注的是翻译前和翻译过程中译者角色定位的问题，要求译者在翻译中尽量克制自己之风格，从而使原文的风格透光，体现了飞白较为保守的译者风格观。而本雅明的重点则是在探讨原文与译文的关系，强调的是作为翻译产品的译文应该达到的效果以及译文对原文生命的延续。

与之类似的还有飞白对"光晕"的化用。本雅明认为，大批量的机械复制一方面使艺术能够走进大众生活，但同时也使围绕艺术品的"光晕"遭到破坏。这种对批量复制的批判也进一步弥散到翻译之中，表现为对将翻译视为一种单纯的机械复制手段的强烈反对。具体而言，便是对仅仅传递语义信息，而非那些神秘的、诗意的非本质内容的翻译行为的反对。可以说，本雅明对"光晕"的论述仍然是围绕诗歌中语义信息与非语义信息之别展开的，但并未明确作为诗歌本质的非语义的具体内容。而飞白却将这一概念进一步明晰化，认为留白、音乐和形式信息、语境和文化以及诗歌语言的模糊性这四类因素共同组成了诗歌的"光晕"，而这种"光晕"的翻译对于诗歌风格的传递至关重要（飞白，2016：135-140）。可见，相较于本雅明强调艺术独特价值的"光晕"，飞白的"光晕"侧重指诗歌中文字信息之外的艺术信息合集，二者的内涵截然不同。据此可以看到，对于本雅明的思想，飞白在接受与吸收的同时也不乏扬弃与超越。

从上述分析来看，可以说"风格译"确实是飞白在吸收前人思想的基础上对翻译行为的整体性审视。但正如飞白本人所说，由于他接触理论的时间较迟，所以总体说来，这些思想对他的影响并不算很大。更大的影响来自生活本身。

4. 职业的濡染：军事生涯的馈赠

如前所述，飞白是一位军人翻译家。1949 年，在浙江大学尚未毕业的飞白响应国家号召，北上北京学习俄语，之后以军事翻译的身份被分配至第四野战军。从军期间他曾担任训练参谋、训练科长等职，还曾参与编写战例、战史和战术研究等诸多军事教材。这些经历使他的翻译观中渗入了不少军事因子，进而为他的"风格译"思想带来两份宝贵的馈赠，即文本类型三分法以及五事七计与一点两面并举的译诗辩证法。

在主攻诗翻译之前，飞白曾担任过将近十年的军事翻译。这种跨领域的翻译实践使他逐渐意识到了翻译的复杂性，同时也激发了他对翻译类型与翻译标准的思考："根据我参与各种翻译的实践体会，也深知翻译问题不宜'一刀切'，不同类的翻译需要不同的方法和标准。若想把纷繁的翻译问题理出头绪，就需要把翻译分分类。"（飞白，2016：3）这里飞白明确提到了要给翻译"分分类"，而这一理念的直接来源就是"参与各种翻译的实践体会"。于是，以自己的军事、外事等多类型翻译实践为基础，同时适度吸收雅瑟布森的语言六功能说以及凯瑟琳娜·赖斯（Katharina Reiss）的语篇功能三分法，飞白提出了信息型、艺术型和功效型的翻译文本类型三分法，并详细阐述了三种类型各自的适用文本、翻译方法和关注焦点等。在这三种类型中，第二类艺术型文本的翻译即以"风格译"为主。

应该指出，与雅克布森专注于语言功能和赖斯集中于文本分类这种主攻一点的做法相比，飞白的翻译类型三分法不仅涉及了适用文本、翻译标准和翻译方法这些翻译中的核心范畴，还考虑到了信息性质、译者角色和关注焦点等维度，因而"更有概括力"（龙艳，2017：18），也更具系统性，"是他对文本类型学说发展的一大贡献"（郭建中，2017：68）。更为重要的是，从理论发展的角度来看，文本类型三分法为飞白对"风格译"的后续阐发铺设了道路，"是'风格译'的理论基础"（ibid.）。

如果说得益于跨领域翻译实践的三分法只是为"风格译"奠定了基础的话，飞白在长期的军事生活中习得的军事知识以及由此形成的军事职业惯习则直接构成了"风格译"的核心。

关于这一点，已有研究表明，"惯习是行动者的社会实践观念，场域中的行动者会在惯习的指导下开展实践"（石铭玮，2021：16）。对于一些并非纯粹以翻译为职业，而是在从事翻译实践之前（或同时）从事（或兼任）其他职务的译者，他们往往会将在其他场域中形成的惯习带入翻译场域之中，并指导其翻译选择（Xu，2015：173），这一点在飞白身上表现明显，甚至可以说，"他的军事思维和翻译理论是可以无缝对接的"（方素平，2022：524）。在担任军事工作期间，他参阅了大量军事书籍，熟悉了孙武、岳飞等历代兵家及其著作以及林彪"一点两面"的战术原则。这些经历使他逐渐习得并内化了纵观全局、权衡选择等军事思维。这些观点在部队的日常训练中又得到了强化：从事野战参谋工作期间，飞白在执行重要任务之前，总是会事先赴现地勘察，全盘策划，分辨主次。这种追求全面筹划、同时又强调找准主要矛盾的军人惯习和军事素养又进一步介入其翻译行为中，"就是那种胸有全局，综观全盘，平衡得失和选择突破口的翻译风格"（ibid.：144）。

方素平所言的"综观全盘"在飞白对诗歌复义的处理中体现得最为明显。飞白在《译诗漫笔》中多次提及诗歌文本言简意丰的特点。在《诗的信息与忠实的标准》中，他更是将诗歌信息细分为语义、音乐、形式、隐喻和互文等 20 类（飞白，1983：104）。他认为，诗歌中的这些信息共同构成了诗歌的整体风格，在翻译时应综合考量并尽量全面传译，以最大限度地逼近原诗。这种面面俱到的整体性追求背后透露出军事思维的影响。在我国，古人行军作战，历来就强调全面考量，如明朝许仲琳《封神演义》中便有"为将之道，身临战场，务要眼观四处，耳听八方"的说法。《孙子兵法·计篇第一》中也提到了"五事七计"，即在战前综合考量政治、气候、地形、法制等多项因素。除了孙子的"五事"之外，"吴子提出'四机'（事、地、气、力）；孙膑提出'三得'（天时、地利、人和）等，都是严格遵循了整体思维原则"（龚光明，2016：126）。

但在追求综合考量的同时，"风格译"又是辩证的。这一理念要求译者在意识到翻译中百分百传达原诗的理想性与不可能性之后，从实际出发，妥善选择最能表现原诗风格的信息，择其要者而译之。对于这一点，飞白直接以军事隐喻来论述：译诗又要坚持一点两面。所谓"一点"指集中优势兵力突破一点，以撕开敌军防御体系。选择的这个"一点"要能直取敌方要害，译者译诗时也需要将着力点对准原诗中独具风格特色的要害（转引自郭国良、高淑贤，2022：87）。一点两面是针对一面平推而言，译者"与接受战斗任务之后侦查情况、勘察地形的指挥员相仿佛"（飞白，1984：17），不能一面平推式地逐字平译，而是要"善于选择突破口[……]指挥员选择突破口，为的是以最小代价占领某个目标，译诗者选择诗的信息，为的是以最小损失为代价，求得最好地把握诗的魅力、诗的风格[……]译诗也用得着这样的军事辩证法"（ibid.）。

飞白提到的"一点两面"是解放战争时期林彪提出的战术原则之一，指"进攻时只攻一点，包围两面

（敞开两面甚至三面）。集中兵力于主要攻击点[……]使主攻点的部队像尖刀和钻头一样，突破敌人的防线并向纵深推进发展"（转引自徐平，2017：57）。这一原则在当时广为流传，"当年的四野老战士个个津津乐道"（ibid.），而作为四野战士，飞白的上述隐喻显然也是将这一战术思想嫁接到诗翻译的结果。这种集中一点、重点突破的思维在我国的军事战略中同样不乏其例。《孙子兵法》中有"并敌一向，千里杀将"（转引自郭化若，2012：95）的说法。我国杰出的政治家、军事家毛泽东也有"集中优势兵力打歼灭战"的军事原则。这些表述虽不尽相同，但强调的都是要集中优势，找到解决问题的突破口，而从上文的论述来看，善于选择突破口正是"风格译"一再强调的观点。

可见，无论是译事三分之艺术点睛的分类，五事七计之全面考量的周全，还是一点两面之择其要者而译的"偏颇"，飞白的译诗主张均与其长期军事生活的濡染不无关系，甚至可以说，于飞白而言，军事生涯已经超越了单纯的职业经历，而是跨越工作范畴，融入了他的思维方式之中，进而对他的译诗思想产生了深远的影响。不过除了上述不同范畴的融合之外，"风格译"的最终形成更离不开译者个人与社会的互动与交融。

另外，翻译是一种社会行为，译者的行为看似是个人选择的结果，背后却总是离不开社会的基建作用（Tyulenev，2014：5-6）。飞白注重风格的翻译惯习的形成和发展背后也有其深刻的时代背景。风格译的提出首先是对 20 世纪 50 年代译诗语言标准化与一般化的反拨，同时其衍进也受到了 20 世纪 80 年代翻译研究发展的助推。因此可以说，译诗的社会和历史语境也是"风格译"思想衍进过程中一股不容忽视的推动力量。

5. 结语

从以上的梳理可以看到，飞白的"风格译"思想既得益于家学传统的启蒙，又离不开中外学术思想的影响，同时也与个人职业的积淀与思考有关。当然，除去这些之外，还有一些较为隐性的源头，如歌德的"第三种翻译"对"风格译"与原诗求同的理念就有一定的影响。笔者梳理飞白翻译思想的源头并非要否定其个人的学识和独创精神，而是意在挖掘其译学思想形成过程中的家庭、个人与社会因素，以加深对其翻译思想的认知，进而为未来的翻译研究与理论建构提供可资借鉴的参照。对翻译家思想源头的探析可以在一定程度上促进中国译论的传承和创新。

通过对"风格译"的思想源头进行探讨,笔者认为飞白跨学科的"打通"思维尤其值得关注。飞白打通军事与翻译研究的跨学科思维模式对于本身具有跨学科属性,辐射语言学、文学、认知、心理学和社会学等多领域的翻译学研究尤为重要,值得译学界进一步探讨。

注释

① 飞白的姐姐汪晴在回忆父亲汪静之对姐弟俩诗歌的启蒙教育时曾表示:"爸爸每晚要做操,念诗[⋯⋯]做完操就坐在灯下念诗,我每晚都是在他的念诗声中睡着的[⋯⋯]有时爸爸趁跑警报的机会,在外面给我们上中文课,教我们读诗。"详见:汪晴. 回忆爸爸[A]. 飞白,方素平,编. 汪静之文集:回忆·杂文卷[C]. 杭州:西泠印社,2006:230-241。

参考文献

[1] Benjamin, W. The Translator's Task[A]. In L. Venuti (Ed.), *Translation Studies Reader*[C]. London/New York:Routledge,2000:75-83.

[2] Tyulenev, S. *Translation and Society: An Introduction*[M]. London/New York:Routledge, 2014.

[3] Xu, M. H. & Chu C. Y. Translators' Professional Habitus and the Adjacent Discipline — The Case of Edgar Snow[J]. *Target: International Journal of Translation Studies*, 2015, 27(2):173-191.

[4] 飞白. 译者序[A]. 涅克拉索夫,著. 谁在俄罗斯能过好日子[C]. 上海:上海译文出版社,1979:III-XIV.

[5] 飞白. 诗的信息与忠实的标准[J]. 外国文学研究,1983(2):103-110.

[6] 飞白. 译诗漫笔——谈谈诗感[J]. 翻译通讯,1984(2):12-17.

[7] 飞白. 诗海——世界诗歌史纲(传统卷)[M]. 桂林:漓江出版社. 1989.

[8] 飞白. 论"论风格译"——谈译者的透明度[J]. 中国翻译, 1995(3):13-16.

[9] 飞白. 译诗漫笔[M]. 北京:外语教学与研究出版社, 2016.

[10] 飞白,方素平,编. 汪静之文集:诗歌原理·文论卷[M]. 杭州:西泠印社. 2006.

[11] 飞白,熊辉. 诗海一生——飞白先生访谈录[J]. 红岩,2012(1):5-21.

[12] 飞白,赵四. 远航诗海的老水手——飞白访谈录[J]. 诗刊,2014(5):64-72.

[13] 邰菊. 译诗艺术的探秘之作——评飞白的《译诗漫笔》[J]. 东方翻译,2019(2):89-92.

[14] 龚光明. 翻译美学新论[M]. 上海:上海交通大学出版社, 2016.

[15] 郭国良,高淑贤. 思想之窗:从翻译隐喻透视飞白的翻译思想[J]. 中国翻译,2022(6):84-91+192.

[16] 郭化若. 国学经典译注丛书:孙子兵法译注[M]. 上海:上海古籍出版社,2012.

[17] 郭建中. 飞白"风格译"翻译思想探索[J]. 中国翻译,2017(5):67-71.

[18] 韩子满. 翻译家群体研究的外译视角——兼评朱振武等著《汉学家的中国文学英译历程》[J]. 翻译研究与教学,2018(1):109-117.

[19] 刘宓庆. 中西翻译思想比较研究[M]. 北京:中译出版社,2019.

[20] 龙艳. 风格译的理论大厦[N/OL]. (2017-05-03)[2022-04-26]. https://epaper.gmw.cn/zhdsb/html/2017-05/03/nw.D110000zhdsb_20170503_1-18.htm.

[21] 鲁迅. 域外小说集序言[A]. 鲁迅,著. 鲁迅全集(第10卷)[C]. 北京:人民文学出版社,2005:168.

[22] 罗国林. 风格与译风[J]. 中国翻译,1996(2):23-26.

[23] 罗新璋,陈应年. 翻译论集(修订本)[M]. 北京:商务印书馆,2009.

[24] 石铭玮. 口译场域中的惯习、资本和话语权力——以2019年两会答记者问为例[J]. 翻译研究与教学,2020(2):15-21.

[25] 吴笛. 浙籍作家翻译艺术研究[M]. 杭州:浙江大学出版社,2009.

[26] 徐敏慧. 从翻译规范到译者惯习:描写翻译研究的新发展[J]. 中国翻译,2017(6):11-17.

[27] 徐平. 一点两面/三三制/四快一慢[J]. 军营文化天地,2017(8):57.

翻译技术

基于 VOSviewer 的商务翻译之
内涵与外延可视化分析

吴 朋　　郑维勇[1]

（上海对外经贸大学　国际商务外语学院,上海 200360）

摘　要：本研究以"商务翻译"和/或"商务英语翻译"为关键词收集了 2012—2021 年 CNKI 文献,对 3 107 篇商务翻译相关论文进行了文献计量分析,利用 VOSviewer 可视化分析方法处理,通过可视化图谱分析了十年来对商务翻译研究的研究热点和趋势,力图确定商务翻译研究的内涵和外延。研究发现,商务翻译研究内涵凸显了支撑其发展的两条学科主线：商务英语和翻译学。研究还发现,商务翻译研究的外延不断扩展,通过与计算机科学和教育学等学科的交叉不断强化其跨学科特质,拓展了商务翻译研究对象的边界,丰富了商务翻译研究及其在实践和教学方面的应用。本研究直观呈现了商务翻译的研究现状和发展趋势,对商务翻译研究有积极的启示意义。

关键词：商务翻译；文献计量分析；学科融合；趋势

Title：A Visualized Analysis of the Denotation and Connotation of Business Translation with VOSviewer

Abstract：This study conducted a bibliometric analysis of 3,107 CNKI journal articles from 2012-2021 with the key words "business translation" and/or "business English translation" for the purpose of defining the denotation and connotation of business translation. It presented visually popular issues and the trend of business translation research in recent ten years with the bibliometric analysis software VOSviewer. It finds that business translation research highlights its cross-disciplinary feature based on the development of business English and translation studies. It also finds business translation continue to extend its connotation and strengthen its cross-disciplinary features by integrating with computer science, education and other studies, which enriches business translation research and expands applications to business translation practice and teaching. This paper illustrates the current situation and tendency of business translation research and will inspire future studies in this field.

Key words：business translation; bibliometric analysis; cross-discipline; trend

1. 引言

　　商务翻译随着我国商务活动的兴起而发展,将商务知识与翻译研究和学习过程进行合理匹配,具有极强的跨学科属性。我国在全球贸易的地位不断提高,对外交往不断扩大,商务文本的翻译实践大量增加,商务翻译获得了广泛的关注。一方面,商务翻译研究不断增添与特定行业和地域经济研究紧密结合的内容,深入探究了翻译与商务实践方面的内在联系。另一方面,为服务国家战略发展对人才的需求,商务翻译围绕语言教育的重点分支和学术热点,

---

1　**作者简介**：吴朋,博士,上海对外经贸大学国际商务外语学院教授；研究方向：翻译与文化传播。
　　　郑维勇,上海对外经贸大学国际商务外语学院讲师；研究方向：教育技术。
　　基金项目：本文得到了上海市教育科学一般项目"数字技术赋能的外语教学形成性评价研究"（项目编号：C2023219）的资助。

不断探索培养复合型应用人才的路径,提升培养兼具商务知识和翻译能力的人才的效果。

人工智能技术的发展促使学科融合不断深化,教育部提出了新文科融合的倡议,打破了原有的学科边界,通过学科融合和创新推动跨学科研究。在这种大趋势下,商务翻译必须夯实内涵,才能在内涵基础上拓展与其他学科结合的外延。本文采用了文献计量分析法,分析了 2012—2021 十年内发表的"商务翻译"相关文献,试图确定学科融合视阈下商务翻译的内涵和外延,即商务翻译的根本属性,界定商务翻译研究的范围和内容,为进一步探究商务翻译研究的内核驱动力和可行发展路径夯实基础。

2. 文献计量法

文献计量法融合了数学与统计学的方式,是对文献的外部特征进行统计和梳理的一种定量分析方法,为特定学科的态势分析提供了可靠的定量依据(朱亮、孟宪学,2013),适用于描述特定学科的现状与发展趋势。本研究力图分析商务翻译的相关学科和主要研究态势,以此确定商务翻译的内涵和外延,因此采用了文献计量分析方法。利用文献计量分析能够科学地描述商务翻译的研究现状,其可视化分析结果可以直观地显示商务翻译研究主题的内在联系,由此预测商务翻译研究的发展趋势。

2.1　研究方法

文献计量分析对文献的数量要求高,本文的数据来源为中国知网(CNKI)的中文期刊全文数据。中国知网不仅是目前世界上最大的、持续更新的中国期刊全文数据库,而且在学科收录范围、期刊来源、引文数量和更新速度方面颇具优势。本研究将文献的外部特征如主题、篇名、关键词和摘要全部列为检索条件,以"商务翻译"和/或"商务英语翻译"进行了检索,检索范围为期刊,检索区间为 2012—2021 年。共 3 141 篇文献满足检索条件,经过进一步过滤筛选,剔除"农业经济"等不相关领域的文献,最终保留 3 071 篇作为研究数据,为保证样本数据的全面性,未对期刊是否为核心进行筛选。

本研究的数据利用 VOSviewer 可视化分析方法处理。其分析功能较为全面,在文献关键词分析、聚

类分析、主题词、作者信息等方面具有独特优势,可以有效查看和分析研究领域的问题(高凯,2015)。不仅如此,VOSviewer 提供的图谱可视化效果优于其他同类分析软件。

2.2　热点分析

2.2.1　文献年度分布

根据文献的出现和增长规律,对商务翻译的论文发文量进行年度统计分析能够揭示当前研究状况并预测研究前景。在 2012—2021 十年间的商务翻译文献分布情况如图 1 所示,发文数量是 2002—2011 年的 2.5 倍,基本稳定在每年 300 篇左右,说明商务翻译的研究已经趋于成熟。但是研究发现,2019 年之后研究出现下滑态势,特别是 2020 年和 2021 年较高峰年份下滑了近百篇。

图 1　2012—2021 年商务翻译研究年度发文分布图

2.2.2　研究热点分析

关键词凝练了论文研究内容,对文献的关键词进行词频统计,借助关键词共现分析,能有效获得特定领域内的研究热点。本研究通过共现网络图谱中的节点大小,关键词出现的频次高低及共现的聚类分布,对十年间国内商务翻译研究的热点话题进行挖掘和判定。本研究将关键词频次设定为 7 进行数据筛选,从 5 365 个现有数据中提取满足阈值的 254 个关键词,剔除少数与主题无关的关键词(如:农产品、独立学院、合同)、归并语义重复或内容宽泛的关键词,最终生成关键词共现网络图谱(见图 2),并将出频次不低于 24,且排名前 30 的关键词归纳为表 1。

表 1　2012—2021 年商务翻译高频词表

排名	关　键　词	频次	排名	关　键　词	频次
1	商务英语	1 316	3	商务英语翻译	354
2	翻译	357	4	商务英语专业	135

（续表）

排名	关　键　词	频次	排名	关　键　词	频次
5	翻译教学	126	18	职业能力	35
6	商务翻译	109		商务英语翻译教学	35
7	翻译策略	106	20	商务英语口译	34
8	文化差异	94	21	翻转课堂	33
9	翻译技巧	92		跨文化	33
10	人才培养	82	23	语料库	32
11	教学模式	65		商务英语信函	32
12	商务英语教学	55	25	翻译方法	27
13	语言特点	54	26	跨境电商	26
14	英语翻译	53		翻译原则	26
15	跨文化交际	43		国际商务英语	26
16	功能对等	42	29	功能对等理论	25
17	高职商务英语	40	30	翻译能力	24

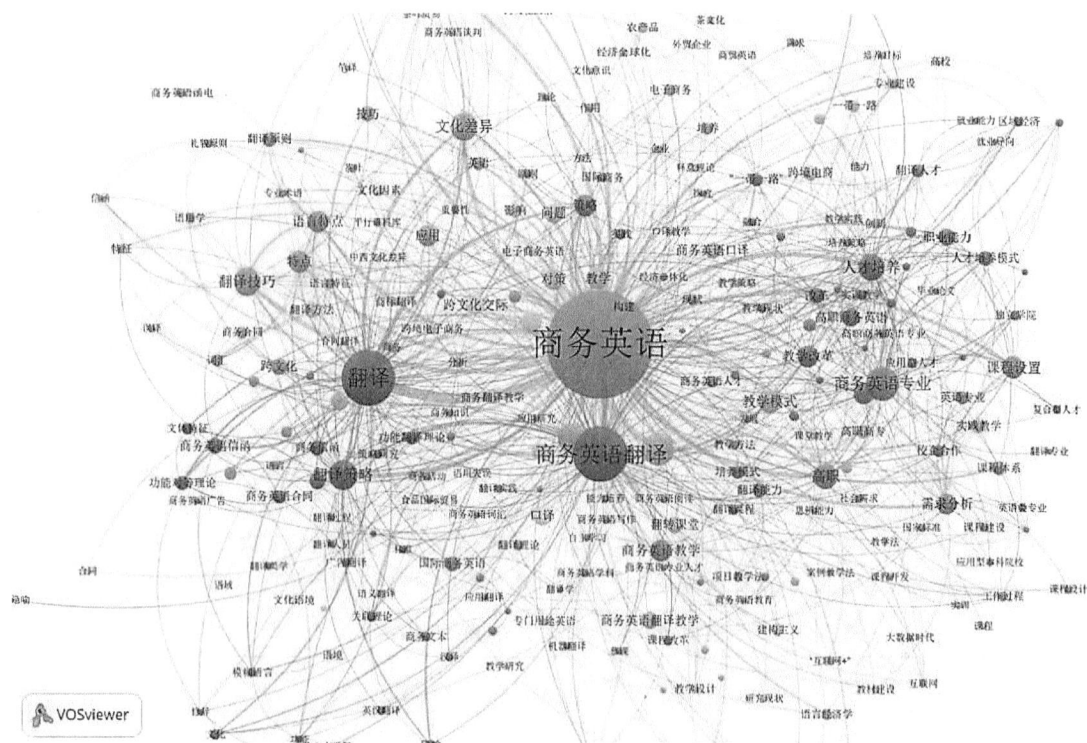

图 2　2012—2021 年商务翻译研究关键词共现网络图谱

这些按词频排序的关键词基本反映了商务翻译研究的热点内容,根据图 2 和表 1,我们发现作为研究主题的"商务翻译"和"商务英语翻译"不论是在中心度值排序还是关键词词频排序中均居于"商务英语"和"翻译"之后,因此研究热点分析结果还需要结合文本进行深入讨论。

2.2.3　学科分布分析

通过文献计量法进行学科领域分布分析,能够有效把握研究内容的侧重点,以便从学科发展脉络方面梳理学科之间的联系,发现商务翻译的内涵和核心研究内容。本研究发现 3 071 篇商务翻译研究的论文涉及七个主要学科领域,具体学科和各发文数量的分布情况如表 2 所示。

表 2　2012—2021 年商务翻译涉及学科及发文量

所 属 学 科	发文数量
外国语言文学	2 975
贸易经济	832
教育理论与教育管理	102
计算机软件及计算机科学	90
中国语言文学	90
职业教育	61
高等教育	49

通过表 2 可以直观看到,商务翻译相关论文的研究方向与论文所属外国语言文学一级学科主题吻合,但商务翻译研究表现出显著的学科融合特征,其所涉及的国际贸易、教育和计算机等学科都支持其发展,商务翻译研究应该呈现出多元化发展态势,而不仅仅依赖外国语言文学单一学科。

3. 商务翻译的内涵

商务翻译的内涵是指人们如何定义商务翻译,具体包括商务翻译的学科属性、核心内容和主要特征。基于文献计量分析结果,本文分析了十年来核心期刊论文对商务翻译的内涵界定,厘清了商务翻译内涵研究的三大路径。首先,从商务英语学科属性出发,将商务翻译笼统地定义为与商务英语有关的口笔译(石春让、白艳,2012),商务翻译研究对象为商务英语的语言特征和商务英语文本的语篇特点,商务翻译主要目的是分析和总结符合商务英语

特色的翻译策略和翻译方法(顾维勇、吴奕萱,2021;慎丹丹,2014;周剑波、蒋璐、吕和发,2014)。第二,沿着翻译学脉络,商务翻译被定义为独立的学科分支,针对商务体裁的杂合性和商务话语的动态性,试图推演商务口笔译的特定规律,最终构建商务翻译的理论体系(方群,2020;孙向文、聂志文,2013)。在独立的商务翻译理论体系的建构之下,验证相关翻译理论对商务文本翻译的有效性和解释力(徐珺、肖海燕,2016),提出商务翻译的标准和规范(翁凤翔,2013)。第三,从描述商务翻译实践特征出发,将商务翻译定义为"围绕贸易、投资等商务活动所展开的翻译实践"(徐珺、夏蓉,2013:17)。商务翻译的研究突出行业领域特质,强调商务翻译为商务双方提供有效沟通的作用。在此视角下的商务翻译将翻译放在特定的商务领域内加以界定,偏重与翻译相关联的行业领域所处的特定商务情境(鲍文、刘云,2021;蒋丽平,2016;谢志辉、熊力游,2012)。

近十年来,商务翻译研究从不同角度描述和界定了商务翻译,各自有鲜明的倾向,丰富了商务翻译研究。文献计量分析的结果清晰地表明了支撑商务翻译发展的两条学科主线——商务英语和翻译学,这也解释了"商务英语"和"翻译"居关键词词频排序首位的原因。随着我国商务英语学科的发展,商务翻译成为商务英语研究的重要领域;与此同时,商务翻译作为翻译学的重要分支,将商务活动相关的文本类型作为其研究对象,着力探讨商务文本的特征,试图构建商务领域内的翻译理论和翻译原则。

通过文献计量分析结合文本分析,本研究考察了近十年的商务翻译内涵研究的三大路径,发现沿着翻译学脉络深化商务翻译的内涵较为可行。商务翻译实践研究突出和强调了商务翻译的特定行业情境,基于商务英语学科的相关研究大多描述语言、文本特征,总结和归纳翻译策略,缺乏理论体系去支撑商务翻译的后续研究。反观翻译学,不仅为商务翻译持续地提供理论支持,如功能对等、图式理论、生态翻译学,而且意欲借助这些理论构建商务翻译理论,为商务翻译的研究、实践和教学制定一系列标准。未来的商务翻译研究趋势应遵循译学脉络界定商务翻译的学科属性,夯实商务翻译的理论基础,为商务翻译研究的持续发展提供源动力。

4. 商务翻译的外延

商务翻译的外延指商务翻译的拓展话题,是商务翻译研究成果在其他领域和情境中的应用和延伸。文献计量分析的结果显示,随着翻译与技术的

对接和与经贸行业的互动,商务翻译的外延不断拓展。2012—2021年文献计量分析结果(见图2)显示"电子商务""语料库""教学改革""互联网+"这些节点已经出现,它们虽然还没有成为主流,但是代表了近十年来商务翻译研究的发展的趋势。结合2012—2021年文献计量分析结果(见图2)和2015—2018年文献计量分析结果(见图3),本文分析并讨论近十年商务翻译研究和教学实践的态势和发展趋势。

4.1 商务翻译的学科融合和交叉

在宏观层面,近十年的商务翻译强化了学科融合,试图在商务领域内探讨与其他学科研究热点的结合方式。本研究发现,相较于2002—2011年商务翻译研究者高度依赖语言文学的研究范式,来自经济学等其他领域的相关研究仅占7.7%的状况(徐珺、夏蓉,2013),近十年商务翻译研究从经济贸易、教育理论以及计算机软件和计算机科学等视角进行分析的论文总发文量分别为27.09%、6.90%和2.93%。对比2002—2011年商务翻译研究文献关键词频次排列(徐珺、夏蓉,2013:14),近十年商务翻译研究的高频词重叠率低,"词汇""商务合同"和"外贸函电"等聚焦语言和文本研究的关键词已经消失,高频词表包括"跨境电商""人才培养""职业能力"和"语料库"等关键词。2018年后,"一带一路""互联网+""大数据""校企合作"等经贸、教育和计算机领域内的热点话题也进入了商务翻译领域(见图3)。

与过去十年相比,商务翻译研究显示出沿着多学科融合的方向拓展边界的趋势。商务翻译突破了单一的语言学范式,从多元视角和宏观层面进行了跨学科性的探究,提高了商务翻译的跨学科性。商务翻译不仅延展了具体研究对象的边界,而且增加了研究视角,通过与其他学科之间的互动和联系,商务翻译获得了持续的动力,在2012—2021年期间保持了较高的发文量。

4.2 商务翻译的多模态和语料库应用

在微观层面,商务翻译由单一的商务文本研究向多模态和语料库转化。2002—2011年间,商务翻译的主要研究对象是外贸函电、商务合同、商务广告等在商务领域内的实用性文本,总结商务文本在词汇、句法和文体层面的特点,并在此基础上分析错译和漏译的原因,不断总结和归纳商务翻译的策略和方法(石春让、白艳,2012)。而近十年的商务翻译明显受到了"电子商务"和"跨境电商"(图3左上点)的影响,电子商务的广告媒介所采用的图像、声音、音乐等元素和多模态手段也纳入了商务翻译的研究中,商务翻译也逐步将边界从文字拓展至多模态手段,研究各种模态之间的辅助和转换问题,力图解决商务翻译中译者接受等现实问题。这些研究试图打破原有的翻译理论模式,比如在广告翻译领域提出

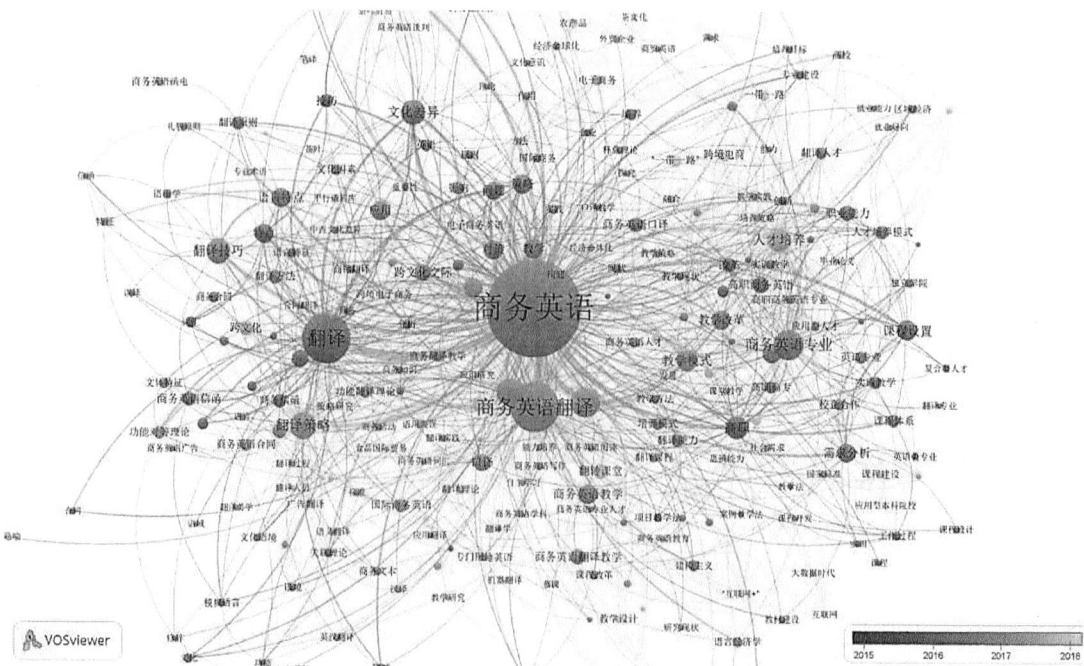

图3 2015—2018年商务翻译研究关键词共现叠加图谱

了创造性翻译策略(王传英、卢蕊,2015)。

语料库在翻译领域的应用得到了充分发展,语料库研究与商务翻译的结合主要包括两个方向:商务英语翻译语料库建设和商务翻译教学(见图3中"语料库"节点与两者的关系)。借助商务翻译的语料库的建设,商务翻译突出了语言使用模式,确定了特定商务情境下的语言动态使用特征(何春艳、罗慧芳,2020)。通过引入双语语料库,在商务翻译教学中通过灵活地分析和对比真实语料的方法,真正做到商务语境中翻译的模仿和创造(胡开宝,2011),提高了商务翻译教学的效果。

4.3　商务翻译教学改革和人才培养

近十年,商务翻译教学进行了技术赋能的全面改革和人才培养模式的革新。对比十年前的商务翻译教学,"教学模式""复合型人才"等关键词依然存在,但是商务翻译图谱中"人才培养"成为位列前十的关键词。不仅如此,文献计量分析结果显示,"人才培养""翻译教学""教学模式""教学改革"和"翻译能力"等关键节点形成互相联系的网状结构,说明商务翻译教学实践中已经脱离了课堂教学的单一形式,在技术手段的加持下增加了人才培养的新形式和新意义。随着信息技术与翻译的不断融合,围绕机器翻译、译后编辑概念形成的技术要素成为现代翻译不可或缺的元素。现代翻译教学也融合了技术元素,"互联网+教学"模式以及慕课、翻转课堂等教育模式不断提升商务翻译教学的效果和质量,其教学模式本身也成为商务翻译研究中不可或缺的部分。

在人才培养的理念方面,商务翻译教学主动服务国家、区域战略发展的人才需求,打破学校教育的边界,逐步探索校企合作等协同育人模式,力图找到提高教学效果的有效路径(黄晓玲、陆晓、赖安,2021;曲云英、刘鸿鹄,2021)。对接人才培养的要求,围绕提升"翻译能力"的核心,充分利用技术手段打造可靠的学习环境,创造性地打造课程教学,提升商务翻译专业人才的综合素质(韩林涛、刘和平,2020)。在教学模式层面,商务翻译教学不再局限于"讲解+例证"的简单模式,而是积极在"互联网+教学"的引导下探讨和论证多元化教学模式(韩孟奇、敬学涛、龚端懿,2018),打造商务翻译"金课",打通线上线下融合,实现课内教学和课外实践融会贯通,突出培养学生的思辨能力、应用能力和职业能力。

5. 结语

近十年,商务翻译在前期研究的基础上逐步成熟。商务翻译的内涵随着商务英语学科和翻译学理论的发展而不断深化;与此同时,借助商务领域的变革和技术革新,商务翻译的外延得以不断拓展,不仅强化了其学科融合的特征,而且借助新学科的发展获得了源源不断的发展动力。在十年的繁荣发展中,商务翻译依然存在着危机:一是未能构建商务翻译的理论体系,从长远来看必然会影响商务翻译的发展;二是随着新文科融合倡议的提出,学科融合成为大趋势,商务翻译的跨学科特征会失去其先发优势。商务翻译的研究者应居安思危,在新拓展的研究领域内开展高水平的系列研究,在此基础上深化商务翻译内涵研究,建立和发展商务翻译理论体系,通过夯实外延和深化内涵,保障商务翻译的持续发展。

参考文献

[1] 鲍文,刘云. 物联网文本专业词汇英汉翻译精确性研究[J]. 中国翻译,2021 (3): 150-156.

[2] 方群. 应用翻译研究二十年(2000—2019)——基于 17 种外语类核心期刊的统计分析[J]. 上海翻译,2020(1): 62-67.

[3] 高凯. 文献计量分析软件 VOSviewer 的应用研究[J]. 科技情报开发与经济,2015 (12): 95-98.

[4] 顾维勇,吴奕萱. 商务英语同/近/反义词叠用语义探析及翻译[J]. 中国翻译,2021(1): 162-169.

[5] 韩林涛,刘和平. 语言服务本科人才培养:"翻译+技术"模式探索[J]. 中国翻译,2020(3): 59-66+188.

[6] 韩孟奇,敬学涛,龚端懿. 教育生态学视域下的信息化翻译教学[J]. 翻译研究与教学,2018 (2): 71-78.

[7] 何春艳,罗慧芳. 国内语料库翻译学研究动态的知识图谱分析(1993—2020)[J]. 中国科技翻译,2020(4): 17-20+42.

[8] 胡开宝. 语料库的翻译学概论[M]. 上海:上海交通大学出版社,2011.

[9] 黄晓玲,陆晓,赖安. 协同育人与商务翻译人才培养[J]. 上海翻译,2021(5): 45-49.

[10] 蒋丽平. 框架理论视域下的商务语词翻译策略研究[J]. 外国语文研究,2016(6): 98-105.

[11] 曲云英,刘鸿鹄. 提升非英语专业本科生英汉翻译能力的项目式教学课例研究[J]. 翻译研究与教学,2021(1): 76-81.

[12] 慎丹丹. 商务信函翻译探究[J]. 上海翻译,

2014(1)：24-27.

[13] 石春让,白艳. 新世纪十年来商务英语翻译研究：回顾与前瞻[J]. 解放军外国语学院学报,2012(1)：80-85.

[14] 孙相文,聂志文. 基于功能翻译理论的商务英语翻译研究[J]. 北京航空航天大学学报(社会科学版),2013(3)：83-86+116.

[15] 王传英,卢蕊. 经济全球化背景下的创译[J]. 中国翻译,2015(2)：72-76.

[16] 翁凤翔. 论商务英语翻译的4Es标准[J]. 上海翻译,2013(1)：34-38.

[17] 谢志辉,熊力游. 物流英语的词汇特征及其翻译[J]. 中国科技翻译,2012(1)：30-32+46.

[18] 徐珺,夏蓉. 我国商务翻译研究十年现状分析(2002—2011)[J]. 中国外语,2013(4)：11-18.

[19] 徐珺,肖海燕. 基于批评体裁分析(CGA)的商务翻译研究[J]. 中国外语,2016(3)：20-28.

[20] 周剑波,蒋璐,吕和发. 商务翻译策划——以蒙牛广告语英译失误为例[J]. 上海翻译,2014(1)：40-43.

[21] 朱亮,孟宪学. 文献计量法与内容分析法比较研究[J]. 图书馆工作与研究,2013(6)：64-66.

基于 VOSviewer 的中国特色翻译学科建构可视化探赜

李夏青　　郑　黎[1]

（上海大学　外国语学院，上海 200444）

摘　要：习近平总书记在党的二十大报告中提出"加快建设教育强国、科技强国、人才强国""加强基础学科、新兴学科、交叉学科建设""加快建设中国特色、世界一流的大学和优势学科"等一系列指导思想。本研究以二十大报告思想为理论基础，利用 VOSviewer 对中国特色翻译学科进行可视化分析，旨在深入理解二十大报告中对学科建设的具体发展要求，探赜中国特色翻译学科的建构。本研究系统地梳理了中国翻译学科建构的三个主要阶段：学科理念萌发期（1951—1986 年）、学科体制建设期（1987—2015 年）和学科理论建设期（2016 年—今）。以此为基石，剖析新时代中国特色翻译学科发展的新内涵，探索在新的时代背景下，具有中国特色的翻译学在世纪大变革中的构建之路，以求实现新时代具有中国特色的翻译学现代性建构。

关键词：二十大报告思想；中国特色；翻译学科；实践路径

Title：A Visualized Exploration of Construction of Translation Discipline with Chinese Characteristics Based on VOSviewer

Abstract：General Secretary Xi Jinping proposed a series of guiding principles in the Report to the 20th National Congress of the Communist Party of China, such as "accelerating the construction of a strong educational system, greater scientific and technological strength", "strengthening the construction of basic disciplines, emerging disciplines, and interdisciplinary subjects" and "speeding up the development of world-class universities and strong disciplines with Chinese features". This article explores the specific development requirements for disciplinary construction in the report based on VOSviewer and delves into the construction of translation studies with Chinese features. This paper also systematically outlines the three main stages of the construction of translation studies: the emergence of disciplinary concepts (1951–1986), the construction of disciplinary systems (1987–2015), and the construction of disciplinary theories (2016–present). Based on the above, this paper further analyzes the new connotation of the development of translation studies with Chinese characteristics and seeks practical paths for constructing translation studies in the new era under the context of a century-long transformation, in order to explore the modern construction of translation studies with Chinese features in the background of building a socialist modern country comprehensively.

Key words：thoughts of 20th National Congress; Chinese characteristics; translation studies; practical path

---

1　**作者简介**：李夏青，博士（后），上海大学外国语学院讲师、硕士生导师；研究方向：口译理论与实践、英汉语言对比与翻译、翻译传播、应用语言学。
　　郑黎，上海大学外国语学院硕士生；研究方向：翻译学、英语语言文学。
　　基金项目：本研究得到 2022 年度国家社科基金中华学术外译项目（项目编号：22WZSB029）、2023 年"上海高校青年教师培养资助计划"，以及 2022 年度上海大学"学习二十大报告"专项课题"基于二十大报告思想理论的中国特色翻译学科建构探赜"（项目编号：2022M20DY017）的资助。

1. 引言

自 1978 年改革开放政策的实施到 2022 年中国共产党第二十次全国代表大会的召开已经有 40 余年,在此期间我国取得了举世瞩目的社会主义现代化建设的伟大成就。与此同时,党和国家各项事业的发展也面临诸多艰难险阻。然而教育仍是国之大计、党之大计。教育事业摆在了优先发展的战略地位,是社会主义现代化建设之基。习近平总书记在中国共产党第二十次全国代表大会的报告中强调践行实施科教兴国战略,强化现代化人才支撑,对于新时代新征程教育发展的重大部署进行了专章的论述。这与中国翻译学建立初衷即为新中国培养亟需的外事翻译人才同根同源,因而受到国家领导人的高度重视。21 世纪以来,随着对外开放的全面深入和中华文化"走出去"的逐步推进,"我国日益走近世界舞台中央,翻译的实用价值属性不断攀升,与国家文化发展规划的关系更加紧密。我国对多语种对外翻译人才的需求可以说达到了前所未有的高峰"(姚斌,2017:77)。因此,本文将从中国特色翻译学科的建构历程和建构逻辑出发,探讨如何构建具有中国特色、中国风格、中国气派的翻译学科。在新时代改革发展的国内环境和瞬息万变的国际环境的内外作用之下,对中国特色翻译学科的建构进行深入剖析具有时代意义。

2. 新时代中国特色翻译学构建

2.1 中国特色翻译学研究回溯

中国特色翻译学科的内涵是中国译学界在响应国家推进中国特色社会主义事业过程中做出的科学性探索,涵盖学科体制建设以及理论建构等诸多方面,凝结了几十年来先哲学者的思考。最初在 1986 年,桂乾元在《中国翻译》上发表的《为确立具有中国特色的翻译学而努力——从国外翻译学谈起》一文中已谈及中国翻译学概念、翻译学确立的根据以及建立翻译学等内容,迄今为止已有 37 年。然而在此期间,国内翻译学的发展经历了从鲜有问津的艰难探索阶段到 21 世纪的新生蓬勃阶段,深刻地揭示了翻译作为不同国家对外沟通桥梁的重要性以及国家对于翻译专业学科队伍建设的重视。对于中国特色翻译学新概念的提出,译学界专家学者各抒己见,意见不一。如 1996 年,刘宓庆在《中国翻译》上发表的《翻译理论研究展望》一文中指出,中国翻译理论的研究和发展必须与"本国情况相结合",具体而言指

与本国的语言现实相结合,由此译学研究取得了长足的进步并成为主流。当然,不可否认的是,译学界也存在不同的声音。如 1999 年,王东风在《中国翻译》上发表的《中国译学研究:世纪末的思考》一文中对翻译理论"特色"的来源保持怀疑的态度;2001 年,谢天振在《中国翻译》上发表的《国内翻译界在翻译研究和在翻译理论认识上的误区》一文中明确指出,不可片面强调翻译理论或翻译研究的"中国特色"而忽视了中西译论的共通性。

纵观近十年,中国特色翻译学研究得到了一定的发展,其中潘文国学者和张柏然学者研究贡献颇为显著。为确保研究结论的权威性和科学性,本文使用了可视化工具 VOSviewer,以便清晰地分析出历年来主要研究作者以及研究发展趋势。研究选取的数据库为中国知网(CNKI),以"中国特色翻译学"为检索词,筛选出 97 篇相关核心学术期刊,其中北大核心 38 篇、南大核心 37 篇、学位论文 36 篇。剔除无关联性文献数据后,得出作者共现图谱以及关键词图谱,如图 1 和图 2 所示。

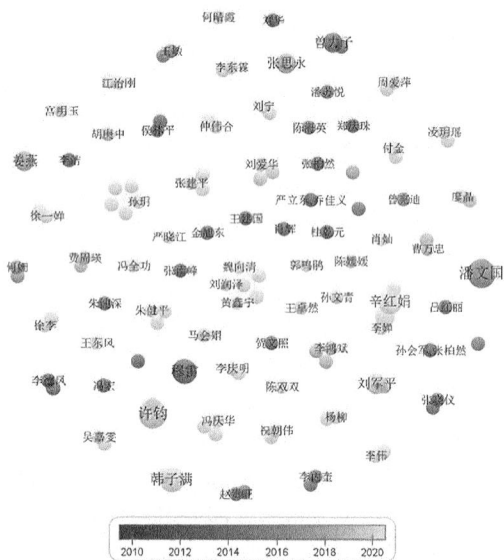

图 1 2010—2020 年中国特色翻译学主要研究者

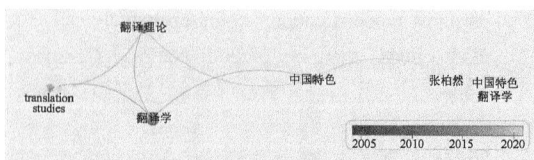

图 2 2010—2020 年中国特色翻译学研究要点

由图 1 及图 2 的数据可知,2010 年到 2020 年间,在引起学术界广泛关注的中国特色翻译学概念提出

后,潘文国、穆雷、许钧、辛红娟、张柏然等学者纷纷发表文章,研究贡献突出。如潘文国(2012)在《外语教学理论与实践》上发表的《中国译论与中国话语》一文中指出,中国特色翻译学的建立是一个必然的选择,这在译学界进一步提高了翻译学学科建设的认可度;张柏然(2008)发表的《建立中国特色翻译理论》一文从中西对话语境的视角出发,重申建立这一理论的必要性和重要性。值得一提的是,张柏然学者对于中国特色翻译学研究频率之高已然使得"张柏然"作为中国特色翻译学研究领域的关键词出现在图2的图谱中。由此可知,近年来,张柏然学者在加快构建中国特色翻译学科、构建中国特色翻译理论以及建构中国特色翻译学术话语领域内成就突出,成果颇丰。党的二十大报告提出教育、科技、人才是全面建设社会主义现代化国家的基础性、战略性支撑。建构中国特色翻译学科对于二十大提出的加速建设教育强国、科技强国、人才强国具有积极意义。践行坚持以党育人、提高人才自主培养质量、培养拔尖创新人才准则等党和国家对教育部署、科技发展、人才培养的探讨,无疑是未来中国特色翻译学科体制构建和理论构建发展完善的重要思想指导。

2.2　中国特色社会主义翻译学科建设历程

中国翻译学科建设作为译学界长久以往探讨的重大课题,备受学者关注,各家意见纷纭。翻译学的中国学派或中国特色翻译学理论的发展空间仍然很大。为深入探析中国特色翻译学科建构,首先需要归纳爬梳翻译学的发展历程。本文系统梳理了中国翻译学的演变历程,并划分为学科理念萌发期、学科体制建设期和学科理论建设期。

2.2.1　学科理念萌发期(1951—1986 年)

首先,"翻译学"作为一个专业术语,最早出现在1927年蒋翼振出版的以翻译学命名的专著《翻译学通论》中,但是由于时代的局限性和信息资源的匮乏,该作在出版之后便石沉大海,没有被学界广泛认可。真正得到学界认可是到了1951年,董秋斯发表了《论翻译理论的建设》一文,涵盖了明确号召广大学者建立中国翻译学的主张(罗新璋,1984:537)。有的学者认为,由此文章名称划分翻译理论建设确立时间未免显得有些草率;本文认为这种看法虽有一定的道理,但董秋斯的主张包含了较高的学术影响力和对学科建设敏锐的洞察力,具有强烈的学术号召力,因此本文将董文发表的时间即1951年视作中国翻译学科理念意识开启的时间节点。由于发文后国内正处于特殊社会条件下,董秋斯的文章在相当长一段时间内并未激起学界反响,当然一些翻译

家如钱锺书、傅雷等还是做出了突出的贡献。然而,随后数十年的特殊时期使译学的发展举步维艰。直到改革开放初期,中国首个译学专刊《翻译通讯》(现改名为《中国翻译》)创建,翻译学才守得云开见月明。拥有译学专刊后,翻译的发展可谓是走上了快车道,如80年代初期,许多学者将翻译理论引入国内,发表文章译介国外翻译理论,并探讨翻译是否能够成为一门学科。"1987年,中国翻译协会在第一次全国翻译理论研讨会上首次公开讨论翻译学的学科建设的构想"(穆雷,2018:9),标志着翻译学学科意识的最终完善与确立。

2.2.2　学科体制建设期(1987—2015 年)

党的二十大报告强调加快建设高质量教育体系,发展素质教育,促进教育公平。中国翻译学科体制建设的完善对于培养翻译人才和发展高质量教育体系有着重要作用。学科体制建设最早可追溯到1979年北京对外贸易学院(今对外经济贸易大学)和上海海运学院(今上海海事大学)两所大学开始招收翻译专业的硕士研究生。在此之后,1986年7月国务院学位办公室公布了首批翻译二级学科以"翻译理论与实践"为专业进行招生的两个硕士点。1979至1986年间的翻译学科体制建设和人才培养有了一定的发展,但是建设队伍力量比较单薄,体制构建发展过于平缓,本文把1987年视为学科体制建设的开端。2004年,上海外国语大学自主设置了第一个二级学科学位点并于2005年开始招收翻译学硕士研究生,标志着翻译学科体制建设进入一个全新阶段,在中国翻译学学科建设上具有里程碑意义。2006年,中华人民共和国教育部随之颁布了《关于公布2005年度教育部备案或批准设置的高等本科专业结果的通知》,翻译专业获得批准。2007年,国务院学位委员会批准设置翻译硕士专业学位。2008年,上海外国语大学高级翻译学院培养的全国第一批翻译学博士顺利通过博士论文答辩并获得翻译学博士学位,意味着翻译新学科的建设取得了阶段性的优异成果。2015年,全国翻译专业学位研究生教育指导委员会完成对2011年之前获得翻译硕士专业学位授权的150所院校的专项评估,翻译学科体制构建总体上已经建立基本的较为完整的人才培养教育体系。中国共产党第二十次全国代表大会召开不久后,全国翻译专业学位研究生教育年会在上海外国语大学举行,会议焦点议题即是设立翻译博士专业学位,由此看来,翻译学科体制建设仍在不断完善之中。

2.2.3　学科理论建设期(2016 年—今)

关于翻译学科理论的重要性,许钧曾指出,"没有成体系的翻译理论作为翻译学科的依托,翻译学

科的建设只能是一句空话"(尚岩,1999:36)。由此看来,理论构建对于翻译学学科建设来说是一项基础工程,也是一项核心工程。然而翻译理论研究领域内,国内学科理论的发展面临一个很大的难题,即早期翻译理论的发展完全依托对西方翻译理论的译介、应用,再进行反思、批判。中国译学界在相当长的一段时间内沉浸在学习西方各种翻译理论中,跟随模仿翻译理论思潮,以致很多中国传统译者丧失了自身的主体性,间接导致了国内学科理论建设没有前人的研究成果可供参考,也无法进行思辨性改造。对于翻译学科建设而言,"学科理论几乎是元理论研究,需要较强的理论思辨能力和反思批判能力"(仲伟合、赵田园,2020:80)。因此,学科理论的建设仍然需要长期努力,译者需融通中西理论,创生出独具中国特色的学科理论研究成果。

3. 新时代中国特色翻译学科建构的逻辑起点

党的二十大报告全面论述了习近平新时代中国特色社会主义思想的主要内容和理论体系,强调了教育学科建设的具体路径之一是"加强基础学科、交叉学科、新兴学科建设,加快建设中国特色、世界一流的大学和优势学科"(习近平,2022),推进新时代中国特色翻译学科的建构从此便有了方向。近代以来,翻译作为中西文化沟通与交流的载体及表现形式,成为中国引进西方现代文明与借鉴学习他国文化的最便捷、有效的途径。值得明确的是,国内翻译起步晚,学科体制构建进程缓慢,至今国内翻译理论尚未对国际翻译研究动向有引领性影响。"反观西方翻译理论,在改革开放以后,起步于20世纪中期的各家各派翻译理论研究成果被逐渐介绍到中国来,激发起一批具有敏锐前沿意识和宽阔学术视野的学者对翻译理论的广泛关注"(许钧,2018:65)。翻译将西方近代学术上的各种新成果带入中国。反观今时,在中华民族不断繁荣昌盛的必然趋势下,对外传播中华优秀传统文化便是当今翻译建设的使命所在。中国特色社会主义文化源自中华民族五千多年文明历史所孕育的中华优秀传统文化,熔铸于党领导人民革命、建设、改革的现代化进程中。由此看来,从中国特色社会主义文化中得到滋养的中国特色翻译学科便深深植根于中华优秀传统文化之中。伴随着国家文化事业的创新发展,以及中华文化"走出去"的深入推进,中华优秀传统文化价值与经济发展的关系日益密切,而翻译是打破交流障碍、促进经济互通互惠、向世界展示民族形象、弘扬民族精神内

涵的一种方式,又具有特定的时代特征以及无可取代的重要性。随着中华文化"走出去"政策的实施,翻译学界对于中华传统典籍英译也给予了更高的关注度,从图3关键词密度分布图可看出,诸如《红楼梦》等文学作品在典籍英译趋势的影响下,也逐渐向海外传播(研究利用VOSviewer软件,基于中国知网数据库,以"翻译与传统文化"为检索词,检索到177篇北大核心期刊论文,剔除不相关文献后得到135篇核心文献,分析并得出关键词共现图谱,如图3所示)。

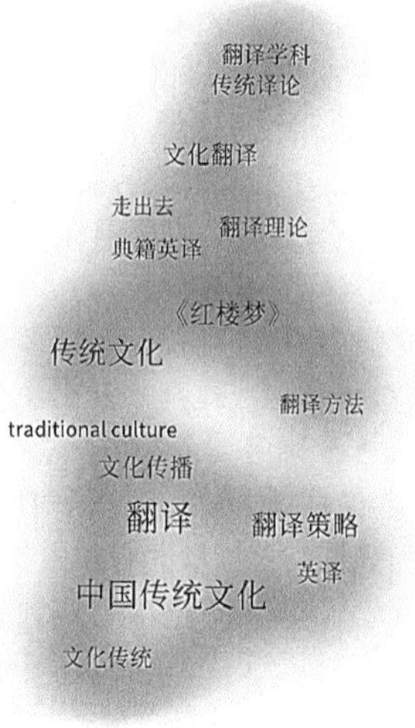

图3 翻译与传统文化关键词密度图

由图3可知,中国特色翻译学科的建构需要以中华优秀传统文化为基石。不仅要用中国人自己的视角去观察和理解翻译建设,更重要的是如何连接和弘扬中华优秀传统文化,如何发展中华优秀传统译论,如何从中华传统译论中汲取丰富的理论基础,以及如何紧扣当代中外翻译实践,实现翻译学科理论的现代化构建。张柏然教授指出:"中国特色翻译学形成的重要标志是在理论上有自己的一套不断确立着的规范、术语与观念系统,既能用这套规范与国外学术翻译界对话,又能用自己的话语表述具有中国特色的中国翻译现象,由此使得中国文化真正地走出去,中西译论处于平等交往对话中。"(张柏然,2008)。中共二十大进一步充实了中国特色社会主义话语体系,拓展了当代马克思主义理论中国化的表述途径和表述载体,为阐释中国特色社会主义理论和相关研究提供了重要的指导。在此基础上,"中国特色社会主义"和"科学社会主义"理论指引着中国特色翻译学学科建构。中国特色翻译学科拥有了新内涵,即在当代中国坚持用科学社会主义观察世界,解读世界,引领世界,用当代中国的丰富实践和文化

资源发展翻译学,展示中国特色翻译学在当代中国的活力与生命力。因此,从某种意义上来说,"中国特色社会主义"理论和"科学社会主义"理论同样具有"中国特色"的翻译学理论的逻辑起点。在不断实现中华民族的对外交流过程中,翻译一直扮演着不可替代的先锋角色。

国家在不断迅速发展,响应时代号召、回应时代需求以及国家和社会发展的重大关切是中国哲学社会科学的责任所在。鉴于此,译学界有学者提出应提高国家翻译能力,意在发展"国家在话语传播、外事活动或展示力量时所具备的翻译能力。国家翻译能力是以国家作为一个整体的宏观研究角度,引进政治学、国际关系学、法学等学科的理论成果"(蓝红军,2021:20)。从翻译学建构的角度来说,国家翻译能力研究回答的是学科目标问题,即"为谁培养人才"和"培养什么样的人才",而这又与党的二十大报告中关于教育部署的三大基本问题不谋而合,即"为谁培养人""培养什么人"和"怎样培养人"。无论是着眼于弘扬中华优秀传统文化,还是推进中华民族伟大复兴进程,翻译学科建构的重要性与必要性都不言而喻;与此同时,翻译学科的建构又深深植根于中华优秀传统文化,锻造了中华民族伟大复兴的历程中。翻译学科的建构既有微观的底层逻辑,又有宏观的顶层需求。

4. 中国特色翻译学科建构的现实路径

当今中国正面临两大变局:一是中华民族伟大复兴战略全局;二是世界百年未有之大变局。习近平总书记在二十大报告中指出:"从现在起,中国共产党的中心任务就是团结带领全国各族人民,全面建成社会主义现代化强国、实现第二个百年奋斗目标,以中国式现代化全面推进中华民族伟大复兴。"要实现中华民族的伟大复兴,就一定要把科技作为第一生产力,把人才作为第一资源,把创新作为第一动力,而教育则是科技、人才与创新的基础,是国家发展的基石。在机遇与挑战并存的情况下,格局变化意味着新局面的出现,开启新局面最重要的是要将教育强国、科技强国、人才强国三者结合起来,从教育层面完善学科建设,从而为人才培养提供完整体系,以人才资源助力国家发展。

4.1 秉承新思想,完善自身建设

翻译学科的建设应该将服务国家对翻译和传播的需要作为重点,张习之学者认为"翻译人才的培养是一项社会的系统工程,而绝不仅仅是翻译专业的

一两门课程的问题"(张习之,2020),在体制上构建一个将高校、企业和政府等多方力量融合在一起的合作机制,再培养出一批与时代发展相适应的高层次应用型翻译领军人才。首先,需要完善学科体制建设,我国对于翻译人才的需求呈现"高峰"增长现象,然而我国翻译人才培养现状却呈现"有高峰无高原"的危险处境,即高翻人才分散且数量较少。一般而言,仅从外部原因来看,能否构建翻译学的中国学派或者具有民族、文化特色的翻译学科理论框架在很大程度上取决于是否拥有相对匹配的学术基础、学术资源和相对稳定的学术团队。"翻译学科建设的顶层设计即推进与发展翻译专业学位教育,建成完整的、翻译实践型的学科体系即 BTI、MTI 和 DTI,就显得尤为重要。"(陶李春、黄友义,2021:12)鉴于此,翻译博士学位的建立能够进一步缓解翻译领域精英人才缺口,为翻译学科的发展储备师资力量。其次,完善学科理论建设,着重把握学科理论与翻译理论之间普遍与特殊的关系,重点在于实现中国传统译论的现代转换,形成具有中国特色的翻译学科理论。基于图 4 中关键词密度分布情况可知,翻译理论研究与翻译教学研究关系密切。由此推断,近年来翻译理论建设呈现出以教学需求为导向的建构趋势(利用 VOSviewer 软件,基于中国知网数据库,以"翻译理论建设"为检索词,检索到 217 篇北大核心期刊论文,剔除不相关文献后得到 118 篇核心文献,分析并得出关键词共现图谱,如图 4 所示)。

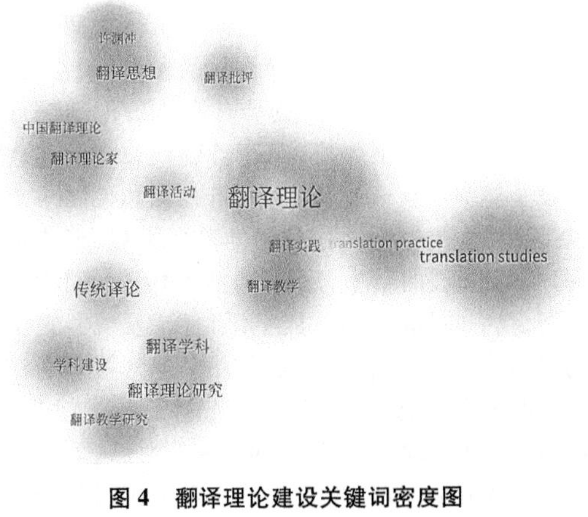

图 4　翻译理论建设关键词密度图

重新审视英汉译史,无论是对汉译英或英译汉的标准、策略、方法的探索与诠释,还是对英汉互译的本质、过程、译者身份的理解与剖析,都包含着中国人民的全局思考能力与智慧。例如,支谦的"因循本旨,不加文饰",道安的"五失本、三不易",严复提出的翻译标准"信、达、雅",傅雷提出的"神似"说,钱

锺书的"化境"说,许渊冲的"三美"说,以及赵彦春的"以诗译诗,以经译经"等。不管是文质之争还是信达雅之辩,这些理论都是独具特色和价值的理论思想,对翻译学科理论建设具有一定的指导作用。有学者同样给予了翻译史高度评价,认为"作为译学学科基础的翻科史对翻译研究以及翻译学学科建设而言,具有不可替代的作用"(王洪林,2020)。总而言之,中国特色翻译学科建设需以中国传统译论为根基,以教学需求为导向,平衡中西译论之间的重要性以构建新时代翻译学科理论。

4.2 坚持守正创新,提升实践水平

国际实力格局正在发生重大转变,特别是在由美国主导的西方霸权主义相对衰落和以中国为代表的发展中国家快速崛起的情况下,世界发展的驱动力已经历史性地向东方转移。在翻译学科理论发展过程中,建设者需要明白"译论现代化并非西化,更不是消灭传统,关键在于创新。系统梳理传统译论体系,整体把握传统精神和特征,清理其中具有普遍意义和规律性的部分,融入当代译学理论血肉,生成新思想和意义"(汪壁辉,2017:109),这才是译界学者需要关注的核心。与此同时,在翻译学科理论建构过程中,学者应能注意到翻译学理论建设逻辑元点产生了新的变革。新时代创新翻译理论模式应汲取跨学科经验,如同文学领域的3R互动交流理论。在翻译学学科理论构建领域或可参照文学领域作者、作品与读者互为主体的准则,创新出译者、译文与读者互为主体的循环,形成各个主体之间的交流互动,充分、自由地展现译者和读者的创造性与能动性,以期构建更加完善、更具有实践价值的翻译理论。党的二十大报告要求"坚持创新在我国现代化建设全局中的核心地位"。创新意识和创新思想不仅是推动人类社会向前发展的重要力量,还是促进翻译学科发展的新生力量。要推进翻译学科的创新发展,我们应认清当今"数字化时代"及其科技文化的基本特征,认清数码科技、网络技术对翻译所产生的新的重大影响。"迈克尔·克罗宁教授(Michael Cronin)强调随着数字时代的到来,翻译也发生着翻天覆地的变化,应当关注翻译的全球化以及翻译技术性两个特点。"(何高大、吕洁,2015:107)中国特色翻译学科建设也要抓住"以创新为导向"的机遇,推进教育数字化进程。如今信息化平台的急速发展使得线上学习形式多样化,而教育的数字化建设也是在后疫情时代,构建全民终身学习的学习型社会的一剂良方。不仅在教学理念、内容、方法等方面的改革起到了积极作用,而且在教学层面,对学生能力及

素养的培养也起到了不可替代的作用。至于学科体制建设,除了上级管理部门或培养单位领导的高度重视、符合人才发展规律的培养计划和课程设置之外,翻译学科建设还需要重培养翻译人才,聚焦翻译人才的实践能力和创新能力,以期迎合国家的战略需求;国家则需继续加强对基础研究部门的资助,加大对学科交叉创新领域的支持,由此为翻译学建设夯实基础。

5. 结语

作为新时代翻译学研究继承与发展的产物,中国特色翻译学科建构既要着眼历史,又要展望未来。回溯翻译学建构历史,爬梳建构历程是学科建设的历史根基;立足于中华优秀传统文化、优秀传统译论是学科建设的逻辑起点;秉承新思想,完善自身建设,坚持守正创新,以教学需求为导向,提升实践水平是学科建设的现实路径。习近平总书记要求广大哲学社会科学工作者勇立时代潮头,通古今之变化,发思想之先声。译学建设者应认识到中国翻译学科建构的底层逻辑以及现实建构路径,立足国家战略发展需要,针对性地完善体制构建,实现传统译论的学科性创造转化,进一步构建具有中国特色、中国风格和中国气派的翻译学科。本研究不仅为中国特色翻译学科建设以及提高国家翻译能力提供了一条较为切实可行的途径,也为我国在新时代完善高质量教育体系提供了一套较为科学的方案参考。未来中国特色翻译学建设应当展现中国翻译自立、自信、自强的发展姿态,以最终真正形成同西方翻译双向互动交流、构建平等对话的学科体制和学术话语。

参考文献

[1] 桂乾元. 为确立具有中国特色的翻译学而努力——从国外翻译学谈起[J]. 中国翻译, 1986 (3):12-15.

[2] 何高大,吕洁. Michael Cronin 新著《数字时代的翻译》介绍[J]. 中国外语, 2015(1):107-111.

[3] 蒋翼振. 翻译学通论[M]. 上海:上海美利印刷公司,1927.

[4] 蓝红军. 国家翻译能力的理论建构:价值与目标[J]. 中国翻译, 2021(4):20-25.

[5] 刘宓庆. 翻译理论研究展望[J]. 中国翻译, 1996(6):2-7.

［6］罗迪江. 翻译研究的新趋向：凸显翻译价值之维［J］. 中国翻译，2022(5)：5-12+190.

［7］罗新璋. 翻译论集［M］. 北京：商务印书馆，1984.

［8］穆雷. 翻译学学科建设的探索［J］. 中国翻译，2018(6)：9-11.

［9］潘文国. 中国译论与中国话语［J］. 外语教学理论与实践，2012(1)：1-7.

［10］尚岩. 加强翻译学科的建设——许钧教授访谈录［J］. 中国翻译，1999(6)：35-38.

［11］陶李春，黄友义. 论新时代翻译学科建设与人才培养——黄友义先生访谈录［J］. 外语教学，2021(1)：10-14.

［12］汪璧辉. 中国译论建设新图景——《译学研究叩问录——对当下译论研究的新观察与新思考》评介［J］. 外语研究，2017(2)：109-111.

［13］王东风. 中国译学研究：世纪末的思考［J］. 中国翻译，1999(1)：7-11.

［14］王洪林. 新翻译史研究的跨学科路径探索——皮姆的《何为翻译史？基于信任的方法》评述［J］. 翻译研究与教学，2020(1)：128-132.

［15］习近平. 高举中国特色社会主义伟大旗帜，为全面建设社会主义现代化国家而团结奋斗——在中国共产党第二十次全国代表大会上的报告［N］. 人民日报，2022-10-26.

［16］谢天振. 国内翻译界在翻译研究和翻译理论认识上的误区［J］. 中国翻译，2001(4)：2-5.

［17］许钧. 坚守与求索：张柏然教授的译学思考与人才培养［J］. 中国翻译，2018(3)：65-79.

［18］姚斌. 新中国高级翻译人才培养的早期探索和启示——以北京外国语大学翻译班为案例［J］. 中国翻译，2022(3)：71-80+192.

［19］张柏然. 建立中国特色翻译理论［J］. 常州工学院学报(社科版)，2008(3)：79-83.

［20］张习之. 从文化自觉的视角观中华传统文化素养提升对翻译人才培养的重要性［J］. 翻译研究与教学，2020(2)：77-80.

［21］仲伟合，赵田园. 中国翻译学科与翻译专业发展研究(1949—2019)［J］. 中国翻译，2020(1)：79-86.

基于神经机器翻译的科技文本
译后编辑模式研究

蔡源　　王蕙[1]

（中国西部科技创新港铜川创新谷，铜川　727031；
西安工业大学　文学院，西安　710021）

摘　要：神经网络（NNs）技术是当前机器翻译引擎的主流翻译算法。相较于统计机器翻译，以神经网络为基础的机器译文流畅度提升明显，但其在垂直领域的表现仍有待改善。本文以谷歌翻译、DeepL 翻译、腾讯 Transmart 以及百度翻译四大互联网主流机器翻译平台为工具对科技类文本进行英汉翻译测试，经统计得出神经机器译文存在五种常见错误类型。结合机器翻译实例对错误译文归类分析，提出相应的译后编辑模式建议，以促进神经机器翻译系统有针对性地改进。

关键词：神经机器翻译；译后编辑；科技翻译

Title：An Investigation into the Post-editing Mode of Neural Machine Translation of Science and Technology Texts

Abstract：Neural networks（NNs）technology is currently the dominant translating algorithm of machine translation engines. The texts generated by NNs-powered machine translation engines present significantly improved fluency compared with those by statistical machine translation engines，while in vertical fields their performance is barely satisfactory. Experimenting with four widespread online machine translation platforms including Google Translate，DeepL Translate，Tencent Transmart and Baidu Translate，English to Chinese translations of science and technology texts are tested and five types of common errors in neural machine translation are identified. In order to improve NNs machine translation，the errors are classified and analyzed in light of the machine translation results，and the corresponding post-editing modes are proposed. Meanwhile，it also tries to encourage targeted improvements to NNs machine translation systems.

Key words：neural machine translation；post-editing；science and technology translation

1. 引言

　　21 世纪是高度信息化的时代，目前人们每天在互联网上传输的数据量已经超过整个 19 世纪的全部数据的总和（冯志伟，2011：13）。数据的指数级增长之下，传统人工翻译已经难以满足跨语言交流的翻译需求，机器翻译已成为当今译者工作的主要生产环境之一（赵涛，2021：100）。神经机器翻译（neural machine translation，or NMT）即以神经网络作为基础的机器翻译（单宇，2022：9），在翻译技术领域具有里程碑式的意义，其问世标志着机器翻译系统由统计技术阶段迈入了全新的神经网络阶段。神经网络机器翻译模型于 2014 年前后提出，百度和谷歌分别于

1　**作者简介**：蔡源，硕士，中国西部科技创新港铜川创新谷助理翻译；研究方向：翻译理论与实践。
　　　王蕙，硕士，西安工业大学文学院副教授、硕士生导师；研究方向：科技翻译。
　　基金项目：本文系国家社科基金艺术学一般项目"中国书法艺术译介中书法术语英译研究"（项目编号：19BF098）的阶段性成果。

2015 年 5 月、2016 年 9 月推出旗下的神经机器翻译平台，之后该技术又被微软、腾讯、字节跳动等国内外大型科技企业广泛应用于语言服务业务，目前已成为机器翻译平台的主流技术。

尽管机器翻译技术已经取得了很大进步，但是整体来说机器翻译的质量仍然无法与人工翻译相提并论（崔启亮，2014：69）。且机器翻译的适用范围存在一定局限性，在专业领域的翻译效果较差（刘莉、王怡、邵波，2022：34），要得到符合语言表达规范的译文，对机器翻译的进一步处理必不可少。本文采用谷歌翻译、DeepL 翻译、腾讯 Transmart 以及百度翻译四款市面主流神经机器翻译平台对科技类文本进行英汉翻译测试，归纳神经机器翻译在科技翻译实践中的常见错误类型，并提出相应的修正模式和译后编辑建议，以促进机器翻译平台有针对性地改进。

2. 研究背景

2.1 机器翻译

根据国际标准化组织（International Organization for Standardization，2017：1）的定义，机器翻译是"Automatic translation of text or speech from one natural language to another using a computer application"（使用计算机应用程序将文本或语音从一种自然语言自动翻译为另一种自然语言）。机器翻译的技术基础通常被划分为基于规则的算法、基于统计的算法和基于神经网络的算法三个阶段。早期基于规则的机器翻译采取对照式识别法，先由语言学家将不同语言之间的单词、成分、位置等信息以规则的形式一一对应呈现，再利用软件通过规则实现机器翻译。统计机器翻译采用数据驱动的机器学习方法，系统通过已有的双语平行语料库自动训练翻译模型，在大数据的基础上不断学习完善，从而构建翻译系统。神经网络机器翻译的模型主要包含编码器和解码器两部分，编码器经过一系列的神经网络变换之后，将源语言表示成一个高维的向量，解码器负责把这个高维向量再重新解码（翻译）成目标语言（千山，2022）。神经网络机器翻译自 2014 年开始兴起，经过近几年的发展，其译文已有了质的飞跃，流畅度在一些语种上的表现甚至超越了基于统计的机器翻译方法。2015 年，百度上线首个互联网神经机器翻译系统，在中英的测试集上，其翻译质量比之前传统的方法提升了 7 个百分点以上（机器之心，2016）。2016 年，谷歌公司发布谷歌神经机器翻译（Google Neural Machine Translate，or GNMT）系统，通过基于实例的机器翻译方法（Example-Based Machine Translation，or EBMT）来改进翻译质量，译文相较此前基于短语的机器翻译方法（Phrase-Based Machine Translation，or PBMT）实现了极大提升，在多个样本的翻译中，误差降低了 55%—85% 甚至更多（吴永辉等，2016：19）。随着神经网络技术的不断完善，专业领域文本的机器翻译在训练语料较为充分时译文准确率可达 75%，新闻文本可达 70% 左右（宗成庆，2020：2）。机器翻译技术在一些商业领域已经得到广泛应用，美国卡门森斯咨询公司（CSA Research）发布于 2020 年的语言服务业状况报告中，22% 的受访职业译者表示"即便在客户没有要求的情况下也会使用机器翻译技术"（海伦妮·皮普迈尔、保罗·O. 马拉，2020：42）。相比人工翻译，翻译技术的主要优势在于速度（侯强、侯瑞丽，2021：115），当前市面主流神经机器翻译系统字数上限内的译文生成时间普遍在一分钟以内。即便原文句式复杂，生成的译文难以直接采用，译者也可以从只言片语的关键词中了解部分文本主旨或大意。

2.2 机器翻译的缺陷

尽管机器翻译在某些领域已经达到了一定水准，但文件 ISO 18587：2017 指出，机器翻译生成的译文仍无法与人工翻译相媲美，如在翻译一些创造性或陌生化程度较大的文学作品和比较模糊的文本，以及感情色彩浓烈的文学、戏剧、小说等作品时（赵涛，2021：100），机器翻译往往有些力不从心。由于缺少对语境和文体风格的解码识别能力，翻译系统无法像人工译者一样解读作者的写作用意。不论哪个机器翻译平台的译文都是高度机械化的产物，将语言视为可被研究、开采的对象，通过各种算法"摆置"它，从而"订造"其在另一门语言里的等价值（王赟、张政，2022：112）。因此，机器翻译适用的文本应具备客观性较强的特点。

2.3 机器翻译译后编辑

机器翻译输出的译文是经过初步处理的半成品，为使其具备可读性，还需进行二次加工，即译后编辑（Post-editing，or PE）。根据 ISO 18587：2017 的定义，译后编辑是"edit and correct machine translation output"（编辑和更正机器翻译的结果），其目的是检查机器翻译的准确性和可理解性，改进文本，提高文本可读性。根据翻译结果的目的和客户的要求，ISO 18587：2017 将译后编辑分为深度译后编辑（full post-editing，or FPE）和轻度译后编辑（light post-editing，or LPE），两者都强调译后编辑人员应尽可能多地保留机器翻译结果。深度译后编辑的目的是产生语法和标点正确、译文准确、易于理解、风格一致且与人工翻译结果效果相同的译文;轻度译后编辑的目的则是使机器翻译的结果准确、可理解,重点是修改错译、文化误译的内容,重新组织句式结构,不对译文风格作强制要求。

3. 科技文本译后编辑实例分析

本部分选取科技类文章作为英译汉测试文本,对语料进行筛选和处理后,以谷歌翻译、DeepL 翻译、腾讯 Transmart 及百度翻译四类机器翻译平台为工具对文本进行翻译测试,讨论科技文本机器译文的常见错误类型,并提出相应的译后编辑模式建议。

3.1 译前处理

译前处理包括材料选取、文本转换、语料对齐等一系列准备工作。本文所用测试语料选自《经济学人》(*The Economist*)科技板块,涵盖医学、人工智能、电子信息、航空航天、清洁能源等多个领域。统一格式并删除冗余信息后将文本分别输入机器翻译测试系统,使用 Excel 表格将输出译文与原文进行人工对齐(如图 1 所示),最后将机器译文与参照译文进行对比分析,统计科技文本机器翻译的常见错误类型。

3.2 常见错误类型分析

此前已有部分学者(郭望皓、胡富茂,2021;宋江文、胡富茂,2021;周斌、饶萍,2020)对机器翻译在特定领域的错误类型进行了分析。对科技类文本机器译文的错误类型进行归纳之后,本文将常见错误分为词类错误、句法错误、回译错误、双关错误、数字符号错误五类,如表 1 所示。

表 1   科技类文本神经机器译文常见错误类型

词类错误	句法错误	回译错误	双关错误	数字符号错误
词义错误 范畴错误 搭配错误 术语错误 习语错误	省略错误 语序错误 逻辑错误			数字错误 符号错误

3.2.1　词类错误

词类错误在机器译文中较为常见,可归为词义错误、范畴错误、搭配错误、术语错误、习语错误五类。

(1)词义错误。

在一些译文中,神经机器翻译系统无法准确辨别文本的语境和态度,导致词义识别出现偏差。多义词的不同词义在文本中的使用频率差异较大,以互联网语料为基础进行模糊匹配的机器翻译往往无法正确识别生僻词义,某些译法甚至与文本整体语境相悖,导致褒义语境下使用贬义词语、否定语境下使用正面表达、特定词义识别为通用词义等明显错误。如将"lead to a new approach"译为"导致一种新的方法"[ad]①,"Omicron has reached at least 113 other countries"中的"reach"译为"惠及"[d],导致文本态度出现较大偏差。"admissions data"在受测文本中原指医院的入院人数,在系统中却被译为"招生数据"[ac]和"入学数据"[d];表示感染人数激增的"surge"一词则被译为"崛起"[a]。这表明机器翻译难以根据文本的语境和态度做出合理选择,在考虑词汇的引申义上表现欠佳。此类识别和修正难度较低,可结合语境调整不当表述以进行轻度译后编辑。

(2)范畴错误。

为避免重复和用词单一,英语中会省略部分具体内容,转用目的词的上位或下位范畴来指代。机器翻译无法像人工翻译一样结合语境进行"思考",造成前后范畴错乱,引起误解。

例如:But now, Hainan is being praised for its rescue efforts, which include replanting the ape's favourite lychee and fig trees. In September the park announced that two **babies** had brought the **population** to 35.

测试中四类机器翻译生成的译文总体而言均具备一定可读性,然而其语义由于后半句关键词所属范畴识别错误而出现了明显偏差。"baby"和"population"属上位范畴,省略了表下位范畴的"ape"。四类机器翻译系统均未识别出省略内容,将两词简单地翻译为"婴儿"和"人口",令读者不知所云。在译后编辑中需完整还原出其所属范畴,经修正之后的译文如下。

译文:而现在,海南拯救这种长臂猿的行动受到了赞扬,包括重新种植它们最喜爱的荔枝和无花果树。去年 9 月,该国家公园宣布,两只**婴猿**的诞生使**长臂猿种群**数量达到 35 只。

又如"And the Imperial team says that, as more data accumulate, it is possible the risk of the most serious outcomes of Omicron might turn out to be even lower than currently suspected"中,"Imperial team"一词实际为"Imperial College London team"的简写,机器翻译无法识别出省略的"College London",而将其直译为"帝国团队"[ab]、"帝国研究小组"[cd]。译后编辑时应参照原文,将其修改为"帝国理工学院研究团队"。

原文 Genetic screening	参考译文 基因筛查	Google翻译 基因筛查	DeepL 基因筛查	腾讯 Transmart 基因筛查	百度翻译 基因筛查
Whole-genome sequencing of newborn babies presents ethical quandaries	新生儿全基因组测序引发伦理困境	新生儿全基因组测序存在伦理困境	新生儿全基因组测序上的难题	新生儿全基因组测序面临伦理困境	新生儿全基因组测序面临伦理困境
It can bring medical benefits—but it could also reveal bad news	这在医学上有好处，但也可能带来坏消息	它可以带来医疗益处，但也可能揭示坏消息	它可以带来医学益处——但也可能揭示坏消息	它可以带来医疗效益，但也可能透露坏消息	它可以带来医疗效益，但也可能透露出坏消息
IMAGINE FOR a moment that your unborn child has a rare genetic disorder. Not something at least vaguely familiar, such as sickle-cell anaemia, or cystic fibrosis, but rather a condition buried deep within the medical dictionary. Δdφαμμαύκφξ τrophy, maybe. Or Ehlers-Danlos syndrome.	假设你尚未出生的宝宝患有一种罕见的遗传病。这里的罕见，不是说像镰状细胞贫血或囊性纤维化这样你多少听说过一点的疾病。而是一种深藏在医学词典里角落里的疾病，比如肌腱上膜脑白质营养不良，或是绒毛膜营养不良症（又称全身弹力纤维发育异常症）。	想象一下，您未出生的孩子患有一种罕见的遗传疾病。不是一些至少含糊熟悉的东西，例如镰状细胞贫血或囊性纤维化。而是一种深埋在医学词典中角落的疾病。肾上腺脑白质营养不良，也许吧，或 Ehlers-Danlos 综合征。	想象一下，你未出生的孩子有一种罕见的遗传疾病。不是一些至少模糊熟悉的东西，如镰状细胞贫血或囊性纤维化。而是一个埋藏在医学字典Δdφαμμαύκφξ τrophy深处的条件。也许是Δdφαμμαύκφξ τrophy，或者是埃勒斯-丹洛斯综合征。	想象一下。你未出生的孩子患有一种罕见的遗传疾病。这并不如人们所熟悉的镰状细胞贫血或囊性纤维化，而是一种深藏在医学词典里最深落的一种疾病。或者是埃勒斯-丹洛斯——当洛斯综合征。	想象一下。你未出生的孩子患有罕见的遗传性疾病。比如不如人们所熟悉的镰状细胞贫血或囊性纤维化。而是医学词典中根深蒂固的一种疾病。也许是肾上腺脑白质综合征。或 Ehlers-Danlos 综合征。
Would you, when your child is born, want to know about it? If effective treatments were available, you probably would. But if not? If the outcome were fatal, would your interest in knowing about it depend on whether your newborn had five years of life to look forward to, or ten? Or 30?	当你的宝宝出生时，你会想要知道这件事吗？如果存在有效的治疗方法。你或许会知道。但如果没有呢？如果结果是致命的疾病，你想不想知道是否取决于你的宝宝能活五年或十年还是三十年？	当您的孩子出生时，您会想知道这件事吗？如果有有效的治疗方法。您可能会。但如果不是呢？如果结果是致命的。您是否对了解它取决于您的新生儿命可以期待十年？还是 30？	当你的孩子出生时，你会不会想知道这件事？如果有有效的治疗方法。你可能会。但如果结果是致命的。你是否了解它。取决于你的新生命命可以期待五年或十年？还是 30 年？	当你的孩子出生时，你会想知道吗？如果有有效的治疗方法。但如果它会这样做。如果结果是致命的。你是否有兴趣了解它取决于你的新生儿是否有 5 年的生命。还是 10 年的生命？还是三十？	当你的孩子出生时。你想知道吗？如果有有效的治疗方法。你可能会。但如果它不会命。如果结果是致命的。你是否有兴趣了解它取决于你的新生儿是否有五年或十年的寿命？还是30？
Today these questions are mostly hypothetical. Precisely because they are rare, such disorders are seldom noticed at birth. They manifest themselves only gradually, and often with unpredictable severity. But that may soon change. Twenty years after the first human genome was mapped, the price of whole-genome sequencing has fallen to a point where it could, in rich countries at least, be offered routinely to newborns. Parents will then have to decide exactly how much they want to know.	现在，这些问题大多是假设性的。正因为它们很少见。这些疾病在出生时很少会被注意到。而它只会逐渐显现。它这可能以不可预测的严重程度出现。在绘制出第一个人类基因组后二十年后，全基因组测序的价格已经下降到一个在富裕国家可以作为常规服务提供给新生儿的程度。这样一来，父母将不得不决定他们想知道多少。	今天，这些问题大多是假设性的。正因为它们是罕见的。所以这类疾病在出生时很少被注意到。它们只是逐渐显现出来，而且这常常以有不可预知的严重程度。但这可能很快就会改变。在第一个人类基因组绘制二十年后，全基因组测序的价格已经下降到一个在富裕国家可以为新生儿提供服务的程度。然后，父母将不得不决定他们想知道多少。	今天，这些问题大多是假设性的。正因为它们是罕见的。所以这类疾病在出生时很少被注意到。它们表现出来很缓慢，而且这常常有不可预知的严重性。但这可能很快就会改变。在第一个人类基因组绘制出来的 20 年后，全基因组测序的价格已经下降了一个地方。至少在富裕国家，它可以为新生儿提供服务。然后，父母将不得不决定他们想知道多少。	今天，这些问题大多是假设性的。正因为它们很罕见，在出生时很少会注意到这种疾病。它们只是逐渐显现出来。而且这种情的严重性。在绘制出第一个人类基因组的 20 年后。全基因组测序出来的价格已经下降了一个地步。至少在常规地提供给新生儿。然后，父母将不得不决定他们到底想知道多少。	今天，这些问题大多是假设性的。正因为这些疾病很少见。所以出生时很少会注意到它们。它们只是逐渐显现出来。而且往往具有不可预测的严重性。但这种情况可能很快就会改变。20年后。全基因组测序的价格已经下降到一个地步。至少可以常规地提供给新生儿。然后，父母将不得不决定他们到底想知道多少。

图 1　语料对齐界面

（3）搭配错误。

搭配错误也是机器译文的常见问题，如"how customers will respond to different pricing scenarios"一句中的"respond"一词被译为"响应"[ac]，但该词与"顾客"搭配显然不符合汉语表达习惯，需修改为"反应"。又如"causing inflammation of the tissues around them, which results in scarring"的测试结果分别为"导致周围组织发炎，从而导致疤痕"[a]、"导致其周围组织的炎症，从而导致疤痕"[b]、"导致周围组织炎症，从而导致疤痕"[c]、"导致周围组织发炎，导致疤痕形成"[d]，连续使用两个相同的动词会使译文略显烦琐，在译后编辑中需结合汉语的搭配习惯调整重复表达，经修正的译文为"造成支架周围组织发炎，形成疤痕"。

（4）术语错误。

科技文本中存在大量专业术语。与普通词语相比，术语最大的特点就是无歧义性，能够准确表义（郭望皓、胡富茂，2021：73）。由于机器翻译会通过捕捉历史积累的大量词语匹配信息完成译文，因此可能无法从巨大的网络语料库中识别某些多义词较少使用的词义（周斌、饶萍，2020：240），导致词义识别错误。宋江文通过机器翻译测试发现，术语翻译错误是经济史文本机器翻译项目中最大的翻译错误（宋江文、胡富茂，2021：15），经测试发现，神经机器翻译在科技领域的术语处理中同样漏洞百出。尽管受测系统中的百度翻译提供了生物医药、电子科技、水力机械、网络文学、金融五个专业领域的应用程序接口（API），然而实际测试中发现术语库加持下生成的译文与默认通用领域 API 生成的译文无明显区别。

具体而言，术语翻译错误主要体现在三个方面。

一是零翻译，即省略不译（王国凤、刘艺林，2022：102），表现为机器翻译系统将原文中的术语原封不动地照搬到译文中。此类错误多见于医学文本，如"With its ability to escape immunity induced by past infections and vaccines, the Omicron variant of SARS-CoV-2, first detected in South Africa on November 9th, has been tearing around the world, causing record numbers of cases of Covid-19 as it does so"一句中的"SARS-CoV-2"和"Omicron variant"在四类系统的译文中均未经任何处理，且仅有两条机器译文[cd]译出了"Covid-19"一词。另一测试文本中的"Ehlers-Danlos syndrome"同样直接呈现在输出译文中[abd]。"Omicron""Covid-19"等词由于经常出现在大众视野，部分读者尚能理解，但专业性较强的医学名词若照搬到译文中，会大大降低机器译文的可读性。若输出译文中充斥着大量未经翻译的专业术语，译者则需要充分理解原文甚至重译原文才能修

改机译中的错误，机器翻译快速提供文本关键信息的优势也将荡然无存。此类错误中，受众广泛或耳熟能详的术语应参照标准译法进行修正，专业性较强的小众术语不仅要对照正确译法进行修改，必要时还需增加注释以便读者理解。

二是把术语译为普通词语，未采用通用译法。在翻译术语时，如已有正式发布的译文，则要采用"名从源主"（刘法公，2009：46）的译法，机器翻译系统在有标准译法可循的前提下，仍无法准确完成术语的转换。如"booster doses of vaccine"通常译为"疫苗加强针"，在测试中却被译为"加强剂量疫苗"[ab]、"加强接种疫苗"[c]、"增强剂量的疫苗"[d]；"aspect ratio"的标准译法为"展弦比"，系统却将其误译为"长宽比"[b]；"rejection mechanism"用作医学术语时应译为"排斥机制"，在一些译文中却是"拒绝机制"[ad]。科技文本中的术语翻译应做到准确表义且无歧义，此类错误可通过对照细分领域的术语库完成修改。

三是错译。如四种机器翻译系统无一例外地将"indemnity insurance"译为"赔偿保险"，而该词的正确译法应为"损失补偿性保险"；"**Covid-related admissions to hospital**"则被译为"**牛痘相关**的住院人数"[b]。此外，机器译文还会出现前后表述不一的问题，即同一文本中先后出现的同一术语译法却不同，令读者误认为两者指代的对象不同。如"Omicron"一词时而被译为"欧米茄"[b]、"奥美拉唑"[b]，时而被译为"奥米克罗"[d]、"奥米克龙"[d]。这些术语误译会给读者带来一定阅读困难，需参照规范译法进行译后编辑。

（5）习语错误。

科技文本中时常会出现习语、行话及其变体。对于常见的或词典已收录的习语，机器翻译一般能够妥善处理，而对于某些行话或是非正式表述，机器翻译则往往会"不求甚解"地直接翻译。例如，在"Set prices too high and you risk losing customers; set them too low and you leave money on the table"一句中，四类机器翻译顺理成章地将"leave money on the table"译为"把钱留在桌子上"，而该习语在英语中的解释为"to refrain from taking the utmost advantage of something"，泛指没有得到应得的最大利润。在译后编辑时需查阅该习语的官方释义，结合语境修改之后的译文为"定价过高，可能会失去顾客；定价太低，就得不到应得的最大利益。"

3.2.2 句法错误

在科技类文本的机器翻译测试中，机器译文的句法错误多集中于省略错误、语序错误和逻辑错误三个方面。

（1）省略错误。

英语中往往利用省略来简化过多的信息量（王

欣平,2011:29),如"Machines will do the nasty jobs; human beings the nice ones"中,后半句的谓语"will do"作为已知信息被省略,在不影响信息传递和理解的同时使文本更为简洁,而机器翻译系统将前后两部分视为独立句处理,将其译为"机器将完成令人讨厌的工作;人类美好的"[a]、"机器会做讨厌的工作;人类善良的人"[b]、"机器会做肮脏的工作;人类是好人"[d]。同样的错误也出现在"Human beings' last common ancestor with the octopus lived 600m years ago, compared with 16m years for the chimpanzee"一句中,后半句的省略部分可还原为"human beings' last common ancestor with the chimpanzee lived 16m years ago",即"而人类与黑猩猩的共同祖先生活在 1 600 万年前",在译文中却被表述为"而黑猩猩则生活在 1 600 万年前"[abd]、"而黑猩猩的最后一个共同祖先生活在 1 600 万年前"[c]。这些译文看似流畅,实则存在巨大漏洞。在译后编辑时需要加以甄别,完整还原出省略信息。

（2）语序错误。

虽然汉语和英语都是基本句子语序为 SVO 的语言,但两者许多成分的语序特点并不一致。如英语中的领属语既可前置,也可后置于名词,汉语却只将领属语放在名词之前(李金满,2010:48);英语中修饰和补充成分放在动词前后均可,汉语的基本语序却倾向于将这些成分前置于动词等。若将英语的语序照搬到汉语中,译文会非常生硬拗口。如有的机器翻译系统将"Robots need to see us as more than just an obstacle to manoeuvre around"译作佶屈聱牙的"机器人需要把我们看作不仅仅是一个机动的障碍"[a]。此类错误需要结合目的语表达习惯对语序进行调整,经过修正的译文为"机器人不能只把我们看作它移动过程中需要避开的障碍物"。

（3）逻辑错误。

机器译文中的逻辑错误主要表现为因果关系混乱和主被动关系颠倒。如"This is an even bigger advantage for cameras that are cooled by liquid nitrogen, to increase their sensitivity"中,"increase their sensitivity"为"cooled by liquid nitrogen"的目的,意为"对于需要使用液氮冷却来提高灵敏度的相机而言,这是个更大的优点",而四种机器翻译系统将"increase their sensitivity"与"bigger advantage"并列,译为"对于使用液氮冷却的相机来说,这是一个更大的优势,可以提高它们的灵敏度"[a]、"这对于用液氮冷却的摄像机来说是一个更大的优势,以提高其灵敏度"[b]、"这对于由液氮冷却的相机来说是一个更大的优势,可以提高它们的灵敏度"[c]、"对于用液氮冷

却的摄像机来说,这是一个更大的优势,可以提高灵敏度"[d]。又如"Indeed, instead of destroying jobs, robots can create them by making businesses more efficient, allowing firms to expand"中,"create them"为"making businesses more efficient, allowing firms to expand"的结果,在一些机器翻译系统中却被识别为后者的原因,译为"事实上,机器人不会破坏工作,而是可以通过提高企业效率来创造就业机会,从而使企业得以扩张"[a]、"事实上,机器人不但不会破坏工作,反而可以通过提高企业效率来创造工作,使企业得以扩张"[b]。经修正之后的译文为"事实上,机器人并不是在破坏就业机会,而是能通过提高效率让公司得以扩张,从而创造就业机会"。再如有的系统将"It's a good question. I get it every week."中的主被动关系识别颠倒,译为"这是个好问题。我每周都会问。"[d]等。针对此类错误,译者应重新梳理其逻辑关系以完成译后编辑。

3.2.3　回译错误

回译,即将已经翻译成其他语言的文本再翻译成原语言文本的过程,可分为"有本回译"和"无本回译"(聂家伟,2019:98)。测试中所涉及的回译错误类型多为"有本回译",此类回译可直接参照原文译回原文文本。回译错误多见于会议讲话、官方文件、人名、地名等文本的翻译中,如"the 'two-mountains theory', green mountains are gold mountains"指"绿水青山就是金山银山"的"两山理论",测试中仅 DeepL 翻译准确回译原文,其他三类系统均出现不同程度的回译错误,如"青山就是金山"[a]、"绿色青山就是金山"[c]、"青山是金山"[d]。中国地名的英译方式主要有"专名音译+通名意译""专名音译+通名音译"和"专名意译+通名意译"三种,而汉语中的拼音可对应多个不同汉字。在中国地名的回译,尤其是"音译+意译"的地名回译上,机器翻译的表现同样不尽如人意。如"Tongqi Bay"的正确译法为"桐栖湾",在四种机器翻译系统中却分别被译为"通栖湾"[a]、"塘栖湾"[b]、"同起湾"[c]、"通启湾"[d]。在回译类文本的译后编辑中,译者需要通过互联网等渠道查找所引用的原文,以确保准确性。

3.2.4　双关错误

机器翻译不具备人工翻译的思考能力,在面对创造性较强的双关翻译时显得有些束手无策。如"a tale of two surges"套用了狄更斯的著作 *A Tale of Two Cities*（《双城记》）的双关,意为病毒同时在两个地区传播,可创译为"双城疫"。而缺乏联想能力的机器翻译将其直译为不明所以的"两个（次）浪涌的故事"[ad]、"两次暴增的故事"[b]、"两次浪潮的故

事"[c]。对于此类错误，译者在译后编辑中应进行创造性重译。

3.2.5 数字符号错误

数字符号错误主要包括日期、标点、数字、货币单位等方面的错误。如英语通常使用斜体或双引号来标明文章、书籍、诗歌、剧本等的名称，汉语则用书名号表示；汉语使用全角符号，英语使用半角符号等。机器翻译平台会将输入的文本统一格式，因此往往无法按照译入语规范转换原文符号格式，需要译者在译后编辑中手动修改。

数字方面的错误主要体现在两个方面：一是数字单位转换错误，如"trn"在测试中被百度翻译不加处理地照搬到译文中，译为"1.7trn 吨碳"，在谷歌翻译中则被译为"1.7 吨碳"，后者还将"six decades or so"译为"六年左右"，误差较大；二是计数方式转换错误，英语和汉语的数字计量方式不同，英语每三位数字使用逗号间隔一次，汉语则通常不使用任何间隔。机器翻译有时无法正确完成计量方式转换，如将"$130,000 an hour"译为"每小时 130,000 美元"[a]、"7,000 rare diseases"译为"7,000 种罕见疾病"[a]等。

机器译文中涉及词语或符号的翻译错误一般仅需对单个词语进行轻度译后编辑，而涉及习语或句段的错误则往往需要结合具体语境进行深度译后编辑。机器翻译的主要错误类型及相应的译后编辑模式如表 2 所示。

表 2　科技类文本神经机器译文译后编辑模式

错误类型		译后编辑模式	译后编辑类型
词类错误	词义错误	调整不当表述、必要时调整语序	LPE
	范畴错误	完整还原所属范畴	LPE
	搭配错误	结合汉语搭配习惯调整不当表达	LPE
	术语错误	① 参照规范译法修正	LPE
		② 参照规范译法进行修改、必要时增加注释	FPE
	习语错误	查阅官方释义并结合语境进行二次编辑	FPE
句法错误	省略错误	完整还原出所省略信息	FPE
	语序错误	根据目的习惯调整译文语序	FPE
	逻辑错误	重新梳理译文因果和主被动关系	FPE

（续表）

错误类型	译后编辑模式	译后编辑类型
回译错误	查找所引用的原文对照编辑	LPE
双关错误	创造性重译	FPE
数字符号错误	根据译入语的数字单位规范进行格式转换	LPE

4. 结语

本文使用四类当前市面主流的神经机器翻译平台对科技类文本进行英译汉测试，归纳机器译文的常见错误类型，并提出相应的译后编辑建议。神经机器翻译系统基于神经网络模型的翻译方法虽然极大提高了译文流畅度，但其错误类型却更加难以预测，这类错误隐藏在流畅的行文中，反而加大了译后编辑识别和更正机译错误的难度（贾艳芳、孙三军，2022：18）。译者在利用翻译技术时不仅要做好译前准备，扩大语料库的搜寻范围，还需提升自身语言敏感度，准确鉴别机器输出译文中的不当之处。同时，神经机器翻译平台应合理利用权威术语库资源，提高译文中术语匹配的精准度，并根据词性、句段、频率等各项语料参数生成备选译文，以提高机器翻译的准确度和采用率，最大化发挥技术为语言服务带来的优势。

由于机器翻译实践中的文本风格复杂多变，错误类型难以穷尽，故本文所总结的误译情况具有一定局限性。

注释

① 为精简表述，谷歌翻译、DeepL 翻译、腾讯 Transmart、百度翻译的输出译文在文中分别用上标字母[abcd]表示；所有机器翻译测试结果截止时间为 2022 年 7 月 23 日。

参考文献

[1] International Organization for Standardization. Translation Services — Postediting of Machine Translation Output — Requirements：BS ISO 18587：2017［S］. Geneva：International Organization for Standardization，2017.

[2] Pielmeier，H. & O'Mara，P. The State of the

Linguist Supply Chain［R］. Cambridge：CSA Research，2020.

［3］Wu，Y. H.，Schuster，M. & Chen，Z. F. et al. Google's Neural Machine Translation System：Bridging the Gap Between Human and Machine Translation［EB/OL］.（2016-10-08）［2023-05-02］. https：//arxiv.org/abs/1609.08144.

［4］崔启亮. 论机器翻译的译后编辑［J］. 中国翻译，2014(6)：68-73.

［5］冯志伟. 计算语言学的历史回顾与现状分析［J］. 外国语(上海外国语大学学报)，2011(1)：9-17.

［6］郭望皓,胡富茂. 神经机器翻译译文评测及译后编辑研究［J］. 北京第二外国语学院学报，2021(5)：66-82.

［7］侯强,侯瑞丽. 翻译技术聚合云端——蒂娜·图奥米宁教授访谈录［J］. 中国翻译，2021(3)：111-116+192.

［8］机器翻译七十年：百度领跑神经网络翻译时代［EB/OL］.（2016-12-21）［2023-04-07］. https：//www.jiqizhixin.com/articles/.

［9］贾艳芳,孙三军. 机器翻译译后编辑难度测量体系构建研究［J］. 中国外语，2022(3)：16-24.

［10］李金满. 语言类型学视角下的汉英语序对比研究［J］. 当代外语研究，2010(5)：45-51+61.

［11］刘法公. 组织机构汉英译名统一的"名从源主"论［J］. 外语与外语教学，2009(12)：46-49.

［12］刘莉,王怡,邵波. 基于机器翻译的图书馆多语言自动翻译平台构建策略［J］. 图书馆学研究，2022(1)：32-40.

［13］聂家伟. 回译的类型与意义探究［J］. 西南石油大学学报(社会科学版)，2019(5)：98-105.

［14］千山. 专访字节跳动王明轩：机器翻译和人工翻译实质是两个赛道［EB/OL］.（2022-08-09）［2023-02-24］. https：//www.51cto.com/article/715991.html.

［15］单宇,刘玉. 新时代机器翻译研究：热点透视与图景展望［J］. 翻译研究与教学，2022(1)：7-16.

［16］宋江文,胡富茂. "机器翻译+译后编辑"模式下的经济史文本翻译研究——以《20世纪经济理论知识史(1890—1918)：资本主义黄金时代的经济学》自译章节为例［J］. 河南工业大学学报(社会科学版)，2021(4)：13-20.

［17］王国凤,刘艺林. 语料库辅助的翻译批评和翻译质量评估［J］. 翻译研究与教学，2022(2)：99-104.

［18］王欣平. 英语科技文中省略句的语用功能及翻译［J］. 唐山师范学院学报，2011(1)：29-31.

［19］王赟,张政. 数字化时代机器翻译的风险审视及控制研究［J］. 中国翻译，2022(2)：109-115.

［20］赵涛. 机器翻译译后编辑的现状与问题［J］. 外语教学，2021(4)：100-104.

［21］周斌,饶萍. 基于实例的机器翻译评测及译后编辑修正模式［J］. 浙江理工大学学报(社会科学版)，2020(3)：236-244.

［22］宗成庆. 人类语言技术展望［J］. 中国人工智能学会通讯，2020(1)：2-3.

翻译策略

《后维多利亚时代人》中的
原文错误与翻译方法

侯广旭[1]

（南京农业大学　外国语学院，南京　210095）

摘　要：错误批评型翻译批评一般聚焦译文错误，很少有研究原文错误的处理的。中国知网上只检索到五篇专题短文，尚未检索到以繁难文史类著作英译汉为案例的原文错误处理方法的研究。A. N. 威尔逊的英国通俗史畅销书《后维多利亚时代人》自 2005 年出版以来国内尚无汉语译本，笔者在翻译这部著作的过程中发现了英文原文的一些错误，包括单词书写、语法结构、事实/信息等方面的错误。笔者在参考国内外翻译机构与翻译学者提出或倡议的相关规范的基础上，按类别考证了这些错误，探讨了在翻译中处理这些错误的方法和应该坚持的原则。

关键词：《后维多利亚时代人》；原文错误；辨识确认；翻译处理方法

Title：Errors in the Original Text of *After the Victorians* and Treatments in the Chinese Translation

Abstract：Error-critical translation criticism generally focuses on translation errors, and few studies are on the handling of errors in the original text. On the latter topic, there are only five short articles on CNKI, and no research based on the English-Chinese translation of difficult historical works. A. N. Wilson's bestseller of British popular history, *After the Victorians*, has not been published in Chinese since it was released in 2005. This paper discovered some errors or inaccuracies in the original English text, including errors or inaccuracies in spelling or word use, the grammatical structure and historical facts or information. On the basis of referring to the relevant norms put forward or proposed by translation institutions and scholars at home and abroad, this paper examined and verified these errors by category and discussed the methods and principles to deal with them in translation.

Key words：*After the Victorians*；errors in the original text；identification and verification；translation methods

1. 引言

　　错误批评型翻译批评一般聚焦译文错误，很少有研究原文错误的翻译处理的。中国知网只检索到五篇专题短文（一篇三页，两篇各两页，一篇一页半，一篇半页），且以谈科技英语英译汉的具体例子分析为主，尚未检索到以繁难文史类著作英译汉个案文本为例的原文错误处理的深入研究。对于原文中出现的各种错误在翻译中该如何处理，各家翻译机构的《服务须知》《客户须知》等行业规范中一般都有规定或建议，以往翻译研究学者的著作中也有一些一笔带过的论述。

　　A. N. 威尔逊（A. N. Wilson）的《后维多利亚时代人》（*After the Victorians*，2005）是一部英国通俗史畅销书，国内尚无译本，也未见研究该书翻译的文章。威尔逊一反历史学家常用的把维多利亚女王逝世到伊丽莎白二世加冕的 20 世纪前半叶"化整为

1　作者简介：侯广旭，硕士，南京农业大学外国语学院教授；研究方向：翻译理论与实践。

零"地划分为几个十年的写法,将其"合零为整",当作一个时代来描绘,深度解构这段历史中的人事代谢、国运兴衰。译者在翻译这部著作中发现了英文原文的个别错误,包括书写、语法结构、事实/信息等方面的错误。在参考国内外翻译机构与翻译学者提出或倡议的相关规范的基础上,本文按类别讨论了辨识确认这些错误的过程,以及在翻译中处理这些错误的方法和应该坚持的原则。

2. 原文错误的翻译处理原则

翻译过程中译者该如何处理其发现的原文讹误呢?国内外翻译机构或行业规范文件规定以及相关学者意见大致有如下三种,前两种态度消极,后一种态度积极。

2.1 "责任法定"原则

此种态度相当于法律上规避无依据的责任擅断。不管是否有条件提供错误校订,有些翻译机构均事先声明不承担遵循原文内容翻译所带来的责任。如孝感翻译公司(2022)在其《服务指南》中声明:"我们只对译文的准确性负责。对原文的来源、内容和用途不承担责任[……]。"再如,翔云翻译公司(2022)的《客户须知》中称:"对于原文本身有误的,原则上在提醒客户后并获客户确认后,可给予修正,但不承担其责任。"

2.2 "原封不动"原则

译者不宜去改正原文错误。翻译家别林斯基(Belinsky)说,译者不可以任意修改原文,即使原文有误,译者也应该把错误照原样翻译出来(转引自谭载喜,2000:124)。翁显良教授也认为译者没有纠正原文错误的责任(转引自袁斌业,2003:56)。位方芳(2006)认为,以上这种"将错就错"的原则在翻译服务中也可采纳。

2.3 主动订正态度

不管建议译者订正时聚焦某种类型的错误,还是建议译者在订正前征得客户同意,向客户或专家进行咨询,或在订正的同时加注,这类态度总体上就是对原文中的错误主动承担纠正责任。如全球知名翻译平台世界语言翻译网(Gengo, 2022)的《翻译工作准则》指出,如果客户或委托人特殊要求译文要尽可能与原文一致包括保留原文的错误,译者应悉听尊便,否则,译者应主动纠正原文中的各类错误。《作译者手册》(2003:6)的2.5部分指出,"原文内容

如有政治性问题或科技性错误,译者应予以纠正并加以注释说明。"译博翻译公司(2022)在《客户须知》中规定:"对于原文本身有误的,原则上在提醒客户并获客户确认后方可修正。"西莉亚(Sirriyya, 2016)认为,鉴于译者在出版过程中常或多或少地承担一定程度的编辑性工作,此时译者也可以被叫作"编辑性译者"。如果在翻译过程中发现错误,首先要尽可能地联系原作者或委托人确认所谓错误是否是故意而为之,若不是,则有责任进行订正工作,尤其在出现可疑的信息性错误时,要下大功夫确保信息准确。高查清(2017)认为,"从传播文明的角度而言,译者有纠错的义务。[……]如果袖手旁观[……]那么,原作中包含的错误还会出现在译作中,源语读者遇到的错误,目的语读者会'享受'同样的待遇"。位方芳(2006)也认同下面几位学者的主动订正的看法。18世纪法国的翻译理论家巴托(Batteux)认为"必要时可纠正原著错误"(转引自谭载喜,2000:124)。纽马克(Newmark, 1977:122)也曾指出,"译者有权纠正原文错误,通常加以注释说明"。格丁-萨拉斯(Gerding-Salas, 2000)也认为,译者有权订正原文错误,必要时应向客户或专业人士咨询。

要求译者在翻译过程中对原文讹误不进行处理的情况有:具有法律后果(或构成证据)或具有一手科研价值的合同原始文本、证人证言、警方笔录、庭审笔录、当事人访谈记录、民调记录、人类学田野调查记录、国际学生考试答题的跨文化阅卷等。不过,这不是本文讨论的重点,尽管这也可能成为翻译机构的工作规范的内容。

但是,当出版社取得了一部外国作品的中文翻译及出版权时,一般不会出现原版出版社或原作者声明原文即便有错也要"将错就错"的情况。道理很简单,学者或文人普遍视自己的作品得到跨文化传播为一件极有成就感的事,他们常常不但"闻善则拜",而且一般也"闻过则喜""知过不讳"。再者,译者与原著作者常远隔重洋,有时原著作者年事已高或已过世等,译者联系上原著作者并特殊询问的"译者在场"情况也很少发生。那么,在这种情况下,译者完全可以视具体情况将翻译中发现并予以严格确证的原著错误在译文中主动加以纠正,在必要时可简要加注说明情况。

3.《后维多利亚时代人》原文的错误类型与翻译方法

下面以笔者在翻译英国通俗史畅销书《后维多利亚时代人》过程中发现的原著中的各种语言类与

事实类错误为案例,依据或借鉴翻译学界与执业界的相关规定与做法,探讨在译文中处理这些错误的方法和应该坚持的原则。

3.1 拼写错误

拼写错误常发生在形似易混词之间。如果拼写错误导致一个词不符合语法,变成一个不存在的词,或者出现不合理的歧义,甚至明显没有意义,那么,译者经研判得出"正解"后,可按照订正后的词来翻译。为了让人们引以为鉴,尤其是引起未来重译者的注意,可加注说明。笔者在《后维多利亚时代人》原文中共发现四处"错别词",其中具有疑惑性的只有一例,如例 1 所示。

例 1: The British Empire is seen as the link between the gods and heroes of Greek myth and the commercial advantages of a trunk railway. There are plenty of "Grecian" movements in Raymond's novel, as when the padre, leaning over a ship's rail and looking at the troops, murmurs: "Don't you love these big handsome boys, who will not come to church." (p. 139)

译文: 大英帝国被视为居于希腊神话中的诸神和英雄与主干线铁路网的商业优势之间的纽带。雷蒙德小说中出现了许多"古希腊"时刻*——随军牧师手扶船舷栏杆,望着部队士兵,口里念念有词:"难道你们不喜欢这些大帅哥吗?他们不去教堂做礼拜。"

* 原文 movements(运动、活动)为 moments(时刻)之误。(译者注)

根据雷蒙德(Raymond, 1922:179)描写一战中加利波利战役的小说《告诉英格兰》(Tell England)可知,尽管土耳其战场上的英法联军士兵一般没有条件去教堂做礼拜,但他们大多还是信仰基督的。身兼圣职的陆军上校此处在用"英雄主义"与"圣战"精神鼓舞士气,遂成为书中诸多"'古希腊'时刻"之一。原文中的"Grecian" movements("古希腊"运动)应为"Grecian" moments("古希腊"时刻/情景)之误。对此,笔者咨询了优阅网(goodreads)、词汇参考网(wordreference)等知名学习网站的许多英美网友,得到一致支持性意见。

《后维多利亚时代人》原文中另三处明显"错别词"情况是:horror or horrors(Wilson, 2005:183)中,or 为 of 之误,正确词组应为 horror of horrors(更为糟糕的是);drown the sword(ibid.:352)是 drawn the sword(拔剑)的误排;comedy review(ibid.:423)是 comedy revue(时事讽刺剧)的误写。译者可"规

行矩步,从善而登",在译文中自行校正。

3.2 标点符号错误

此种错误一般来自原文引文不正确或排印疏漏,译者需要仔细排查错误来源以及对句子的语法逻辑等造成的误导。对于有严重误导(也可归类为语法错误)的情况,在译文中应按正确的行文处理,必要时加注说明。

例 2: The Prince in his vulgar way sees that everything about the patterned day at Matcham — the walks, the billiards, the meals, "the nightly climax over the 'bottigliera', as he called it of the bristling tray" — costs money. (p. 95)

译文: 王子并不掩鼻嫌腥,他明白,在"媒介母"别墅的"一条龙"一日服务的所有标配都费钱——走步、台球、餐饮以及"他所谓的有'刚毛托盘'的夜高潮"。

原文此处在引用亨利·詹姆斯(James, 2022)的小说《金碗》(The Golden Bowl)中的短语 the nightly climax over the "bottigliera", as he called it, of the bristling tray 时,漏引(排)了 as he called it 后的逗号,使得 as he called it 的插入语地位模糊,译者翻译时要细心甄别,排除干扰。

3.3 句子结构错误

笔者在翻译《后维多利亚时代人》时发现的极个别语法错误会导致逻辑不清或行文不合逻辑。这时译者需要按照正确的语法结构去理解句子,而不是按照原句翻译出逻辑不清的句子。请看例证:

例 3: "The very soil of the city", wrote Bowen, "seemed to generate more strength: in parks and the outsize dahlias, velvet and wine, and the tree on which each vein in each yellow leaf stretched out perfect against the sun emblazoned the idea of the finest hour." (pp. 416-417)

译文: 鲍文写道,"这座城市脚下的那片热土似乎能生发出更多的力量:在公园里,柔软光滑、酒红色的超大号大丽花丛,还有那棵灿烂的树,上面每片黄叶上的每根叶脉都在阳光的照射下完美地伸展开来,它们一同烘托了最美好时刻的概念。"*

* 威尔逊引用鲍文(Bowen, 1949:86)原文时出错,在 in parks 后面多出了一个 and,造成 in parks 后面分句的主语不完整,句法关系混乱,译文已纠正。(译者注)

此处,原文作者威尔逊在引用伊丽莎白·鲍文(Elizabeth Bowen)的小说《白日炎炎》(The Heat of

the Day)中关于二战时伦敦被轰炸的情景描写。原著原文为: The very soil of the city at this time seemed to generate more strength: in parks, the outsize dahlias, velvet and wine, and the tree on which each vein in each yellow leaf stretched out perfect against the sun blazoned out the idea of the finest hour. (Bowen, 1949: 86)对比可知,威尔逊的引文有两处出入:一是没加省略号的前提下漏引了 at this time;二是后面分句多出了一个 and。如果说,前一个尚不属于硬伤的话,后一个则造成句法混乱,译者只好追本溯源,按正确版本译出。

例 4: Byrnes was determined, before the Allies met at the Potsdam Conference, that America should already have tried out the nuclear bomb. (p. 470)

译文: 伯恩斯早已定下决心: 当同盟国领导人在波茨坦会议上会面时,美国早已完成了核弹试验。*

* 原文引导宾语从句的关联代词 that 位置应提到 before 引导的时间状语从句之前,否则句意就成了"伯恩斯在同盟国领导人于波茨坦会议上会面之前早已定下决心[……]",与本意不符。译文已做句意调整。(译者注)

波茨坦会议的延期,以及独有原子弹的美国急于在同盟国尤其是苏联面前"示己本相",都与美国要在核弹试验上先走一步有关。译文必须遵循这个逻辑,不给歧义留空间。

3.4 原文作者的翻译错误

威尔逊修史的最突出的风格就是旁征博引,直接引用非英语来源也是常事。笔者在原文中发现了一处词语误译。

例 5: On the morning of that day between five and six o'clock the prisoners, among them Admiral Canaris, General Oster ... and Reichsgerichtsarzt (barrister) Sack were taken from their cells, and the verdicts of the court martial read out to them. (p. 458)

译文: 那天早上五点到六点之间,囚犯们,包括卡纳里斯海军上将、奥斯特将军……和前最高军事法庭法官萨克,从牢房里被带走,随后,有人向他们宣读了军事法庭的判决书。

与潘霍华(Bonhoeffer)一起被处死的参与谋反希特勒的萨克(Sack)曾任德国最高军事法庭法官,不是大律师,原文有德译英误译。原文先是把 Reichsgerichtsrat(最高法院法官,也可用来称谓最高军事法庭法官)误拼成了 Reichsgerichtsarzt,紧接着又误译成了 barrister(大律师)。译者详查学术网站 de-

academic(2022)确认后,在译文中对 Sack 的称谓加以更正,同时在"最高军事法庭法官"前加"前"字,使行文更为准确。

3.5 事实/信息错误

一般来说,原文中的事实/信息错误属于硬伤。根据多数翻译机构的规定或建议,译者可自行修改并通知原作者或客户/委托人(Gengo, 2022)。笔者认为,作为向译者母语方向翻译的译者,是可以发现外语原文中的这类错误的。首先,译者要确认原文事实/信息是否真的出错或具有高度争议性。译者在无法联系原作者的情况下,可以通过查考书证或网络资源,或通过语言文化学习类或书评类网络论坛、微博及其他社交媒体,咨询受过良好教育的本族人士,听取他们的意见或索取重要网络参考文献。其次,在译文中尽量按照正确的"版本"或"说法"译出,同时加脚注说明。个别情况下行文中可按原文说法译出,但需要在注释中更正。译者依据多个书证或正式网站核实了下列原文中的事实/信息性错误,译文订正了错误,但每例只注释了一个依据。最后,对于这类所谓原文错误,译者一定要严加查考,坐实疑点,不要把译文搞成学术质疑讨论文字。

例 6: The heads of state were all assembled in London for the ceremony, and at first the king was adamant that it should proceed despite his illness. Only when he developed peritonitis did the doctors persuade him to postpone. To everyone's amazement the king was fit enough for the Coronation to take place on 9 August. (p. 35)

译文: 各国元首均已齐聚伦敦参加加冕仪式。一开始,国王坚持认为,尽管龙体欠安,仪式也要照行不误。直到后来国王病情恶化出现了腹膜炎,御医才迫不得已说服了他推迟了仪式。使人们大为吃惊的是,国王迅速恢复了健康*,完全可以参加将在 8 月 9 日举行的加冕仪式。

* 据《术中实践杂志》(*Journal of Perioperative Practice*, 2015)中的文章记载,爱德华七世当时得的不是腹膜炎,而是阑尾炎,并经手术一刀病除。(译者注)

根据英国权威性医学杂志文章(Ellis, 2015),1901 年 1 月 22 日,维多利亚女王逝世。威尔士王子爱德华即爱德华七世定于 1902 年 6 月 26 日举行加冕仪式。但在加冕前,爱德华七世患上了阑尾炎,并接受了阑尾切除术。手术后两个星期爱德华七世就痊愈了,不久便就举行了稍微延期的加冕典礼。据此,爱德华七世得的不是腹膜炎,而是阑尾炎。虽然是首次为皇室实施此术,但在当时该疗法已经很成熟,一刀病除,爱德华很快恢复,这样也就谈不上什么"令人惊奇"。译文可以按原文说法行文,但需要加注说明,还历史以原貌。

例 7:By the time the 75,000 troops under the command of Sir Ian Hamilton arrived from Egypt, to land on 25 April — the British at Cape Helles, the Australians and the New Zealanders, the French on the opposite shore at Kum Kale — the fleet was in chaos. (p. 138)

译文:等到在汉密尔顿将军指挥下75 000远征军从埃及出发于4月25日登陆战区时,英军在海丽丝岬登陆,澳新军团在今澳新军团湾错位误登陆,法军在海峡对岸库卡尔港登陆:整个军团乱成一团糟!

根据在线《大英百科全书》(Britannica, 2022),在加利波利战役中,英法联军于1915年4月25日在加里波利半岛开始登陆,英军在海丽丝岬登陆,澳新军团在今澳新军团湾错位误登陆,法军在海峡对岸库卡尔港登陆。原文遗漏了澳新军团登陆点后,造成澳新军团与法军共享登陆点的误导。译文根据史实加以补充,规避误导,不用另加注释。

例 8:On a wet June day in 1912, 13,000 Welshman "of all ranks" assembled in Regent's Park in London, marched down Regent's Street and up Piccadilly to Hyde Park. (p. 96)

译文:1912年6月里的一个下雨天,约有13 000个威尔士高低圣职人员齐聚伦敦摄政公园,并从这里开始行进,队伍先穿摄政街,后过皮卡迪利街,最终到达海德公园。

澳大利亚国家图书馆全国联馆信息搜索引擎(Trove, 2022)的检索结果显示,1912年6月12日,威尔士各级圣职人员一万多人为威尔士教会政教分离之事齐聚伦敦,举行示威集会。原文中的Welshman "of all ranks"(各等级威尔士人)表达模糊,不符合当时报章用语原话Welsh churchmen "of all ranks"(威尔士高低圣职人员)。译文可"悄悄"修正,不用另加注。

例 9:There was some further attempt at mediation between the workers and the mine-owners, but the truth is that the government wanted this strike. On 1 May the dockers were locked out, and on 3 May 1926 a General Strike was called. (p. 257)

译文:在工人和矿主之间又进行了一些调解的尝试,但事实是政府需要这次罢工。煤矿工业于1926年5月1日爆发了大罢工*,5月3日宣布进行总罢工。

* 据史料记载(Libcom, 2022),1926年5月1日发生的是煤矿工人大罢工,不是原文所说的码头工人大罢工,码头工人等到5月4日才大规模加入。(译者注)

据史料记载(Libcom, 2022),1926年的英国大罢工的发起者确实是"三业同盟"(煤矿、铁路、码头)。但是,1926年5月1日发生的是煤矿工人大罢工,码头工人等到5月4日才大规模加入。译文对此予以纠正,并加注说明。

例 10:In his early days as Prime Minister he had tried to abolish the Corporation's independence by making it a branch of the Ministry of Information presided over by the figure of Duff Cooper. The M of I, model for Orwell's Newspeak in *1984*, was a national joke. (p. 429)

译文:在他(丘吉尔)履新首相之初,他力图终结该公司的独立地位,把它转型为国家信息部的一个分支,由达夫·库珀掌控。和奥威尔在他的《1984》中所臆造的"真闻部"*一样,当时的新闻部管控的新闻质量已成为国人笑柄。

*《1984》书中与英国信息部对应的机构应是"真闻部"(Ministry of Truth),而不是书中"大洋国"炮制的遏制人们思想的英语变体"新话"(Newspeak)。译文已做调整。(译者注)

译者根据奥威尔(Orwell)原著和学术网站可靠信息(Talking Humanities, 2017)确认威尔逊引用失准后,按照正确说法译出,并加注说明。

例 11:"The time has come for the total abolition of the House of Lords … Many Conservatives have frankly abandoned the hereditary principle. Scarcely a voice in any party is raised on behalf of the existing institution. We as a Liberal Party stand outside this spontaneous repudiation of hereditary and aristocratic privilege." (p. 505)

译文:"彻底废除上议院的时候到了……许多保守党人已经坦率地放弃了世袭原则。在各政党中,几乎没有人代表现有体制发出声音。作为自由党人,我们不能置身事外,不能不参与这种自发的对世袭和贵族特权的批判。"*

* 根据吉尔伯特的《丘吉尔传》(Gilbert, 1972:914),威尔逊在引文中漏掉了丘吉尔的原话里的cannot,造成意思全拧,译文特予以补正。(译者注)

威尔逊原文的漏引,违背了丘吉尔早年曾反对贵族世袭制度的态度,译文补正后,阻断了对译文读者的误导。

例 12:During the Jameson raid against the Boers

he had infuriated English public opinion by sending the Boer leader Kruger a congratulatory telegram at having kept the English predators at bay. Yet he (the Kaiser) advised his nephew Prince Bertie, later Edward VII, about how to deploy English troops in South Africa. (p. 10)

译文：在以推翻布尔人政府为目的的詹姆森袭击事件中，德皇威廉二世却给克鲁格总统拍去贺电，祝贺他将掠夺者拒之门外，一时间引得英国群情激愤、舆情升温。可他又给后来成为爱德华七世的伯帝舅父支招，提供了南非英军部署全攻略。

原文 nephew 有误，应为 uncle。德皇威廉二世是维多利亚女王的长女维多利亚公主的长子，与维多利亚女王的长子即后来成为爱德华七世的伯帝是甥舅关系，但是前者是甥后者是舅。原文正好搞反了，译文直接纠正，不用说明。

当然，以上分类主要是为了方便展示与讨论原文错误以及处理方法，其实有些错误类型也不是彼此截然分开的，如标点符号错误也会造成语法关系混乱或错误。

Gengo 等大型翻译机构也把过度省略当作一种需要处理（补足）的原文失误情况（Gengo，2022）。笔者认为，原文读者在原著行文所基于的原文历史、文化背景知识上有优势，因此，原文的一些事实性省略对于原文读者来说算不上过度，一般不影响正确的阅读理解。既然此种省略可能对于译文读者构成省略过度，译者常常有必要在译文中补足此种省略内容。但这种"失误"及其翻译处理没有落入本文对原文错误及其处理的认知范畴，它应属于增译或明晰化处理方法的应用范畴。

4. 结语

本文参考了以往关于原文错误的翻译处理的行业规定、学者观点，介绍了笔者在翻译英国通俗史畅销书《后维多利亚时代人》过程中发现的个别原文错误，提供了鉴别错误的书刊与学术类网站依据，讨论了处理方法。笔者认为，在文史类学术著作的翻译中，译者应该"摆船到岸"，在最后一个"成人之美"的环节上，主动承担起为他人著作更完美地实现跨文化传播的责任。至于需不需要特殊加注说明，应从"去伪存真"的需要、便于他人重译时引起注意等出发点来决定取舍。

对于威尔逊这样的擅长旁求博考的英国知名史学家、文学评论家和小说家来说，本文标题与行文中所谓的"原文错误"属于"智者千虑，偶有一失"。俗

话说，"无错不成书"，写作与编校工作既是科学又是艺术，既存在完美无错的不合理主观期望，又存在错误率的客观专业性管控。西方各出版单位标准不一，就拿我国国家新闻出版署《图书质量管理规定》（2004）第五条规定的不超过万分之一的合格要求来说，作为严肃出版社出版的长达 621 页的大部头学术类英美畅销书，《后维多利亚时代人》远没有突破差错率底线，略有小错恰好说明该著作的整体编校是符合规范的。本文列举的例证也是笔者在两年翻译过程中穷尽式发现的所有例证。另外，无论在偶尔必要的译文注释中，还是在译后记中或在类似本文的专题讨论中，在指出并恰当处理原文错误时，要遵守学术伦理，就事论事，不引申，避免给人以纠结枝节的印象。从莎士比亚到曹雪芹再到鲁迅，没有哪个作家的作品是"无懈可击"的，古今中外，概莫能外。

切斯特曼（Chesterman，2001：139-141）提出了五大翻译伦理（再现伦理、服务伦理、交际伦理、规范伦理和承诺伦理）。而原文中的错误往往使译者处于践行这些伦理的两难地位。再现伦理要求译者忠实于原文，不删不改不增；服务伦理坚持为客户提供优质服务；而规范伦理又要考虑到读者阅读译文时的期待与翻译对目的语文化的关照（岑群霞，2012）。翻译过程中如何处理原文错误的相关翻译标准和规范尚不明确，各机构、专家看法与规定不一。因此，译者一般只能参照各家的规范、规定或观点来权衡取舍，实施译者行为。这个问题不难理解，王国凤、刘艺林（2022）等学者认为，目前，翻译质量评价的翻译标准和翻译规范本身就不明确。另外，译学研究的共性结论之一是，翻译具有改写的因素，也就是说，翻译过程可以出现不完全忠实于原文而需要参考赞助方的偏好的情况（许可、张威，2021）。原文无错尚可如此，更何况原文有误时。简单来说，原文出现错误，尤其是逻辑性或事实性错误时，如果不及时发现处理或放任其通过译文继续传播，可能会有违翻译伦理，也会损害译文的质量，甚至会使译者为原文错误"背锅"。如上述例 12 中的错误，有点常识的译文读者一般都会认为是译者，而不是身为英国饱学之士的作者把威廉二世和爱德华七世的辈分搞错了。笔者认为，除非客户或作者额外声明，译者主动纠错是正面化解以上翻译伦理矛盾的可取的译者行为。"前修未密，后出转精"。译者的翻译过程虽不是建立在原著基础上搞更深入的研究，订正原文讹误虽不是纯粹为了撇清自己的责任，但是，在从跨文化角度推送原著者的精品大作的同时，也能去除原著的瑕疵，令其以新貌面市于异国他乡的坊间、书

馆、学堂、书房,则可能是原著者与译者共享的职业伦理和共同的美好心愿,当然也可能是译文读者的期待。

参考文献

[1] Bowen, E. *The Heat of the Day*[M]. London: Jonathan Cape, 1949.

[2] Britannica. Gallipoli Campaign[EB/OL]. [2022-12-22]. https://www.britannica.com/event/Gallipoli-Campaign.

[3] Chesterman, A. Proposal for a Hieronymic Oath[J]. *The Translator*, 2001(2): 139-141.

[4] Ellis, H. The First Royal Appendix Abscess Drainage[J]. *Journal of Perioperative Practice*. 2015, *25* (5): 115-116.

[5] Gengo. How to Handle Common Issues in the Source Text? [EB/OL]. [2022-12-22]. https://gengo.com/translators/resources/source-text-issues/.

[6] Gerding-Salas, C. Teaching Translation: Problems and Solutions[J]. *Translation Journal*, 2000, *4* (3): 1-14.

[7] Gilbert, M. *Winston S. Churchill, Companion* (vol. II)[M]. Portsmouth: William Heinemann Ltd., 1972.

[8] James, H. *The Golden Bowl* [EB/OL]. [2022-12-22]. https://www.ebooksread.com/authors-eng/henry-james-junr/the-golden-bowl-volume-1-ala/.

[9] Libcom. 1926: British General Strike[EB/OL]. [2022-12-22]. https://libcom.org/article/1926-british-general-strike.

[10] Newmark, P. Communicative and Semantic Translation[J]. *Babel*, 1977, *23*(4): 163-180.

[11] Raymond, E. *Tell England* [M]. London: Cassell, 1922.

[12] Sirriyya, S. S. Editing Source Text Errors in Translation[J]. *Translation Journal*, 2016, *19* (1): 1-10.

[13] Talking Humanities. Orwell, 1984 and the Ministry of Information[EB/OL]. (2017-02-03) [2022-12-22]. https://talkinghumanities.blogs.sas.ac.uk/2017/02/03/orwell-1984-and-the-ministry-of-information/.

[14] Trove. 15 June 1912 Protesting Churchmen[EB/OL]. [2022-12-22]. https://trove.nla.gov.au/newspaper/article/164764546.

[15] Wilson, A. N. *After the Victorians*[M]. London: Arrow Books, 2005.

[16] 岑群霞. 小说代词间接回指语汉译的伦理研究——以 *The Catcher in the Rye* 两个汉译本为例[J]. 北京第二外国语学院学报,2012(10): 35-42.

[17] 高查清. 论译者忠实观教育与翻译人才培养[D]. 上海: 华东师范大学,2017.

[18] 谭载喜. 西方翻译简史[M]. 北京: 商务印书馆, 2000.

[19] 王国凤,刘艺林. 语料库辅助的翻译批评和翻译质量评估[J]. 翻译研究与教学,2022(2): 99-104.

[20] 位方芳. 英文原文错误的识别及应对措施[J]. 上海翻译, 2006(2): 27-29.

[21] 翔云翻译公司. 客户须知[EB/OL]. [2022-12-22]. http://www.yuntran.com/kehuxuzhi.html/.

[22] 孝感翻译公司. 服务指南[EB/OL]. [2022-12-22]. http://xiaogan.rzfanyi.com/about/Service02.html/.

[23] 许可,张威. 新闻翻译的机构审查属性——基于《参考消息》和《金融时报》中文网的对比分析[J]. 翻译研究与教学,2021(2): 8-14.

[24] 译博翻译公司. 客户合作正规翻译公司须知,有备案是关键[EB/OL]. (2021-05-12)[2022-12-22]. https://mp.weixin.qq.com/s/XhrLI-oeAQfHoYE1i8iuoA.

[25] 袁斌业. 论翻译中的改写因素[J]. 广西师范大学学报(哲学社会科学版), 2003(4): 56-60.

[26] 作译者手册[S]. 北京: 电子工业出版社, 2003.

译者确定与翻译策略

——关于大英圣经公会聘请严复翻译《圣经》的研究

张习之[1]

（广东外语外贸大学南国商学院　英语语言文化学院,广州　510545）

摘　要：大英圣经公会在华的《圣经》译介史已被译界研究梳理过,但具有重大意义的严复的《圣经》翻译一向没有引起学界的广泛关注。这一学术上的缺失应加以弥补。大英圣经公会选择非基督徒严复作为译者,认可其翻译策略,有着特殊的时代背景,也与严复自身的译者素质分不开。严复翻译的《圣经》是未完成之作,有其成功之处,也有经验和教训。本文认为,圣经公会的译者选择及其对译者翻译策略的认可开创了文化译介的一条新路,对今日中华文学文化的译介仍有着启示意义。

关键词：严复；《圣经》；译者确定；翻译策略；文化外译

Title：Decision on Translator and Translation Strategy：A Study of Yan Fu's Translation of *Bible* Initiated by the British and Foreign Bible Society

Abstract：The history of *Bible* translation, initiated by the British and Foreign Bible Society, has been studied in the field of translation. However, little attention has been paid to Yan Fu's *Bible* translation despite its special significance in the history of Chinese translation of the *Bible*. The decision of selecting Yan Fu, a non-Christian, as their translator and the approval for his translation strategy were made because of special historical circumstances and Yan's qualities as a translator. As an unfinished piece of work, Yan's translation serves as a good lesson as well as a success. The article states that the decision of selecting a translator and the approval for his translation strategy made by the British and Foreign Bible Society launched a new style of foreign-oriented culture translation, serving as an inspiration in today's culture translation projects.

Key words：Yan Fu；*Bible*；decision on the translator；translation strategy；foreign-oriented culture translation

1. 引言

大英圣经公会(British and Foreign Bible Society,即英国及海外圣经会)成立于 1804 年,在《圣经》汉译的工作中发挥了重要的作用。尽管翻译界对其组织的译经活动已有不少研究,但多集中几种广泛发行的译本,如马礼逊译本、文理本、官话本(刘云,2020；王丹,2019)。虽有学者注意到大英圣经公会聘请严复译过《马可所传福音》(现通称为《马可福音》)片段(任东升,2011；陈勤,2014；李炽昌,2020；王丹,2019；颜方明、秦倩,2017),但鲜有文章分析其

1　**作者简介**：张习之,硕士,广东外语外贸大学南国商学院英语语言文化学院副教授；研究方向：翻译与文化、翻译史。
　　基金项目：本文得到广东省高等教育教学改革项目"文化自觉观视阈下提升翻译专业学生中华传统文化素养的研究"(项目编号：GDJG201906)、广东省普通高校青年创新人才类项目"中国梦视域下的中国关键词对外传播和译介研究"(项目编号：2019WQNCX164),以及广东外语外贸大学南国商学院项目线上线下混合一体式一流课程"汉英笔译"(项目编号：2020YLKC12)和汉英笔译课程教研室(项目编号：2022JYS02)的资助。

译介活动对当下现实译介工作的参考意义。

严复翻译了《圣经·新约》中的《马可所传福音》前四章,商务印书馆印制了约 500 册,其中 400 册寄往全国各地。严复片段译文水平高,但未能广泛传播,他亦未能按照圣经公会的安排完成整卷《马可所传福音》的翻译。本文通过考察严复片段译介的时代背景,探讨译者的确定、指导思想和翻译策略,期冀助力学界观览《圣经》汉译历史全貌,并对今日文化外译提供有益的参考。

2. 译介背景

在严复尝试翻译《圣经》(1908 年)之前,已有了基督教新教的《圣经》汉译本,如马礼逊译本《神天圣书》(1823)、《浅文理和合译本·新约》(1904)、《深文理和合译本·新约》(1906)及《官话本新约》(1906)。但从译介效果来看,这些版本未能吸引中国上流社会人士。究其原因是译文风格"俚俗化",且"所论教事,荒谬浅陋,又不晓中国文义"(李炽昌、李天纲,2000)。

为了吸引上层人物对于基督教的兴趣,同时消除他们对于基督教新教的误解,传教士们迫切需要聘请一名中国的饱学之士,以上层知识分子所能接受的文体重译《圣经》(李炽昌,2015:43;任东升,2011:21)。这就是大英圣经公会聘用严复新译《圣经》的中国宗教场域方面的原因。

3. 译者确定

照理来说,能胜任《圣经》翻译的人士须具备丰富的神学知识和扎实的语言功底,例如希腊语本的《七十子圣经》(*Septuagint*)、英文本《钦定本圣经》(*King James Version Bible*)分别是由精通古代源语(即希伯来语和/或希腊语)的犹太教和基督教的学者神职人员所译。严复既非教内人士,又非神学学者,对于《圣经》的翻译,最多只具备扎实的语言功底这一优势,而圣经公会之所以选择他担此重任,除了出于对这一优势的考虑之外,主要是基于对其身份和动机两方面的考量。

3.1 严复的译者身份

严复(1853—1921)先后毕业于福建船政学堂和英国皇家海军学院,曾担任过京师大学堂译局总办、上海复旦公学校长、安庆高等师范学堂校长、清朝学部名辞馆总编辑。他学贯中西,精通英语,对近代西方文化有广泛的接触。在翻译《圣经》之前,他已经

译介了《天演论》(1898)、《原富》(1901)、《群学肄言》(1903)、《群己权界论》(1903)、《穆勒名学》(1903)和《社会通诠》(1903)等书籍,在中国社会,特别是知识界享有很高的学术声望。由他翻译《圣经》势必会引起士大夫的关注。

而且,严复了解《圣经》的内容和基督教发展史,并曾著文阐释其对基督教的理解。观其译著《法意》中的一条按语便可见一斑:

道咸以降,又先之以兵力,此其道所以滋难行也。今夫教之为物,与学绝殊。学以理明,而教由信起,方其为信,又不必与理皆合也。五百年以往,教力之大盛于欧也,彼皆隳然以旧新二约为古初之天语,上帝运无穷悲智,于以默示下民。(王栻,1986c:1021)

由此可见,他对《圣经》由《旧约》和《新约》构成,以及基督教教义宣传的上帝大体是知晓的。在其所著《绪论教案及耶稣军天主教之历史》(1906)一文中,他介绍了基督教旧教与新教之五点不同及各自的发展历程(王栻,1986a:190-199)。

除了著文之外,严复已有基督教著作翻译的经验。译著《支那教案论》(1899)就是译自其友人、英国传教士宓克(A. Michie)的著作 *Missionaries in China*(《来华传教士》,1891)。通过翻译此书,严复对基督教及当时的民教冲突有了认识(李金强,2004)。

但与以往《圣经》译者不同的是,严复并非基督徒(陈红炬,1989)。在译介《天演论》时,他写作过按语阐释自己对"人先为猿"进化原理的理解:

十九期民智大进步,以知人道为生类中天演之一境,而非笃生特造,[……]达尔文《原人篇》,希克罗《人天演》,赫胥黎《化中人位论》,三书皆明人先为猿之理。而现在诸种猿中,则亚洲之吉贲、倭兰两种,非洲之戈栗拉、青明子两种为尤近。何以明之?(赫胥黎,2010:88)

而基督教是有神论信仰,神造论在《创世纪》第1章第1节开篇就阐明了:"起初神创造天地。"(《新旧约全书》,1994:1)很明显严复不是有神论者,而是相信进化论的无神论者。

严复还主张尊孔,是孔教会的创立人之一。这也表明他的思想与基督教信仰不相符合。因为基督教是一神论宗教,信徒不可敬拜别的神,也不可把别的人、物当作神来崇拜。正如《出埃及记》第20章第3节所规定的:"除了我[指上帝]以外,你不可有别的神。"(《新旧约全书》,1994:71)如此相左的信仰为何还能促成严复翻译《圣经》,有必要考察其自身的翻译动机。

3.2　严复作为译者的动机

3.2.1　思想层面

严复素来对西方文明抱有好感。其青壮年所研学的都是西方学问为主。他的思想理论都是直接来源于西方的社会学和自然科学。

不光出于个人喜好，严复一直以引导同胞向西方学习为己任，通过著文、翻译介绍西方思想。其最终目的是鼓民力、开民智、新民德（转引自王栻，1986a：14）。在与友人的通信中他写道："即使朝廷今日不行一事，抑所为皆非，但令在野之人，与夫后生英俊洞识中西实情者日多一日，则炎黄种类未必遂至沦胥；即不幸暂被羁縻，亦将有复苏之一日也。所以摒弃万缘，惟以译书自课。"（ibid.：5）他认为译介西方进步书籍是救国大业。虽然自己不信教，但《圣经》居于西方宗教信仰的正典地位且对西方思想有巨大影响力，严复还是肯定了其积极的社会功能。他在《法意》中肯定了基督教中正无邪的特点（孟德斯鸠，1981：592）。面对西方人在华传教和因传教引发的争端，他极力主张国人自己去了解基督教，他专门著文指出："宜知其教之真面目真性质；宜知其教居今在外国所处何等地位；欲吾国免此大灾，宜如何为之措注。"（王栻，1986a：190）他还认为应取基督教之长来补国人之不足，"今假景教大行于此土，其能取吾人之缺点而补之，殆无疑义""此于教化，岂曰小补"（转引自孟德斯鸠，1981：414）。对于身为翻译家的严复，为同胞提供基督教教义正典《圣经》的汉译本则是最直接最可靠有效的引导方式。

3.2.2　经济利益层面

另外，他在经济利益方面的考量也不容忽视。安德鲁·勒弗维尔（Andre Lefevere）写道："[…] the patron sees to it that writers and rewriters [translators] are able to make a living, by giving them pension or appointing them to some office."（Lefevere，1992：16）意思是：赞助人负责给予作者和重写者[即译者]津贴或给他们任命职务，使之能维持生活。在严复的时代，教会为译者提供报酬已是常态。1902年，严复《译书四时期》一文中有言："第三期则既已开公局，支薪俸矣，然而其局为常局，其课程以时计不以字计，故日较长，得以从容从事焉；且诸公又皆嗜此学者也。此为薪俸译书时代（按同时各教会译书笔述人情形亦与此相若）。"（转引自任东升，2011：18）

在严复翻译《圣经》的过程中，赞助者大英圣经公会作为经济后盾，为其提供酬劳。为此次片段翻译，圣经公会已"支付了不菲的价格"（颜方明、秦倩，2017：16）。严复翻译了《马可所传福音》前四章后，

1909年大英圣经公会上海委员会（Shanghai Local Committee of the British and Foreign Bible Society）决定聘用严复翻译《马可所传福音》全卷，付给的报酬在30—40英镑之间。大英圣经公会总经理和驻华代表文显理（G. H. Bonfield，1885—1925）牧师在其1909年的报告中提道："付给严复不少于300银元的报酬非常值得，因这笔钱花在一位真正出色的学者身上。"（转引自李炽昌，2015：39）对于已是赫赫有名的大翻译家严复，这样的译酬并不算多。但不应忽视的是，译稿最终是由商务印书馆出版发行，而严复是其股东，可以从中获取收益。

由上可知，大英圣经公会和严复之间实际上达成了勒弗维尔所说的赞助人和受赞助者的关系。大英圣经公会的宣教需求和严复乐于向国人介绍西方的思想决定了双方有自愿合作的可能。在此翻译任务中，赞助人大英圣经公会为受赞助者，即译者严复提供经济支持，满足其物质需求，而严复可在译文中发挥自己古雅文风之长，创造出赞助人期望的效果，最终令双方能达成一种平等的雇佣关系。

4.　指导思想和翻译策略

严复片段《圣经》译本单从翻译质量来看实属上乘，大英圣经公会赞其"会被列为中国最优秀的文学作品之一"（ibid.：46），新加坡的林文庭博士认为严译本"对教会来说是一巨大成就"，其"遣词造句十分典雅"（ibid.：48）。

严复片段《圣经》质量能获得如此好评，除了与译者本人高超的翻译能力密不可分之外，与这项翻译的指导思想也不无关系。作为此项翻译任务的赞助人，大英圣经公会的指导思想与大方向是让译本能吸引中国上层人士的注意，在翻译过程中给予了严复充分的信任和自由。对片段翻译，"文显理与严复达成的协议是在保证译文准确性的前提下，不干涉其风格"（颜方明、秦倩，2017：16）。用文显理自己的话说就是："此译本是一位非常伟大的中国学者和文体家在不受外国差会控制或限定的情况下翻译的作品。"（转引自李炽昌，2015：46）由此可推断，在翻译过程中作为赞助团体的大英圣经公会未给予严复具体引导和指示，基督教专门词汇也没有事先定名。

赞助人的指导思想决定了他们认可严复一向的翻译策略，即为照顾目的语读者的理解习惯和能力，严复力图向先秦文体风格靠拢，在内容取舍和译文选词中都使用了归化的翻译策略。

在内容上，他大胆删除了不符合中华传统文化的内容。这种"'连译带改'的方式贴近目标语系统，

或许更便于传播和接受，但删改的内容有可能是最具文化特色的"（吴术驰，2023：108）。例如第四章中的第24到25节，《文理本圣经》中作："有耳以听者、宜听焉、又曰、慎所听也、尔以何量量人、亦将如是见量、且加于尔焉。"（http：//www.godcom.net/wl/，2022-03-11）这两句的观点与中华传统文化的公平原则相违背。孔子曾说："不患寡而患不均。"（孔子，2023）说的就是担心财富分配不均。老子说："天之道，损有余而补不足。"（老子，2023）意为自然的规律是减少有余的，补给不足的。而此处主要强调的是神的绝对主权，他实施给予和剥夺的标准与世人所想的不同；其次是强调信众有责任好好地运用所拥有的一切才能和资源。拥有多少并不重要，重要的是如何运用这些东西（http：//www.godcom.net/lingxiu/，2022-03-19）。但出于对中华文化的考虑，严复没有将此句翻出。

在译文用词上，严复做了本土化处理，借用了儒家、佛教的用语，例如将"disciples"译为"弟子""众徒"（2：15）就是仿照孔子和其徒弟的关系来描述耶稣与门徒之间的关系，将"sin(s)"译为"罪业"和"罪过"（2：5+10；3：28-29）是典型的佛家用语。而译者大胆采用这样的译法，与其译介方式——即他本人力求与目的语文化靠拢的翻译惯习和赞助人"不干涉其风格"的指导思想有很大关系。

5. 启示

严复未能完成整卷《马可所传福音》翻译的大任，已翻译片段的质量虽属上乘，也未能广泛发行，未达到吸引中国上流社会了解福音的最初目的。其背后的原因值得深思。尽管这一原本被寄予厚望的译介以夭折告终，它仍可以对今日我国文化外译的工作提供借鉴。

无论是当初的宗教团体聘请严复翻译《圣经》，还是今日我国组织专家学者译介中华文化，均是由源语文化方作为赞助人发起，主动对外输出译介，为源文化在异国他乡落地生根打开局面，期待目的语文化方能理解并接受。

严复受聘译经之时，多数中国人对《圣经》及基督教文化知之甚少，加之儒、释、道等传统文化在当时的人们心中根深蒂固，译介基督教文化难上加难。由于早期《圣经》汉译本行文风格俚俗的缘故，有的上流社会人士对《圣经》甚至有误解，误以为基督教只是吸引下层民众的宗教。这都是当时传教士忽视基督教信仰本土化造成的。

目前中国对外译介自己的文化，有着与当年严

复译经相似的背景，即译介的文化在异域接受度不高，处于边缘地位。虽然由于国家汉办和孔子学院悉心组织，以及在华留学生奖学金等项目措施的鼓励，对外汉语教学不断发展，学习汉语、了解中国的外国友人不断增多，"全球有70个国家将中文纳入国民教育体系"（国际在线，2020）。但从广度和深度上看，他们对于汉语乃至中华文化的掌握和理解程度还是不够，因而不足以带动异域民族对中华文化的理解和接受。诚然，从一般规律上说，在一国的文学领域中，他国文学作品的译本很难占据中心位置。正如埃文-佐哈尔（Even-Zohar）的多元体系理论（polysystem）所指出的：一般规律上说，翻译文学一般在多元体系中处于边缘地位，形成一种次要的文学形式（Even-Zohar，2000：192-197）。事实上，翻译文学承担了大部分文化外译的使命，因而埃文-佐哈尔关于翻译文学在多元体系中处于边缘地位的论述同样适合整体文化翻译。要想让文化外译在目标语文化中立足，在翻译过程中就要重视本土化，即着眼于构筑源语和译入语读者之间的畅通的桥梁。对于赞助人来说，实现译本本土化，首先必须选择合格的译者。

5.1 译者选择方面的启示

在译者选择方面，聘用严复是一次成功的尝试，说明聘用高名望学者可以发挥名人效应，有利于作品的宣传推广。如同商品出口一般，在品牌鲜为人知之时，若要吸引进口国消费者的目光，则应聘用知名度高的当地人为其代言，拉近品牌与异域人的心理距离，从而收到较好的效果。对于弱势地位中的翻译文学，聘用目的语文化中高名望的学者翻译，有利于翻译作品的宣传推广。聘用严复翻译，相当于用有名望的学者为《圣经》代言，以求博得中国知识分子和达官贵人的认可，这期盼是合理的。从严复过往的译著来看，也有成功经验可循。例如经其翻译的名著《天演论》，其中的"物竞天择，适者生存"的观点被康有为等有识之士所赏识推崇。事实证明，严复所译《圣经》片段的质量是值得肯定的。文显理牧师和许多传教士及中国基督徒讨论过严译本，大家一致认为："近年来没有哪个译本能像严复的译本那样引起如此多的重视，并令人如此兴奋。"（转引自李炽昌，2015：45）

由此可见，译介文学、文化应优先考虑选用以目的语为母语的异域译者。他们除了具有天然的语言优势，还具有与生俱来的目的语文化自觉，这有利于保障译本质量和在异域的可接受度。以大卫·霍克思（David Hawkes）翻译《红楼梦》为例，在他系统的

中文学习和汉学研究中,他的中国文化自觉性得以发育成长;而他英国本土人士的身份先天性地保证了他的目的语文化自觉性。凭借他的双文化自觉性,他的译作成功地拉近了中华文化与英语读者的距离。

严复译介《圣经》既是出于个人信念,也是出于经济考虑。他本人在西方接受过教育,推崇近代西方先进思想,且有志于向祖国同胞介绍西方学问。虽不是基督徒,但面对国内教、民冲突,他希望同胞能通过主动了解基督教信仰,理性看待意识分歧,从而避免冲突。这是严复译经的思想原因。同时,大英圣经公会给予的稿费以及正式出版发行后可获得的报酬会带来一定经济收益,这是经济利益原因。由于这双重因素的作用,严复乐于接受译经这一任务。严复译经这段历史给予的启示十分明了:在今日中华文化"走出去"的大背景下,外译中华文化宜优先考虑选用以目的语为母语的学者,当然其对中华文化怀抱好感且具备向同胞推介中华文化的强烈愿望是必不可少的条件。

严复对西方的直接了解始于其在英读书时。而今日在国内外有很多学者、学生在学习研究汉语和中华文化,其中为数不少的人能达到较高水平。在中国政府奖学金的鼓励下,有越来越多的学生愿意来华深造,仅 2019 年就有 40 600 名留学生享受中国政府奖学金在华学习,其中研究生占留学生总数的比例为 13.47%(刘敏,2021:37)。我国已成为亚洲最大的留学目的地[人民日报(海外版),2020]。同理可推,若有较多经费支持,相信不难请到水平较高且热爱中华文化的外国学者投入到中华文化海外译介的事业中来。他们在中西学素养和文化自觉意识上都会具备明显的优势,能确保其中译外作品的较高质量,并使其在母国的传播更加广泛而直接。

5.2　指导思想和翻译策略方面的启示

除了译者的选择外,合作方式也会影响译介效果。严复译介事件的遗憾之处与赞助人的指导思想和译者最终采用的翻译策略有很大关系。虽然严复所译的经文当时就被认为优于过去的译本,且值得出版,但其忠实性却引起了质疑。教会收到译文后,向教会人士发出调查问卷,听取意见。在 33 位参与反馈的人士中,对其忠实性持肯定态度的仅 9 人,占总人数的三成不到。另有 13 人认为需仔细修订,6 人无意见(李炽昌,2015:45)。

严译《圣经》忠实性受到质疑的原因并非是译者语言能力有限,而在于以纯金钱维系的雇佣关系。此种关系的利在于本土译者有足够的自由度,可发挥自己的母国文化自觉,选取自己认为的最适宜本土文化的表达方式;弊在于译作可能会有不忠实之处,可能达不到赞助方期待中的译介效果,甚至会产生不良影响,不能或者难以充分实现赞助人最初向外输出文化的目的——这一点在当今委托外族译者译介中华文化的工作中必须引以为鉴。

另外,严复未能达到赞助人的希望,完成《马可所传福音》的全卷翻译,未能完成译介大任。据文显理的报告,其原因是严复工作繁忙。文显理在一封信中说道:"我们所能做的只是耐心地等待,等待他[指严复]这位高手有空从事这项工作。"(转引自李炽昌、李天纲,2000:66)当时严复身兼数职,且主要精力放在翻译《法意》上。由于他无基督教信仰,与赞助人大英圣经公会传福音的出发点契合程度有限,因而没有强烈的翻译动机来优先安排《圣经》全书的翻译。此点在他的译事述著日记和书信中可以看出——严复素有在日记或书信中述及自己译事的习惯。如他曾将《名学》《法意》的翻译进度记录于日记中(王栻,1986d:1482-1485,1487-1490);也曾在与梁启超、张元济的通信中谈及自己的翻译(王栻,1986b:513-519,524-555)。但他在日记和书信中未提起翻译《圣经》片段一事(任东升,2011),也可看出他对此事并非十分重视。

可见,问题的核心在于严复与大英圣经公会有着不同的目标。作为赞助方的大英圣经公会单纯是聘用了一名目的语本土译者,双方属于纯雇佣关系,且缺乏必要的组织安排,必定是势单力薄,难以保证翻译工作顺利进行,也难以避免译者对译文过度调适。若能通过中外合作方式译介,双方有着共同的目标,既可以避免译者因个人原因导致翻译过程半途而废,又可以避免译文偏离原作。20 世纪 90 年代以降,我国在文学文化外译方面已有一些中外合作的翻译项目取得了成功,例如,由中国外文局和美国耶鲁大学出版社联合出版的系列丛书 The Culture & Civilization of China("中国文化与文明"),即为中美双方密切合作而成功完成的项目。该系列出版发行后广受学术界和普通读者的好评。其成功的主要原因就在于合作译介的方式。在赞助人层面,中国外文局和耶鲁大学两大机构联手。担任名誉主席的是前中华人民共和国副主席荣毅仁和前美国总统老布什。在译者层面,中美双方的专家学者亲密合作。中国外文局的总编辑李振国三次赴美,每次停留 1—2 月,与美方负责人深入探讨翻译策略(Bai,2020)。合作翻译不是译者间的简单拼凑,而是 1+1>2 的整体系统。"(花萌,2023:137)这样从上而下有组织地密切合作保证了翻译工作有条不紊地进行,因而取得了高水准的翻译成果。

6. 结语

本文回顾了严复译介《圣经》的历史背景,探讨了此译介活动的译者选择、指导思想和翻译策略。圣经公会聘用严复译经,从社会学视角看,是希冀借用他的文化资本、社会资本,及其典雅的文风吸引中国士大夫。这种聘请目的语文化译者的初衷是好的,但最终未获完全成功,原因在于:首先,译者本人并非信徒,缺乏以传福音为己任的内在动力,也并非宗教学者,缺乏探究基督教世界的学术愿望,因而他在手头有别的工作时,就将译经工作搁置一边;其次,采用聘用方式雇佣单一译者,没有一定的监督和管理机制,任凭译者自主发挥,无法推进项目顺利开展,而过度采用归化的翻译策略也或多或少有损忠实性原则。观照今日中华文学文化对外译介,可以总结出以下经验教训:第一,选择背景为外语文化的异域译者为佳。鉴于当今中华文学文化翻译作品处于异域文学文化体系边缘地带的状况,此点尤其重要;第二,译者最好与赞助方持有相同的译介目的,即热爱中华文化并愿意将其推介给自己的同胞;第三,宜采取机构对机构、学者对学者等多层次的中外合作方式,保证译作的质量和翻译推介工作顺利进行;第四,采取适中的翻译策略,即在归化、异化之间寻求平衡,以保证译作的忠实性和可读性。

参考文献

[1] Bai, L. P. Translating Chinese Culture into English: From Sole Patronage to Joint Patronage [J/OL]. *Perspectives*, (2020-01-27) [2021-08-27]. https://doi.org/10.1080/0907676X.2020.1718169.

[2] Even-Zohar, I. The Position of Translated Literature Within the Literary Polysystem [A]. In L. Venuti (Ed.), *The Translation Studies Reader* [C]. London/New York: Routledge, 2000: 192-197.

[3] Lefevere, A. *Translation, Rewriting, and the Manipulation of Literary Fame* [M]. London/New York: Routledge, 1992.

[4] 陈勤. 严复《圣经》翻译研究 [J]. 湘潮, 2014 (3): 15.

[5] 国际在线. 全球有 70 个国家将中文纳入国民教育体系 中国教育国际影响力迈上新台阶 [EB/OL]. (2020-12-22) [2021-10-06]. http://www.moe.gov.cn/fbh/live/2020/52834/mtbd/202012/t20201223_507067.html.

[6] 赫胥黎. 进化论与伦理学(全译本)(附《天演论》) [M]. 宋启林等, 译. 北京: 北京大学出版社, 2010.

[7] 花萌. 三螺旋理论视角下中国文学译介的路径选择 [J]. 翻译研究与教学, 2023(1): 132-138.

[8] 孔子. 论语·季氏篇 [EB/OL]. [2023-01-17]. https://baike.baidu.com/item/%E8%AE%BA%E8%AF%AD%C2%B7%E5%AD%A3%E6%B0%8F%E7%AF%87/9906942.

[9] 老子. 道德经 [EB/OL]. [2023-01-17]. https://www.daodejing.org/77.html.

[10] 李炽昌. 中国语境中的外来经典——严复之《马可福音》翻译尝试 [J]. 涂智进, 译. 基督教文化学刊, 2015(33): 36-54.

[11] 李炽昌. 中国语境中的外来经典——严复之《马可福音》翻译尝试 [EB/OL]. (2020-05-16) [2021-03-07]. http://www.pacilution.com/ShowArticle.asp?ArticleID=10488.

[12] 李炽昌, 李天纲. 关于严复翻译的《马可福音》 [A]. 李国章, 赵昌平, 主编. 中华文史论丛(第64辑) [C]. 上海: 上海古籍出版社, 2000: 51-75.

[13] 李金强. 严复与基督教——以《支那教案论》译著为个案的讨论 [A]. 黄瑞霖, 主编. 中国近代启蒙思想家——严复诞辰 150 周年纪念论文集 [C]. 北京: 方志出版社, 2004: 407-418.

[14] 林继红. 文化、空间与被译介的现代性:以严复《天演论》为例 [J]. 东南学术, 2021(1): 221-227.

[15] 灵修版圣经 [DB/OL]. [2022-03-19]. http://www.godcom.net/lingxiu/.

[16] 刘敏. 留学生汉语国际教育事业, 助力教育全球化发展 [J]. 中国研究生, 2021(5): 37-39.

[17] 刘云. 白话、文言与方言:19 世纪中期官话《圣经》译本的诞生 [J]. 中国比较文学, 2020(2): 94-111.

[18] 孟德斯鸠. 法意 [M]. 严复, 译. 北京: 商务印书馆, 1981.

[19] 任东升. 论严复的圣经片段翻译 [J]. 东方翻译, 2011(2): 15-26.

[20] 人民日报(海外版). 中国成为亚洲最大留学目的国 [EB/OL]. (2020-12-23) [2021-10-06]. http://www.gov.cn/xinwen/2020-12/23/content_5572387.htm.

[21] 圣经(文理和合) [DB/OL]. [2022-03-11].

http：//www.godcom.net/wl/.

[22] 王丹. 众川归一：近代汉译《圣经》事工的变迁[D].上海：上海大学，2019.

[23] 王家根，陶李春. 传播学视角下的严复编译研究——以赫胥黎的《天演论》为例[J]. 中国科技翻译，2020(4)：12-15.

[24] 王凌，罗静娴. 从翻译文化安全视角解读严复的《天演论》[J]. 西部学刊，2021(10)：155-157.

[25] 王栻,编. 严复集(第一册)[M]. 北京：中华书局，1986a.

[26] 王栻,编. 严复集(第二册)[M]. 北京：中华书局，1986b.

[27] 王栻,编. 严复集(第三册)[M]. 北京：中华书局，1986c.

[28] 王栻,编. 严复集(第四册)[M]. 北京：中华书局，1986d.

[29] 吴术驰. 新时代中国文学外译的问题与方法——基于跨文化交际的视角[J]. 翻译研究与教学，2023(1)：107-114.

[30] 新旧约全书[M]. 南京：中国基督教协会，1994.

[31] 颜方明，秦倩. 严复与马礼逊的"信达雅"理论及圣经翻译对比研究[J]. 外语与翻译，2017(1)：15-20.

[32] 张德让. 严复《原富》翻译的文章学研究[J]. 上海翻译，2019(1)：6-10.

[33] 庄驰原,肖维青. 严复《法意》的英文底本与翻译动机考辨[J]. 外语教学，2020(6)：98-102.

稿　　约

  《翻译研究与教学》作为中文社会科学引文索引(CSSCI)(2023—2024)来源集刊及中国人文社会科学(AMI)A 集刊,由中国英汉语比较研究会翻译传译专业委员会(PCTI)主办,复旦大学外国语言文学学院和大连理工大学外国语学院协办,复旦大学出版社出版。作为学术性翻译研究成果,《翻译研究与教学》收录与笔译、口译现象相关的原创性研究,包括口笔译理论与实证研究等。同时,还关注口笔译教学研究,理论研究与实证研究兼顾,教学与科研并重。

  《翻译研究与教学》设置以下栏目:翻译理论研究、认知翻译研究、翻译史研究、文化外译、翻译话语构建、典籍翻译研究、修辞与翻译、翻译评论、翻译技术、口译本体论研究、体认口译学研究、认知口译学研究、口译跨学科研究、翻译教学理论研究、翻译教学实践研究、书刊评价、翻译教学技术等。

  一、投稿方式:请将电子文稿以附件形式发送至电子邮箱 PCTI2022@126.com 或 PCTIC2022@126.com。

  二、字数要求:来稿请力求精练,论文字数以 7 000—10 000 字为宜,书评不超过 5 000 字。来稿应附英文标题、英文摘要、英文关键词及作者姓名的汉语拼音,所有信息应与中文内容对应一致。

  三、稿件要求:来稿按照本刊知网格式要求投稿,电子文稿请用 Word 格式。正文请采用小 5 号宋体,英文采用小 5 号 Times New Roman 排版。文中应使用规范的汉字、标点符号和数字书写,插图和表格应符合国家有关标准和规范。参考文献一般应引用公开发表的文章或出版的论著和文献。外文文献编排在前,中文文献编排在后;文献一律按作者姓氏外文字母或汉语拼音顺序排列;以带方括号的序号依次列明,并采用小 5 号字编排,置于文末。

  四、文献引注要求:

  注释性内容分附注(尾注)和夹注两种。一般不用脚注。

  1. 附注(尾注)

  一般注释采用尾注的形式,即在正文需注释处的右上方按顺序加注数码①、②、③等,在正文之后写明"注释"字样,然后依次写出对应数码①、②、③等和注文,回行时与上一行注文对齐。

  致谢部分、对标题的注释或对全篇文章的说明以注号 * 的形式处理,注号用 * 而不用阿拉伯数字,列在尾注或参考文献之前。

  2. 夹注

  夹注以最简便、快捷的方式向读者说明如何在参考文献中迅速找到该论文中引文的全面出处和信息。

  对论文和书评中的引文和所依据的文献无须特别说明者,以夹注的形式随文在括弧内注明作者姓名(英文只注姓)、出版年和引文页数,例如:

  (康志峰,2017: 92)

  (高芳、徐盛桓,2000a: 18)

  (Bloomfield, 1993: 203)

  (Peters & Stephen, 1986: 90)

  (Lakoff, 1973a/1975)

  五、联系方式

  电子邮箱: PCTI2022@126.com / PCTIC2022@126.com。